Verena Kast

Vater-Töchter Mutter-Söhne

Verena Kast

Vater-Töchter Mutter-Söhne

Wege zur eigenen Identität
aus Vater- und Mutterkomplexen

KREUZ

MIX
Papier aus verantwor-
tungsvollen Quellen
FSC® C083411

© KREUZ VERLAG
in der Verlag Herder GmbH, Freiburg im Breisgau 2012
zuerst erschienen 1994 im Kreuz Verlag
(4. Auflage der Neuausgabe 2005)
Alle Rechte vorbehalten
www.kreuz-verlag.de

Umschlaggestaltung: Verlag Herder
Umschlagmotiv: © Designbüro gestaltungssaal
Sabine Hanel/Alexandra Gober
Autorenfoto: © Palma Fiacco

Satz: de·te·pe, Aalen
Herstellung: CPI books GmbH, Leck

Printed in Germany

ISBN 978-3-451-61114-8

Inhalt

Einleitung   9

»Ich will alles anders machen«
Die altersgemäße Ablösung   13

»Es hat keinen Sinn, sich einzusetzen«
Komplexe und das Episodengedächtnis   35

»Die Welt muss jemanden wie mich genießen«
Der ursprünglich positive Mutterkomplex des Mannes   49

*»Man kann fast alles im Leben ertragen,
wenn man gut gegessen hat«*
Der ursprünglich positive Mutterkomplex bei Frauen   67

Leben und leben lassen
Das Typische an den ursprünglich positiven
Mutterkomplexen   85

Aggression und Klage
Entwicklung aus dem ursprünglich positiven
Mutterkomplex   105

»Stolzer Vater – wunderbarer Sohn«
Der ursprünglich positive Vaterkomplex des Sohnes   151

Aufmerksame Töchter
Der ursprünglich positive Vaterkomplex bei Frauen   163

»Ein schlechter Mensch in einer schlechten Welt«
Der ursprünglich negative Mutterkomplex bei Frauen 189

»Wie gelähmt«
Der ursprünglich negative Mutterkomplex beim Mann 203

»Niedergestampft zum Nichts«
Der ursprünglich negative Vaterkomplex des Mannes 217

»Eigentlich tauge ich nichts«
Der ursprünglich negative Vaterkomplex bei der Frau 239

Landnahme im unbekannten Land
Schlussfolgerungen 249

Anmerkungen 259
Literaturverzeichnis 261
Stichwortregister 265

Danksagung

Ich möchte an dieser Stelle all den Menschen danken, die es mir ermöglicht haben, unendlich viele Facetten von Mutter- und Vaterkomplexen kennen zu lernen. Ganz besonders danke ich denen, die mir erlaubt haben, die Wirkungsgeschichten ihrer Komplexe als Grundlagen für dieses Buch zu verwenden.

Einleitung

Dass Menschen Mutter- und Vaterkomplexe »haben«, ist unterdessen verbreitetes allgemeines psychologisches Wissen geworden. Sucht etwa ein Mann immer wieder eine Mutter in seinen Freundinnen, oder sucht er direkt mütterliche Freundinnen, dann steht die Diagnose für die meisten Mitmenschen fest: Der Mann leidet an einem Mutterkomplex. Gemeint ist damit, dass sich dieser Mann irgendwie nicht altersgemäß aus seiner Bindung an die Mutter gelöst hat, dass er auf einer früheren Entwicklungsstufe stecken geblieben ist, oder dass er einfach ein Mensch ist, der immer eine »Mutter« braucht. Es ist ebenfalls Allgemeinwissen, dass daran etwas nicht ganz richtig ist. Man spricht dann auch von Muttersöhnchen. Ähnliches gilt auch vom »fils à papa«, dem Sohn, der zu lange Sohn seines Vaters bleibt. Allerdings zeigt uns schon der noch eher vornehme Ausdruck, dass der Vaterkomplex des Sohnes in unserer Gesellschaft als weniger problematisch angesehen wird. Zeigt eine Frau eine Vorliebe für Männer, die wesentlich älter sind als sie selbst, dann attestiert man ihr einen Vaterkomplex und wirft ihr damit leise vor, sich nicht vom Vater abgelöst zu haben. Bleibt sie über die Zeit hinaus bei ihrer Mutter oder kopiert sie den Lebensstil ihrer Mutter zu auffällig, dann sagen die Menschen, die sich durch dieses Verhalten benachteiligt fühlen, die Frau leide an einem Mutterkomplex. Möglicherweise fällt dieser Komplex aber gar nicht unliebsam auf.

Es scheint sich auf den ersten Blick bei diesen zwei grundlegenden Komplexen um einen ganz einfachen Sachverhalt zu handeln, der natürlich damit zusammenhängt, dass die meisten Menschen von Mutter und Vater erzogen und geprägt werden, beziehungsweise dass das Fehlen des einen oder des anderen in unserer Gesellschaft deutlich vermerkt und bemängelt wird. Dieses Konzept, das auf den ersten Moment so selbstverständlich scheint, so griffig auch, ist ein sehr kompliziertes Konzept, das – und das suggeriert schon das Allgemeinwissen – in einem direkten Zusammenhang steht mit der Entwicklung eines Menschen. Der Ich-Komplex eines Menschen muss sich »altersgemäß« von den Mutter- und Vaterkomplexen ablösen, soll der Mensch seine altersgemäßen Entwicklungsaufgaben wahrnehmen können und über einen kohärenten Ich-Komplex – ein »hinreichend starkes Ich« – verfügen können, das es ihm oder ihr erlaubt, die Anforderungen des Lebens wahrzunehmen, mit Schwierigkeiten umzugehen und ein gewisses Maß an Lebenslust und Zufriedenheit aus dem Leben gewinnen zu können.

Das Konzept der Komplexe ist eines der zentralen Konzepte der Jungschen Psychologie. Es ist deshalb auch nicht verwunderlich, dass bei der Beschreibung von Analysandinnen und Analysanden immer wieder die Aussage fällt: »Er hat halt einen positiven Mutterkomplex.« Oder: »Sie hat halt einen so dominierenden Vaterkomplex.« Damit wird eine Aussage über eine grundsätzliche Prägung dieses Menschen gemacht, die auch einiges aussagt über die besonderen Schwierigkeiten, aber auch über die besonderen Lebensmöglichkeiten dieses Menschen. Auf diese Komplexe wird in einzelnen Fallbeschreibungen oder auch Fallvignetten innerhalb der Jungschen Psychologie immer wieder Bezug genommen; von Jung selber stammen verschiedene Beschreibungen zu einzelnen Komplexbildern[1]; die Mutter- und Vaterkomplexe aber sind meines Wissens noch nie im Überblick dargestellt worden. Das möchte ich mit diesem Buch nachholen, umso mehr, als es mir scheint, dass das Konzept der Komplexe im Zusammenhang mit Ergebnissen der modernen Säuglingsbeobachtung eine neue Aktualisierung erfahren wird. Bei diesem meinem Überblick wird es allerdings nur möglich sein, typische Komplexformationen zu beschreiben. Da kein Mensch »nur« von einem Mutterkomplex bestimmt ist, sondern immer auch der Vaterkomplex eine Rolle spielt und der Ich-Komplex in der jeweiligen speziellen Lebenssituation – und die kann sehr variabel sein – den Umgang mit den prägenden Komplexen in jeweils differenzierter Weise beeinflusst, liegen die Komplexe in der »reinen« Form, wie ich sie beschreiben werde, ganz selten vor, geben aber eine Idee davon, was denn die jeweilige spezielle Komplexatmosphäre ausmacht. Das Zusammenspiel der Komplexe – und da müssten dann auch weitere Komplexe, besonders die Geschwisterkomplexe mit bedacht werden – kann man methodisch in detaillierten Fallbeschreibungen befriedigend darstellen.[2] Das ist im Rahmen der Jungschen Literatur auch immer wieder gemacht worden.[3] Ich werde allerdings diese Literatur hier nicht zusammenfassend referieren. Ich möchte meine Sicht der Komplexe, wie sie sich mir in mehr als 20-jähriger Arbeit mit Analysandinnen und Analysanden aufgedrängt hat, formulieren und damit zur Diskussion stellen.

Ich werde mich dabei sehr ausführlich mit dem ursprünglich positiven Mutterkomplex befassen, zum einen, weil mir scheint, dass dieser zu sehr von der Diskussion ausgeschlossen ist, zum anderen, weil in einer doch sehr vom Vaterkomplex geprägten Welt sich zunehmend eine Sehnsucht zeigt nach Werten, die zum Mutterkomplex gehören und im Zuge der Abwertung des Weiblichen mit entwertet worden sind, im Schatten liegen, uns heute aber dringend fehlen. So wird im Zusammenhang mit dem Mutterkomplex viel zu rasch von der »verschlingenden Mutter« gesprochen und damit unterschwellig das Patriarchat oder zumindest der Androzentrismus legitimiert.[4] Ich möchte bei meinen Ausführungen auch vermeiden, dass, wie heute oft zu beobachten ist, die Vaterimago des Vaterkomplexes entlastet, dafür die Mutterimago des Mutterkomplexes belastet wird.[5] Es geht mir bei meinen Ausführungen also nicht nur um die Beschreibung dieser Komplexe, sondern auch um eine Entzerrung von Verzerrtem, soweit mir das möglich ist.

Diese Komplexe selber sind unter anderem natürlich auch Komplexe, die in einer patriarchalen Kultur entstehen. Indem ich sie beschreibe, könnte der Eindruck aufkommen, dass ich damit auch herrschende Zustände festschreiben möchte. Das wäre ganz gegen meine Intentionen. Ich möchte diese Komplexe beschreiben, damit uns deutlich wird, wo wir von ihnen geprägt sind, und damit es uns in der Folge möglich wird, uns durch das Benennen und das Bewusstwerden von ihnen abzulösen, um eigenständigere und bindungsfähigere Menschen zu werden.

»Ich will alles anders machen«

Die altersgemäße Ablösung

Wenn ich von ursprünglich positiven Komplexen spreche, dann heißt das, dass diese Komplexe ursprünglich einen positiven Einfluss auf das Lebensgefühl und damit auch auf die Entwicklung der Identität des betreffenden Menschen gehabt haben und diesen auch noch weiter hätten, wäre eine altersgemäße Ablösung erfolgt.

Der ursprünglich positive Mutterkomplex gibt einem Kind das Gefühl einer fraglosen Daseinsberechtigung, das Gefühl, interessant zu sein und Anteil zu haben an einer Welt, die alles gibt, was man braucht – und noch ein wenig mehr. Daher kann sich dieses Ich auch vertrauensvoll in Kontakt setzen zu einem »andern«. Der Körper ist die Basis des Ich-Komplexes.[6] Auf der Basis eines positiven Mutterkomplexes werden die leiblichen Bedürfnisse als etwas »Normales« erlebt, und sie können auch normal befriedigt werden. Es besteht eine selbstverständliche Freude am Körper, an der Vitalität, am Essen, an der Sexualität. Der Körper darf auch Emotionen ausdrücken und kann diese Äußerungen auch von anderen Menschen akzeptieren und aufnehmen. Dieser so fundierte Ich-Komplex kann sich entgrenzen in der Körpererfahrung mit einem anderen Menschen, ohne Angst zu haben, sich dabei zu verlieren. Aber nicht nur körperliche Intimität, auch psychische Intimität darf geteilt werden. Man versteht grundsätzlich andere Menschen, und man wird auch meistens verstanden. Andere Menschen tragen zum eigenen psychischen Wohlbefinden bei – und man kann selbst zum Wohlbefinden anderer beitragen. Ein Mensch, der mit Interesse und Verständnis rechnen kann und eine gewisse Fülle von Liebe, Fürsorglichkeit, Verständnis und Geborgenheit erlebt, wird eine gesunde Ich-Aktivität entwickeln.

Spätestens in der Adoleszenz (Pubertät und Nachpubertät, bis zum zwanzigsten Lebensjahr) müsste die Idealisierung der Elternfiguren aufgehoben werden. Denn die Idealisierung der Elternposition bedeutet immer implizit eine Entwertung der Kindposition. In dieser Zeit werden Mutter- und Vaterkomplexe meist bewusst. Die Ablösung findet im Wesentlichen von den Eltern als Personen statt; die Komplexe spielen dabei aber eine nicht zu unterschätzende Rolle, denn jede Komplexprägung erlaubt gewisse Ablösungsschritte und untersagt andere. War das Weggehen schon immer untersagt, oder war es schon immer verboten, anders zu denken, als der Vater denkt, dann werden diese speziellen Aspekte der Komplexe deutlich miterlebt, und die Jugendlichen müssen dagegen anarbeiten oder die Ablösung wieder einmal aufgeben. Gelegentlich gelingt es, auch wenn die Ablösung eigentlich nicht erlaubt ist, bei anderen Menschen still und heimlich zu holen, was im System von Vater und Mutter fehlt. Das setzt aber eine gewisse Ich-Stärke voraus, setzt voraus, dass Ablösung – vielleicht auf eine nicht ganz offene Weise – stattgefunden hat, weil die offene Weise nicht erlaubt worden ist, oder wir haben es mit jungen Menschen zu tun, die ungeachtet der Komplexprägungen einen starken Drang zu Selbstständigkeit haben.

Ablösung ist ein Kompromiss zwischen dem, was das eigene Leben von einem Menschen will, und dem, was die Umwelt will, letztlich Vater und Mutter, die Lehrer, die Gesellschaftsschicht, in der wir leben. Deutliche Ablösephasen, wie die Adoleszenz, sind verbunden mit einer Aufbruchsstimmung, sind Umbruchphasen. Der Ich-Komplex strukturiert sich um, das heißt, es besteht ein labiles Selbstwertgefühl.

Das Erleben einer gewissen Solidarität mit den Eltern wäre also gerade wichtig, obwohl man sich auch gegen sie stellen muss. Man braucht die Eltern, von denen man sich ablöst. Deshalb sind in dieser Phase Komplexsätze, die Ablösung grundsätzlich verbieten und Liebesverlust oder Verlust der Würde des jungen Menschen androhen, so problematisch. Zwar bietet die Altersgruppe möglicherweise ein Netz, das eine gewisse Geborgenheit gibt, sie kann aber niemals die liebevolle, schmerzliche, ehrliche Auseinandersetzung mit den Eltern ersetzen. In der Auseinandersetzung mit den Eltern zeigen diese nämlich auch ein Selbstbild, das die Jugendlichen manchmal noch nicht an ihnen kennengelernt haben. In der Auseinandersetzung mit dem Selbstbild des Vaters und der Mutter bestimmen die Jugendlichen ihr eigenes Selbstbild. Dabei spüren die Kinder das Ungelebte der Eltern auf und erheben es in der Regel zu einem Wert, dem sie, die Jugendlichen, jetzt nachleben wollen. Das weckt bei den Eltern gelegentlich Neid, wenn die Jugendlichen leben, was sie sich versagt haben. Das Ungelebte, das eigentlich hätte mitleben sollen, der Schatten, ist dabei von einer besonderen Bedeutung.

Nun lösen sich Adoleszente aber nicht nur von den Eltern ab, die Ablösung findet auch innerhalb einer Altersgruppe statt. Es gibt auch einen kollektiven Schatten, der von den Jugendlichen meistens begeistert und kreativ aufgenommen und zu einem Lebensstil entwickelt wird. So wurden die Kinder von guten Leistungsträgerinnen und Leistungsträgern in den späten 60er und den 70er Jahren plötzlich »Blumenkinder«, geprägt von musischem Erleben, Eros und Sinnlichkeit. Auf einer kollektiven Ebene wurden Aspekte des positiven Mutterkomplexes plötzlich in einer vaterkomplexigen Welt zelebriert. Bis in die Kleidung hinein kann man diese Entwicklungen verfolgen. Die Kinder der Jeansträgerinnen und Jeansträger haben heute einen ausgesprochenen Sinn für Designer-Klamotten.

An die Stelle der persönlichen Mutter und des persönlichen Vaters können in der Adoleszenz auch überpersönliche Väter und Mütter treten, wie wir sie aus den Religionen kennen. In der Religionspädagogik spricht man vom »religiösen Rigorismus« in dieser Altersphase und meint damit, dass religiöse

Fragen in einer großen Absolutheit gestellt werden. Psychologisch ist das leicht zu verstehen: Da der Jugendliche oder die Jugendliche in einer Identitätskrise steckt, wird Orientierung gesucht. Da die Orientierung nicht mehr von den persönlichen Eltern kommen kann, werden die Archetypen hinter diesen Gestalten belebt, so wie sie sich in den kollektiven Wertsystemen manifestieren. So kann es zu einem starken Interesse an bestimmten religiösen Strömungen kommen, zu einem verpflichtenden Engagement, einem Gott oder einer Göttin, deren Botschaft man ins Leben tragen möchte. Vorübergehend wird man damit zu einem »Kind einer höheren Macht«, was das Selbstwertgefühl gerade so weit stabilisiert, dass es leichter ist, sich von den Eltern abzugrenzen und auf deren Fürsorge zu verzichten. Was die Jugendliche oder der Jugendliche in dieser Situation allerdings als sehr individuell erlebt, der »total eigene Weg«, ist in der Regel ein recht kollektiver Weg, der erneute Ablöseprozesse erfordern wird, soll der Mensch wirklich den je eigenen Weg finden. So ist auch das Gottesbild eines Menschen Wandlungen unterworfen: Vergleichen wir Gottesbilder aus unserem Leben – falls sie eine Rolle gespielt haben –, werden wir feststellen, dass diese sich wandeln. Auch eine heftige politische Überzeugung in der Adoleszenzphase kann darauf zurückzuführen sein, dass die Mutter- und Vaterkomplexe auf die unabgegoltenen Versprechungen politischer Programme projiziert werden. Der Unterschied von einem in Komplexen wurzelnden zu einem »normalen Engagement« zeigt sich darin, dass Überzeugungen heilig sind, sehr rasch von »Verrat« gesprochen wird und Politik nicht verstanden wird als eine Möglichkeit, das Zusammenleben der Menschen so reibungslos und so sinnvoll wie möglich zu gestalten, sondern dass eine Heilserwartung darin gesucht wird. Damit sind dann auch die Enttäuschungen vorprogrammiert.

Generell kann gesagt werden, dass in der Ablösephase Menschen, die nicht Vater und Mutter sind, auf die aber Väterliches und Mütterliches projiziert werden kann, eine Rolle spielen, dann aber auch die Bilder von Vater- und Muttergottheiten samt ihren jeweiligen Lebensprogrammen.

Die Adoleszenz des Jungen
Blos: Freud und der Vaterkomplex

Eine interessante These zur männlichen Adoleszenz stellt Peter Blos in seinem Aufsatz: »Freud und der Vaterkomplex«[7] auf. Blos geht von der Frage aus, weshalb zwischen den männlichen Adoleszenten und ihren Vätern soviel Rivalität, Konkurrenz und Auflehnung besteht. Da, nach Blos, diese Phase oft nicht gut bestanden wird, werden die ungelösten Probleme auf das ganze Leben übertragen. Blos postuliert, dass wir es mit einem Überbleibsel aus der frühen Kindheit zu tun haben. Seine These: Der Vater ermöglicht es dem Kind in der frühen Kindheit, der totalen Mutterabhängigkeit zu widerstehen. Er unterstützt das ganze Leben hindurch die nach vorwärts gerichteten Bestrebungen, die psychische und körperliche Entwicklung. Der Vater gibt Unterstützung im Kampf gegen die Regression, Unterstützung im Drachenkampf. (Hier begegnen wir der männlichen Phantasie, dass der Vater im Dienste des Lebenstriebes steht.) In der Pubertät des Mannes wird die Liebe zur Mutter neu entfacht, das heißt, der Mutterkomplex, versetzt mit Animaelementen, wird neu konstelliert, damit erwacht aber auch erneut die Angst vor der primären Mutterabhängigkeit. Blos: Man würde also wie damals als Kleinkind den Vater brauchen zur Unterstützung der progressiven Tendenzen im Leben. Auch die frühkindliche Beziehung zum Vater wird in der Adoleszenz reaktiviert. Diese liebevolle Beziehung darf aber nicht mehr sein, weil der Sohn sonst Vaters

Sohn bliebe und dem Individuationsprinzip untreu würde. Deshalb findet eine heftige Auflehnung gegen den Vater statt. Diese Rivalität, meint Blos, sei um so heftiger, je mehr sich die beiden Männer einmal geliebt hätten und sich immer noch liebten. In diesem Zusammenhang stellt Blos eine zweite These auf: Die drängende Sexualität der Adoleszenten würde weit mehr der Ablösung vom Vater dienen, als dass sie wirklich der Beziehung zur Frau gelte, sie sei als das drängende Streben vom Vater weg zu verstehen.

Von der Ablösung von der Mutter spricht Blos wenig, was mich erstaunt – und dann doch auch wieder nicht. Er meint, wenn die Auseinandersetzung mit dem Vater gelingt und damit die Idealisierung des Vaters aufhört, könne der Sohn, vom Vater geachtet, seinen Weg weitergehen. Tiefenpsychologisch gesehen muss allerdings auch eine Ablösung von der Mutter und dann auch vom Mutterkomplex stattfinden, sonst würde der Mutterkomplex mit all seinen impliziten Erwartungen auf die Freundin und auf die Partnerin übertragen. Würde sich der junge Mann nur von der Mutter abwenden und sie damit entwerten, dann müssten viele Aspekte des Mutterkomplexes und damit verbundene Animaanteile gleichermaßen abgespalten und entwertet werden. Das würde dazu führen, dass das Mütterliche, aber auch das Weibliche, sehr viel Angst auslöste und noch mehr verdrängt werden müsste. Es ist schon erstaunlich, wie geläufig in den verschiedenen Theorien der Ausdruck von der »verschlingenden Mutter« ist[8] und wie leicht auch Frauen diese Ausdrücke übernehmen. Identifizieren sie sich mit dem Angreifer? Dabei wird recht oft von den konkreten Müttern gesprochen. Es ist wesentlich, sich deutlich zu machen, dass die Mütter unserer Komplexe nicht einfach deckungsgleich sind mit unseren konkreten Müttern und dass es auch unzulässig ist, archetypische Gestalten mit unseren konkreten Beziehungspersonen zu verwechseln. Wir wissen, dass Ängste vor allem dann auftauchen, wenn wir etwas verdrängen. Die Angst würde uns dann das Verdrängte sozusagen präsentieren, damit wir uns damit beschäftigen, weil es offenbar notwendig zu unserem Leben gehört. Es wäre also zu bedenken, ob durch das Entwerten des Weiblichen, durch die Überzeugung, es bedürfe eigentlich keiner Auseinandersetzung mit der Mutter und mit dem Mutterkomplex bei der Identitätsfindung des Mannes, diese Mütter, das Mütterliche und dann letztlich auch das Weibliche so viel gefährlicher gemacht wird, als es an sich ist. Theorien von den »verschlingenden Müttern« sind alles Theorien von Männern, und sie sind meines Wissens quer durch alle Schulen der Tiefenpsychologie anzutreffen.

Blos, und das ist nun ganz besonders interessant, exemplifiziert seine These an der Person von Freud. Blos hält es für nachgewiesen, dass Freud eine sehr enge Beziehung zu seinem Vater Jakob hatte, eine intensive Gefühlsbindung bis weit in das Erwachsenenleben hinein. In Briefen schreibt Freud, er sei der erklärte Liebling des gefürchteten Mannes gewesen. Seinen Vater beschreibt er als Mann »von tiefer Weisheit und phantastisch leichtem Sinn«[9]. Körperlich vergleicht er seinen Vater mit Garibaldi, einer Heldengestalt. Von sich selbst sagt er, er sei bereit gewesen, alles zu tun, um erklärter Liebling dieses Vaters zu bleiben. Der ursprünglich positive Vaterkomplex von Freud zeigt sich im späteren Leben in seinen fast ausschließlichen und leidenschaftlichen Freundschaften zu Männern, aus denen er – wie im Falle Jungs – auch leicht Vater-Sohn-Beziehungen machte. Der zwanzig Jahre jüngere Jung fühlte sich bald überfordert von »Vater Freud«. Blos sieht in diesem Zusammenhang eine Übertragung; Freud fühlte sich auch immer überfordert von seinem von ihm idealisierten Vater, dem er Ehre und Ruhm bringen wollte. Freud hatte eine Lebenskrise, als er mit vierzig Jahren, 1896, seinen

Vater verlor. Diesem Tod ging ein auffälliges Verhalten von Freud voraus: Der Vater war todkrank, der Sohn ging dennoch auf eine zweimonatige Ferienreise. Freud kam zu spät zur Beerdigung, weil er beim Friseur aufgehalten worden war. Dieses Verhalten erstaunte Freud selbst und brachte ihn zur Selbstanalyse. Das erste Buch, hervorgegangen aus dieser Selbstanalyse, ist die »Traumdeutung«. Die Ablösung vom Vater war nun unumgänglich; Freud geriet in eine Identitätskrise, die er kreativ nutzen konnte, die Psychoanalyse wurde sozusagen geboren. Freud schrieb denn auch im Vorwort: »Die Traumdeutung ist eine Reaktion auf das bedeutendste Ereignis, den einschneidendsten Verlust im Leben eines Mannes.«[10] Eine solche Aussage kann nur machen, wer sich eine absolut idealisierte Gefühlsbeziehung zum Vater bewahrt hat. Zwei Jahre nach dem Tod des Vaters entdeckte Freud den Ödipuskomplex, und in der Deutung dieses Komplexes hat er – so Blos – die Rolle des Vaters übersehen. Das Orakel sagte in der Ödipussage bekanntlich, dass der Sohn, den Jokaste gebären werde, ihn, Laios, töten werde. Daraufhin nahm Laios den neugeborenen Knaben, durchbohrte ihm die Füße, damit er auch als Geist nicht laufen konnte, und setzte ihn auf einem Berg aus. Er versuchte also, seinen Sohn zu töten. In vielen Interpretationen wird übergangen, dass der Vater den Sohn dem tödlichen Schicksal auslieferte[11], so auch bei Freud.

Wo unser Komplexgebiet beginnt, da sind wir in der Regel vom Komplex bestimmt und nicht von der Objektivität.

Nach dem Tod des Vaters löste sich Freud ab, die Idealisierung des Vaters wurde aufgehoben, damit wohl auch eine implizite Entwertung von ihm selbst, dem Sohn, und von da an setzte eine beachtliche Entwicklung ein und eine große schöpferische Produktivität.

Blos hat mit dieser interessanten Untersuchung deutlich einen Beweis dafür gegeben, dass unsere Theorien etwas mit unseren Komplexkonstellationen zu tun haben. Das mag auch mit ein Grund sein, warum es gelegentlich für die gleiche Sache verschiedene Theorien gibt: Mit unterschiedlichen Komplexprägungen werden dieselben Phänomene etwas unterschiedlich gesehen und bewertet. Die Theorie von Blos, die besagt, dass die drängende Sexualität bei den Adoleszenten vor allem der Ablösung vom Vater diene, könnte z. B. erklären, warum die zweifellos sehr wichtige Sexualität des Menschen in der Freudschen Theorie einen so zentralen Stellenwert einnimmt.

Die Psychoanalyse gilt als patriarchale Wissenschaft in einer patriarchalen Welt. In der Theoriediskussion der Psychoanalyse hat die Frau – wenn überhaupt – eine marginale Position.[12] Aber auch in unserer Kultur hat sie es immer noch schwer, sich über die ihr schon seit jeher zugewiesenen, eingeschränkten Räume hinaus die ihr zustehenden Räume zu erobern oder sich einfach in einer normal menschlichen Art in den ihr gemäßen Räumen niederzulassen. Zu oft wird die Frau noch immer nur in Relation zum Mann und in Relation zum Kind gesehen. Damit wird ihr aber eine originäre Identität abgesprochen, sie existiert nur auf den Mann hin, hat also eine abgeleitete Identität.[13] Dass es in der Theorie der Psychoanalyse kaum einen Platz gibt für die Frau, wird verständlicher, wenn wir wissen, dass die Psychoanalyse aus der Auseinandersetzung mit einem dominierenden Vaterkomplex erwachsen ist. Wir bekommen darüber hinaus einen methodischen Hinweis: Ist der Komplex sehr dominierend, scheint Traumanalyse, die Analyse des Unbewussten, eine Hilfe bei der Ablösung zu sein. Allerdings stellt sich die Frage, ob denn die Ablösung des Mannes weit genug vorangetrieben worden ist, wenn Frauen unserer Tage sagen, es wäre so schwierig, den »Ort der Frau« in der Psychoanalyse zu bestimmen.[14]

Fehlt da nicht doch auch die Reaktivierung und die Bearbeitung des Mutterkomplexes?

Aber war es nur der persönliche Vaterkomplex von Freud, der seine Theorie so androzentrisch sein lässt? Jung, der zeitlebens sehr vom Archetyp der Großen Mutter fasziniert war, dessen Psychologie als ganze so sehr viel mehr dem matriarchalen Denken verpflichtet ist – er allerdings auch mit einer komplizierten Vaterbeziehung –, beschrieb die Frau, wenn er wirklich über die Frau schrieb, auch nur in Beziehung zum Mann. Von seinem Individuationskonzept her hätte er sich das selbst verbieten müssen. Aber beide Forscher forschten in ihrer Zeit, in der Frauen nur als Mütter oder Töchter ihre Daseinsberechtigung hatten. Es liegt an uns heutigen Frauen, die Einschränkungen, die sich dadurch für uns Frauen auch in der Theorie ergeben, zu benennen und diese Theorien unserer eigenen Psychologie gemäß umzuformulieren, zu versuchen, den »Ort der Frauen« zu beschreiben.[15]

Die Adoleszenz des Mädchens

Auch in der Adoleszenz des Mädchens werden Vater- und Mutterkomplexe wiederbelebt. Im Vordergrund steht der Vaterkomplex mit vaterkomplexnahen Formen von »Animus« durchsetzt. Lebensqualitäten, die im Zusammenhang mit dem Vater erlebt worden sind, werden auf einen Freund und/oder auf geistiges intellektuelles Leben übertragen. Lebensqualitäten, die entbehrt worden sind, werden bei anderen Männern und/oder in der Welt des Geistes gesucht.

Bei den Mädchen sind zwei verschiedene Sozialisationsformen auszumachen: Die einen haben einen Freund und leben die Paarbeziehung oft sehr früh, die anderen verschreiben sich deutlich dem Intellektuellen. Je nach Prägung durch den zugehörigen Mutterkomplex können sie sehr körperfern leben;

mit einer positiveren Prägung durch den Mutterkomplex – auch wenn diese unbewusst bleibt – gehört der Körper, ohne dass viel Aufhebens davon gemacht wird, einfach dazu. Die geistige Welt, der sich diese Mädchen verbunden fühlen, kann eine faszinierende Welt voller Inspiration, geistiger Abenteuer und spiritueller Erfahrungen sein, sie kann aber auch eine Welt sein, in der viel Wissen angesammelt wird, ein Überblick über das gewonnen wird, was alles schon einmal gedacht worden ist. Intelligenz und Wachheit gehören auf jeden Fall dazu. Gelegentlich sind auch beide Sozialisationsformen nebeneinander anzutreffen. Die Bindung an den Vaterkomplex und damit auch die unterschwellige Idealisierung des Väterlichen bleibt bei beiden Sozialisationsformen erhalten.

Das Problem für die Frauen besteht darin, dass die Ablösung vom Vaterkomplex von der traditionellen Gesellschaft her nicht gefordert wird. Die Frau erfüllt die soziale Rolle, wenn sie einen Freund oder einen Partner hat, ob sie dabei eine eigene Identität entwickelt, scheint sekundär zu sein. Das heißt überspitzt, dass vom Rollenverständnis her unsere Gesellschaft einer adoleszenten Frau suggeriert, dass sie »normal« ist, eine richtige Frau, auch wenn sie keine eigene Identität hat, wenn sie letztlich darauf angewiesen ist, dass ein Mann ihr eine Identität verschreibt[16], das heißt, dass sie durch die Anwesenheit eines Mannes das Gefühl hat, sie selbst zu sein, und dass in diesem Verhältnis der Mann ihr auch leicht vorschreiben kann, was sie zu sein hat, wie sie zu fühlen, wie sie sich zu verhalten hat. Wagt sie es, ihren eigenen Vorstellungen entsprechend zu leben, dann ist sie keine »richtige« Frau mehr in den Augen der Männer. Ist die Ansicht der Männer für sie wichtig und maßgeblich, stürzt sie bei Kritik durch die Männer entweder in eine Identitätskrise, oder sie passt sich wieder an. Die Identitätskrise böte die Chance, das eigene Selbst zu finden.

Frauen, die keine originäre Identität entwickeln, sich nicht vom Vaterkomplex ablösen und die sich nicht mit dem Mutterkomplex auseinandersetzen oder aus anderen Gründen keine eigene Identität entwickeln, reagieren auf Trennungen oft mit Depressionen. In Trennungssituationen muss man sich von einem Beziehungsselbst auf das originäre Selbst zurückorganisieren[17], das ist aber nur möglich, wenn ein eigenes Selbst in Ansätzen vorhanden ist. Emily Hancock entdeckte bei der Untersuchung überdurchschnittlich selbstbewusster Frauen, dass sie wieder Zugang zu ihrem »inneren Mädchen« gefunden hatten und damit ihr eigentliches Ich wieder freilegten, oft nach langen Jahren der Fremdbestimmung.[18] Carol Hagemann-White folgert, dass das Mädchen, das selbstbewusst ist und kompetent, mit Beginn der Adoleszenz oft ihr Selbst verliert und sich nach dem Wunschbild ihrer Umgebung richtet.[19]

Auch wenn diese Feststellung in dieser Generalisierung etwas überzeichnet und es vor allem nicht bei jeder Komplexkonstellation so ausschließlich anzutreffen ist, ist doch oft die Feststellung zu machen, dass – fragt man Frauen nach ihrem Mädchen-Dasein – sich so um das zehnte Lebensjahr herum noch eine wesentlich eigenständigere, profiliertere, interessantere Persönlichkeit zeigte. Mit der Anpassung verliert das Mädchen wichtige Aspekte ihres originären Selbst. Das würde sich ändern, wenn Mädchen mehr für Originalität und weniger für Anpassung gelobt und Frauen nicht nur in Beziehung auf den Mann hin gesehen würden.

Von Frauen in verantwortungsvollen Berufen weiß man, dass für sie die Rolle des Vaters sehr attraktiv war.[20] An diesen Frauen wird die Problematik der Adoleszenz von Frauen sehr deutlich. Bernardoni und Werder haben herausgefunden, dass acht von zehn Frauen, die in erfolgreichen Berufen tätig sind, als Väter Akademiker hatten, die die Mädchen unabhängig und selbstständig erzogen. Der Vater wurde von diesen Frauen als dynamisch, aktiv, intelligent, strebsam und liberal beschrieben. Der Vater wurde Rollenvorbild, die Mutter abgelehnt. Auch wird die eingeschränkte Frauenrolle abgelehnt, weil sie die Passivität und auch die Farblosigkeit ihrer Mütter nicht akzeptieren konnten und nicht akzeptieren können. Auf die Frage, wie sie mit den Identitätsproblemen in der Adoleszenz umgegangen seien, haben sie mehrheitlich geantwortet, sie hätten noch mehr geleistet und noch mehr gelernt. Sie haben erfahren, dass durch Leistung Identitätsprobleme kompensiert werden können. Diese Frauen sind fast alle verheiratet; das gehört zum Bild des positiven Vaterkomplexes. Einmal sind die Männer attraktiv und werden als zuverlässig erlebt, zum anderen tut die Frau mit einem positiven Vaterkomplex, was man in einer bestimmten Gesellschaft tut. Wenn man da heiratet, dann heiratet sie auch.

Das ist eine Form der heutigen weiblichen Sozialisation: nicht vom Vaterkomplex abgelöst, aber mit einer Arbeit in der Vaterwelt, die mit großem Erfolg ausgeführt wird, für die die Frau honoriert wird. Dass ihre weibliche Identität jenseits der Rollenidentität brüchig ist, fällt dann auf, wenn die Kompensation über die Leistung nicht mehr möglich ist oder wenn eine Trennungssituation eintritt. Dann muss die Auseinandersetzung mit der Mutter und dem spezifischen Mutterkomplex stattfinden.

Es wäre wohl grundlegend wichtig für alle Frauen – denn in unserer androzentrischen Welt sind wir alle von Vaterkomplexen geprägt, ungeachtet dessen, wie der eigene Vaterkomplex aussieht –, dass sie sich immer wieder mit ihrer erlebten Identität und den Identitätsbrüchen auseinandersetzen und sich nicht einfach den Theorien beugen, wie die weibliche Identität zu sein hat. Das Suchen nach Identität, das Erleben von Identität in verschiedenen Lebenssituationen müsste beschrieben werden, darüber müsste in Gruppen von Frauen gesprochen werden.[21] In Anlehnung an Christa Wolf: »Kein Ort. Nirgendwo«, muss unter den Frauen der Ruf nach einem eigenen Ort gehört werden. Nur dürfen sich Frauen diesen Ort nicht zuweisen lassen, nicht von anderen Frauen, und schon gar nicht von den Männern, sie müssen diesen Ort ihnen gemäß benennen und besetzen.

Die Auseinandersetzung mit der Mutter

Um zu einer eigenen Identität zu finden, muss sich die adoleszente Frau mit der Mutter und mit dem Mutterkomplex auseinandersetzen. Tut sie das nicht, befrachtet sie die Beziehung zu einem Partner über die Projektion der Vatererfahrungen und die unerfüllten Erwartungen an den Vater hinaus mit den anstehenden Mutterproblemen und mit den unerfüllten Erwartungen, die sie an die Mutter hatte.

Die Ablösung von der Mutter findet in einem komplizierten Feld statt. Einmal ist die Ablösung gar nicht so richtig gefordert. Das vielleicht sogar vordergründig zu Recht, das Ziel der Ablösung für eine Frau ist es nicht, dass sie keine Beziehung mehr zu ihrer Mutter pflegt, das Ziel ist nicht eine Autonomie, die sich als Bindungslosigkeit versteht. Die Ablösung der adoleszenten Frau von ihrer Mutter müsste im Idealfall so erfolgen, dass eine neue Beziehung zu ihr möglich wird, bei der das Komplexhafte der Kindheitsbeziehung einigermaßen aufgearbeitet worden ist. Deshalb ist eine Ablösung doch notwendig, nicht aber mit dem Ziel der endgültigen Trennung, sondern mit der Zielvorstellung, in eine gegenseitig bereinigtere Form der Beziehung eintreten zu können.[22]

Die Mutter entwickelt ja im Laufe der Zeit auch einen Tochterkomplex im Zusammenhang mit ihrer Tochter, einen Sohnkomplex im Zusammenhang mit ihrem Sohn, davon spricht man nur eigentümlicherweise nicht! Dasselbe gilt natürlich vom Vater. Wenn Mütter oder Väter über ihre Kinder sprechen oder klagen, betrachten wir das meistens als »reale« Probleme, dabei spielen auch in dieser Beziehung Komplexe eine Rolle. Auch im Zusammenhang mit einzelnen Kindern gibt es Komplexsätze – jetzt im System von Mutter oder Vater. Auch mit den einzelnen Kindern sind Erwartungen verknüpft, die weit über die Individualität des jeweiligen Kindes hinausgehen und die auch, je nach Alter, unterschiedlich sind. Bei der Ablösung der Adoleszenten werden bei Vater und Mutter eigene notwendige, überfällige Ablösungsschritte von ihren eigenen Eltern aktiviert.[23] Mir scheint aber – und das müsste näher untersucht werden –, dass auch eine Ablösung von Sohn- und Tochterkomplexen, die durch die eigenen Kinder gesetzt worden sind, wesentlich wäre und die Ablösung der Adoleszenten erleichtern würde.

Dann gibt es heute Mütter, die sehr verschiedene Rollen leben. So weist z. B. Sandra Scarr nach[24], dass Töchter von Müttern, die einer sie zufriedenstellenden Arbeit nachgehen, mehr Selbstbewusstsein als Frau haben und sehr viel weniger bereit sind, sich in abhängige Positionen von Männern zu begeben, auch wenn sie einen eher positiv getönten Vaterkomplex haben. Für sie ist die Auseinandersetzung mit der Mutter dann auch leichter zu bewältigen, da sie die Mutter nicht zuerst aus der Entwertung holen müssen.

Es ist aber nicht nur die persönliche Mutter, die in der Ablösung der Tochter eine Rolle spielt, es ist nicht nur die Rolle der Frau als Mutter in der Gesellschaft, die die Ablösungsthematik mitbeeinflusst, es sind auch die archetypischen Bilder des Weiblichen, das, was man so allgemein für weiblich hält. Und immer wieder taucht da die Idee auf, dass das »Weibliche« etwas Gefährliches sei. Da die großen weiblichen Göttinnen für die Geburt und für den Tod stehen, für die Fruchtbarkeit und für die Trockenheit, für Liebe und für Hass, wird die Spanne zwischen dem großen Reichtum des Lebens, der Fülle und dem Tod, mit der Macht von konkreten Frauen verbunden. Diese archetypischen Erfahrungen auf die einzelne Frau zu projizieren ist unzulässig. Vor allem nimmt in dieser Projektion die Angst vor der Macht der Frauen Gestalt an, die Angst, die nicht zuletzt daraus stammt, dass die Frauen entwertet oder idealisiert, nicht aber in ihrem Wesen ernst genommen werden. Keine Mutter verkörpert den Tod, auch wenn sie einem Kind das Leben gegeben hat und es damit in ein Leben hineinstellt, an dessen Ende der Tod steht. Für die adoleszente Frau bedeuten solche Konzepte der Frau, die täglich über Werbung, über Film und Literatur an sie herangetragen werden, dass ihre Wurzeln gefährlich ambivalent sind. Zum anderen sind die männlichen Götter so viel präsenter als die Göttinnen. Hier ist allerdings in den letzten Jahren sehr viel geschehen. Dass Frauen die verschiedenen weiblichen Göttinnen – und hier nicht nur den Mutteraspekt der Göttinnen – erforschen und ins Bewusstsein heben, zeigt, wie wesentlich es ist, dass auch die Frau das Gefühl hat, dass in ihrem Rücken eine Göttin steht und nicht nur ein männlicher Gott, dass es also auch für die Frau richtig ist, eine originäre Identität zu haben und nicht eine von einem männlichen Gott geliehene. Es ist wichtig, dass das archetypisch Weibliche, so wie es uns heute erscheint, immer wieder beschrieben wird und damit ins Bewusstsein kommt. Damit erfährt die einseitige Festlegung der Frau auf das Lebensspendende und Todbringende eine Ausweitung zu der vollen, reichen Bandbreite, die weibliches Leben und vor allem auch die Göttinnen auszeichnet.

Diese Veränderung im kollektiven Bewusstsein, die sich deutlich anbahnt, müsste den adoleszenten Frauen das Gefühl geben, dass ihre Identität in etwas gründet, das in sich wertvoll ist und eigenständig wichtige Aspekte des Lebens abdeckt, und dass für eine Frau heute viele Rollen möglich sind. Im Zusammenhang mit dem Bewusstwerden von archetypischen Frauengestalten steht – dem konkreten Alltagsleben näher – die Sehnsucht nach weiblichen Vorbildern, nach Zeugnissen von Frauen, die durchaus ihr Leben gelebt haben. Dieser Sehnsucht wird heute Rechnung getragen durch viele Biografien von Frauen über Frauen. In diesen Biografien kommt zum Ausdruck, dass jetzt nicht einfach Frauen idealisiert werden oder Frauen sich undifferenziert mit Göttinnen identifizieren, was eine andere Form der abgeleiteten Identität bewirken würde, sondern dass Zeugnisse von lebbarem Leben von Frauen gesucht werden, damit aber auch Ideen, wie das eigene Leben aussehen könnte.

Die Ablösung der adoleszenten Frau findet auf diesem geschilderten Hintergrund in der Auseinandersetzung mit der eigenen Mutter statt. Die Mutter ist das Vorbild, gegen das die eigene Identität zunächst konzipiert wird. Die Mädchen spüren den Schatten, das ungelebte Leben ihrer Mütter auf und beginnen das zu idealisieren, was im Leben der Mutter nicht zum Zuge kam. »Ich will alles anders machen als die Mutter«, kann natürlich darauf hinweisen, dass die Frau einen ursprünglich negativen Mutterkomplex hat, wie Jung das beschrieb[25], es ist aber auch ein Standardsatz bei der Ablösung. Die Tochter hat nicht wirklich eine eigene Position, aber sie ist zunächst einmal dagegen. Das kann der Beginn der Identitätsfindung sein.

Bei dieser Position gegen die Mutter ist es nicht notwendig, dass die Töchter die Mütter hassen. Theoretisch wird diese Forderung hergeleitet aus der Idee, dass Mütter und Töchter identisch sind, dass der Hass die notwendige Trennung bringt, die es braucht, um zu einer eigenen Persönlichkeit zu finden.[26] Es gibt da zwei Missverständnisse: Auch wenn beide Frauen sind, heißt das noch lange nicht, das sie sich gleich sind, dass sie gleichsam in einer Dualunion leben, bis die Tochter in die Adoleszenz kommt. Und auch wenn die Frauen sich sehr gleichen würden, was in speziellen Fällen ja vorkommen kann, dann bringt nicht der Hass die Lösung, denn Hass trennt nicht, Hass bindet. An Menschen, die wir hassen, denken wir wahrscheinlich ebenso viel, wenn nicht mehr, als an Menschen, die wir lieben.

Kritisiert werden natürlich die Mütter bei dieser Ablösung von den Töchtern, und das muss auch so sein. Angekreidet wird den Müttern etwa, dass sie nicht konsequent sind in ihrem Lebensentwurf, dass sie zum Beispiel darauf bestanden haben, ausgefüllt zu sein mit Mann und Kindern, und dann plötzlich sagen, sie hätten ihr Leben verfehlt. Kritisiert werden »Lebenslügen« der Mütter, die ja oft damit zusammenhängen, dass sie sich auch zu wenig von Vater- und Mutterkomplexen abgelöst haben. Vorgeworfen wird ihnen weiter, dass sie so vieles, was sie selber nicht gelebt haben, an ihre Töchter delegiert haben, wobei die Delegationen oft doppelbödig sind: »Sieh zu, dass du einen eigenen Beruf hast, da erfolgreich bist, aber bring mir auch die Enkelinnen und Enkel zur richtigen Zeit.«

Delegationen sind Freiheitsberaubungen und stören zudem ganz empfindlich die Mutter-Tochter-Beziehung.

Delegationen gibt es natürlich auch zwischen Vätern und Söhnen, zwischen Vätern und Töchtern, zwischen Müttern und Söhnen. Sie scheinen jedoch zwischen Müttern und Töchtern besonders häufig zu sein.

Auch die Rollenverunsicherung der Frauen, die ja eine große Öffnung mit sich bringt, wird in diesen sich widersprechenden Delegationen sichtbar, wenn Mütter ihren Töchtern zum Beispiel sagen: »Pass auf, Frauen werden oft überhört, aber sei du deshalb nicht vorlaut.« Was soll die Tochter mit einer solchen doppelten Botschaft machen? Weniger angekreidet, aber schmerzhaft vermerkt wird die Unsicherheit von Frauen in der außerhäuslichen Arbeit. Frauen wissen, dass sie oft sehr gute Arbeit leisten, bleiben sich aber dennoch über den Wert dieser Arbeit im unklaren. Sie haben die Tendenz, noch einmal etwas zu verbessern, oder stehen für den Wert ihrer Arbeit nicht ein, wo dies etwa gefordert wäre. Es ist notwendig, dass den Frauen das, was sie in der Welt gestalten, lieb gemacht wird. Flaake[27] erklärt sich dieses Verhalten so, dass Mädchen weder vom Vater noch von der Mutter in Dingen, die die spätere Berufsarbeit betreffen, bestätigt und gespiegelt werden, Mädchen werden zu oft noch für Anmut, Schönheit, gutes Verhalten gelobt, diese Selbstaspekte werden bestätigt und als wünschenswert in den Vordergrund geschoben. Flaake schlägt vor, die Frauen untereinander müssten sich gegenseitig den Wert ihrer Arbeiten bestätigen, um hier einen Mangel wettzumachen. Das wäre wünschenswert, hieße aber auch, dass Frauen ganz deutlich an ihrem Neid arbeiten müssten.

Nicht nur Vorbilder spielen eine große Rolle in dieser Ablösephase, die eine eigentliche Selbstfindungsphase ist, sondern auch Beziehungen zu anderen Frauen, falls die Prägung durch den Mutterkomplex das zulässt. Ist eine Frau durch einen sehr negativen Mutterkomplex geprägt – was bedeutet, dass für sie Frauen, und mütterliche Frauen erst recht, nur eine Quelle der größten Enttäuschung sind –, dann ist dieser Weg meistens nicht offen. Die Beziehung zu anderen Frauen ermöglicht Bewusstwerdung von sich selbst als Frau: Frauen sehen sich dann nicht nur mit den eigenen Augen an, sondern auch durch die Augen einer anderen Frau. Man spiegelt sich gegenseitig, nimmt sich wahr, nimmt sich an. Die Beziehung zu anderen Frauen vermittelt aber auch eine Erlebnisqualität, von der ich meine, dass sie am ehesten mit »Animaqualität«

bezeichnet werden kann: eine Atmosphäre der Verbundenheit untereinander und des dabei seelisch »Weitwerdens«, ohne dass man sich schützen muss, eine Form des erotisch Angesprochenseins, das nicht sofort die Aktion sucht, eine Faszination von weiblichen Möglichkeiten, Zärtlichkeiten usw., die einfach einmal ausprobiert werden dürfen. Es werden dadurch auch unbewusste weibliche Bilder belebt, verbunden mit den jeweils speziell zu ihnen gehörenden Emotionen, die sehr viel mit Verbundenheit – zärtlicher Verbundenheit, wilder Verbundenheit – zu tun haben und verschiedene Dimensionen des Frauseins erschließen. Ursprünglich hielt Jung »Anima« für den weiblichen Seelenanteil im Manne, die Frau habe statt dessen einen Animus. Das Bedürfnis der Frauen nach Anima scheint aber in der heutigen Zeit sehr groß zu sein und ist wesentlich auch für sie zur Herauslösung aus dem Mutterkomplex. Der Austausch der Erfahrungen mit den Freundinnen – werden sie nicht bereits an die zweite Stelle gerückt, weil die Beziehung zum Freund, sozial oder auch familiär bedingt, so sehr gefördert und gefordert wird –, aber auch das emotionelle Erleben unter Freundinnen ist wichtig in der Entwicklung von Beziehungsstrukturen, in denen sie sich selber nicht aufgeben muss, sondern sie selbst sein kann. Außerdem werden hier differenzierte Gefühle innerhalb von Beziehungen geweckt und gepflegt.[28]

Aus diesem Erleben heraus kristallisiert sich ein neuer Lebensentwurf, der jetzt auch eine Wiederannäherung an die Mutter erlaubt: Es ist meistens eine Auseinandersetzung mit der Mutter, die aber empathisch geführt wird, bei der man die Mutter auch als eigenständige Persönlichkeit stehen lassen kann, sie auch verstehen kann in ihrem Gewordensein. Bei dieser Wiederannäherung wird sie auch feststellen, in welchen Eigenheiten sie der Mutter gleicht, vielleicht sogar die gleichen ärgerlichen Eigenschaften hat, mit denen sie bestenfalls anders umgehen lernen kann, sie wird aber auch feststellen, dass sie trotz der Ähnlichkeiten doch auch ein ganz anderer Mensch ist.

Diese Wiederannäherung könnte sich in Gesprächen äußern, in denen es der Tochter klar wird, warum die Mutter ihren Lebensentwurf gewählt hat, in denen aber auch die Mutter in etwa mitbekommt, was denn der Lebensentwurf der Tochter ist. Vielleicht muss die Tochter auch mit blutendem Herzen akzeptieren, dass sie einen Lebensentwurf hat, dem die Mutter skeptisch gegenübersteht oder den sie aus ihrer Geschichte heraus überhaupt nicht akzeptieren kann. Die Wiederannäherungskrise kristallisiert sich aus der Enttäuschung heraus, dass die frühe Beziehung zwischen der kindlichen Tochter und der Mutter niemals wiederherstellbar ist, in der sie vielleicht ein Herz und eine Seele waren. Sie kann sich auch darin äußern, dass die Hoffnung enttäuscht wird, sie könnten endlich doch noch eine nahe Mutter-Tochter-Beziehung aufbauen, was bisher noch nie gelang und wie es offensichtlich in der Phantasie der Frauen zu sein hat. Bestenfalls ist eine gute, vertrauensvolle Beziehung zwischen Mutter und Tochter möglich, eine Beziehung von zwei Frauen, die sich gut kennen, sich schätzen und die akzeptieren, dass sie verschiedene Frauenbilder haben.

»Es hat keinen Sinn, sich einzusetzen«

Komplexe und das Episodengedächtnis

Komplexe[29] sind spezifische Konstellationen von Erinnerungen aus verdichteten Erfahrungen und Phantasien, um ein ähnliches Grundthema geordnet und mit einer starken Emotion der gleichen Qualität besetzt. Wird dieses Grundthema im Leben berührt oder der zugehörige Affekt, reagieren wir komplexhaft, das heißt, wir sehen und deuten die Situation im Sinne des Komplexes, werden »emotional« und wehren in stereotyper Weise ab, wie wir es schon immer getan haben. Für den Beziehungsbereich heißt das, dass das gegenseitige Verstehen in einer solchen Situation zunächst unterbrochen ist. Komplexe werden sichtbar in unserem Erleben und Handeln, sie zeigen sich aber auch in Symbolen, wobei dann auch der zukunftsweisende Kern dieser Komplexe betont ist. Komplexe haben nach Jung einen archetypischen Kern, das heißt, Komplexe bilden sich dort, wo etwas Lebensnotwendiges angesprochen ist.

Komplexe sind affektive Kerne der Persönlichkeit, hervorgerufen durch einen schmerzhaften oder einen bedeutungsvollen Zusammenstoß des Individuums mit einer Anforderung oder einem Ereignis in der Umwelt, dem es nicht gewachsen ist.[30] Mit dieser Beschreibung wird einmal deutlich, dass Komplexe aus der Interaktion des Säuglings und des Kindes mit Beziehungspersonen entstehen, wobei die frühe Kindheit natürlich eine besonders sensible Prägesituation ist für das Entstehen der Komplexe; Komplexe können aber jederzeit, solange wir leben, entstehen.

Jung hatte bei dieser Beschreibung des Entstehens eines Komplexes den Komplex im Blick, der dem Individuum Schwierigkeiten verursachen wird. Das sind natürlich auch die Komplexe, die die Menschen am meisten beschäftigen. Es ist aber auch daran zu denken, dass alle bedeutsamen Interaktionen zwischen Kind und Beziehungspersonen, alle Interaktionen zwischen Menschen, komplexhaft werden können. In den Komplexen sind also die problematischen und die uns prägenden Beziehungsinteraktionen und damit dann auch die Beziehungsgeschichten unserer Kindheit und unseres späteren Lebens abgebildet samt den damit verbundenen Emotionen, den Abwehrformen dieser Emotionen und den daraus erwachsenden Erwartungen, wie denn Leben etwa zu sein hat.

Eine schwierige oder eine bedeutsame Interaktion zwischen zwei Menschen, bei der Emotionen ins Spiel kommen, setzt also einen Komplex. Jedes ähnliche Ereignis wird dann im Sinne dieses Komplexes gedeutet und verstärkt ihn. Das heißt: Menschen lernen, dass gewisse Situationen immer wieder eintreten und von immer denselben Emotionen begleitet sind. In den Komplexen sind Episoden unseres Lebens abgebildet, die sich durch eine besondere Emotionalität auszeichnen.

In unseren Komplexen sind nicht einfach Elternteile mit ihrem Verhalten oder Geschwister, genau so wie sie waren, abgebildet, sondern die Komplexe scheinen eine komplizierte Mischung zu sein von tatsächlich Erlebtem und Phantasiertem, von enttäuschten Erwartungen usw. Dabei ist allerdings festzustellen, dass durch das teilweise Auflösen der Komplexe mehr Erinnerungen frei werden und mehr Zugang zur eigenen Lebensgeschichte möglich wird. Damit wird das Lebensgefühl reicher, der Ich-Komplex besser besetzt, die eigene Identität auch in der Kontinuität erlebt. Die wirkliche Geschichte ist etwas sehr Geheimnisvolles und wohl nicht wirklich zu rekonstruieren.

Rekonstruiert werden im Jungschen Verständnis Komplexkonstellationen, wobei zum einen der verdrängte Anteil ins Bewusstsein gehoben wird, zum anderen Komplexkonstellationen aber auch als affektive Knotenpunkte des Lebens begriffen werden, die Entfremdungen und Verfremdungen bewirken und bewirkt haben, die der Grund für unabgelöste

Identifikationen sind. Sie haben aber auch ganz bestimmte Fähigkeiten stimuliert und bergen ein Entwicklungspotential, das sich in den von ihnen ausgelösten Phantasien äußert. Dieses Entwicklungspotential wird besonders sichtbar in den archetypischen Bildern, die sich jeweils einstellen, wenn wichtige Aspekte des Komplexes ins Bewusstsein gehoben sind.

Mindestens so wichtig wie die Rekonstruktion des Früheren ist die Analyse der Erwartungshaltung, die mit jeder Komplexkonstellation zusammenhängt und die sich nicht nur auf das Hier und Jetzt der analytischen Beziehung bezieht, sondern auch auf die Zukunftsperspektive des eigenen Lebens. So kann ein Komplexsatz die Offenheit der Zukunft zunichte machen und neue Erfahrungen verstellen. Ein solcher Komplexsatz einer meiner Analysandinnen hieß: »Es hat keinen Sinn, sich einzusetzen, in wichtigen Situationen verstumme ich doch.« Erwartungen, Sehnsüchte, Utopien bewegen sich unter dem Diktat der Komplexe nur in den Bahnen einer verfestigten Vergangenheit, wenn sie überhaupt auftreten. Das heißt aber, dass man nicht zum eigenen Leben finden kann. Man lebt dann zwischen der Vergangenheit, die belastet, und der Zukunft, die Angst einflößt.

Das Konzept der Komplexe hat große Ähnlichkeit mit dem Konzept der »generalisierten Interaktionsrepräsentationen«, den so genannten RIGs (Representations of Interactions that have been Generalized; RIGs)[31] von Daniel Stern. Stern geht dabei vom »Episodengedächtnis«[32] aus, das Tulving beschrieben hat, als Erinnerung an reale Erlebnisse und Erfahrungen. Diese erinnerten Episoden können ganz banale Alltagsereignisse betreffen, etwa das Frühstücken, oder aber auch wichtige emotionale Ereignisse, etwa unsere Reaktion auf die Nachricht der Geburt eines Kindes usw. Im Episodengedächtnis sind Handlungen, Emotionen, Wahrnehmungen usw. erinnert, als an sich unteilbare Einheit, wobei man natürlich auf deren einzelne Aspekte, etwa die Emotion, fokussieren kann. Treten nun vergleichbare Episoden immer wieder auf – z. B. Brust, Milch, Sättigung –, so werden diese Episoden generalisiert, das heißt, das Kind erwartet, dass sich auch in Zukunft diese Episode in gleicher Art einstellen wird. Diese generalisierte Episode ist nicht mehr eine spezifische Erinnerung, »sie enthält vielfältige spezifische Erinnerungen ... Sie stellt eine Struktur des wahrscheinlichen Ereignisverlaufs dar, die auf durchschnittlichen Erwartungen beruht.«[33] Dadurch werden natürlich auch Erwartungen geweckt, die enttäuscht werden können. Diese RIGs entstehen nach Stern aus allen Interaktionen, sie sind für ihn Grundeinheiten der Repräsentation des Kern-Selbst und vermitteln dem Säugling das Gefühl, ein zusammenhängendes Kern-Selbst zu haben, Grundlage des Identitätserlebens.

Zwischen diesem Konzept der RIGs und dem Konzept der Komplexe kann ein Zusammenhang hergestellt werden. Die Theorie des Episodengedächtnisses wäre eine Form der Erklärung, wie Komplexe überhaupt als Repräsentationen im Gedächtnis gespeichert werden, es ist damit auch erklärt, dass die Komplexe in bestimmten Situationen, die diesen prägenden Episoden gleichen, konstelliert oder reaktiviert werden, dass sie aber auch über Empfindungen, die mit diesen Episoden zusammenhängen, oder mit Emotionen, die an die prägenden Episoden erinnern, hervorgerufen werden können.

Mit dem Konzept der Komplexe wären nicht alle RIGs gemeint, sondern jene RIGs, in denen schwierige Situationen generalisiert worden sind. Dieses Konzept würde zudem der Erfahrung Rechnung tragen, dass die Erwartungen, die aus den komplexhaften Erinnerungen stammen, selten mit einer einzigen erinnerten Episode übereinstimmen. Komplexe entstehen selten aus einer einzigen traumatischen Situation, sie stellen wirklich so etwas wie eine generalisierte Erwartung dar, die zeigt, dass komplexhaftes Erleben und Verhalten daraus resultiert, dass sich immer wieder ähnliche Interaktionen zwischen den Beziehungspersonen und dem Kind ereignet haben. Auch wenn es wichtig und möglich ist, Komplex-Episoden zu erinnern – etwa das Bild eines streng blickenden Vaters, der übergroß über einem verschwindend kleinen Buben thront, der am liebsten in den Boden versinken möchte und mit zugeschnürter Kehle aus Angst keinen Ton herausbringt –, ist es nicht gesagt, dass diese Episode als solche erlebt worden ist. Sie bleibt aber aussagekräftig als Bild des Komplexes, als Bild einer generalisierten Episode. Dieser Aspekt ist besonders wichtig, weil gelegentlich aus den Bildern der Komplexe auf das konkrete Wesen und die Präsenz der konkreten Eltern zurückgeschlossen wird, das Phantasiebild also mit dem Realbild der Person gleichgesetzt wird. Natürlich haben diese Episoden etwas mit der realen Präsenz der Eltern, die sich in der Interaktion ausdrückt, zu tun, sie sind aber nicht einfach deckungsgleich. Dies gilt nun ganz besonders von den »Mutterkomplexen« und den »Vaterkomplexen« im allgemeinen, die sozusagen die Generalisierung der generalisierten Episoden mit Mutter und Mütterlichem, mit Vater und Väterlichem umfassen. Ganz und gar unstatthaft wäre es, auf Grund der Mütter und Väter unsere Komplexe auf das Wesen der Frau oder des Mannes zu schließen – Komplexe sind »Interaktionsprodukte« –, denn Frauen sind nicht nur Mütter, Männer nicht nur Väter. Dazu kommt, dass sozusagen von innen her noch eine Erwartung mehr besteht: Es gibt nicht nur die Erfahrung mit der persönlichen Mutter und dem persönlichen Vater, sondern in jedem Menschen ist auch die Erwartung an archetypisch Mütterliches und archetypisch Väterliches angelegt; jeder Mensch erwartet ein gewisses Maß an Mütterlichem und Väterlichem.[34] Aus dieser Sicht wäre auch die generalisierte Erwartung – im Sinne eines kollektiven

Phantasiepotentials – im Kind zu verstehen, die zunächst nichts mit der realen Erfahrung der Interaktion mit den Eltern zu tun hat, vermutlich aber durch die Interaktion belebt wird.

Eine weitere Verbindung der beiden Konzepte besteht darin, dass Komplexe ein Leben lang entstehen können, dass sie aber auch in jeder Lebensphase bearbeitet werden können. Auch für Stern bleibt die Bildung der RIGs auf den verschiedenen Ebenen des Selbstempfindens das ganze Leben hindurch aktiv und in Entwicklung.[35] Im Zusammenhang damit steht auch eine therapeutische Überlegung, die wiederum auf Gemeinsamkeiten in diesen Konzepten hinweist. Arbeiten wir an komplexhaften Lebensthemen, dann ist es nicht notwendig, auf die prägende Situation zurückzugreifen. Es genügt, wenn eine Episode, die auf den Komplex hinweist, erlebt wird. Möglicherweise wird zum Beispiel durch eine durch den Komplex geprägte Beziehungssituation in der Therapie eine frühere Situation in der Kindheit erinnert, die sich »gleich« anfühlt. Damit kann gearbeitet werden. Das Suchen nach der frühesten Situation ist nicht notwendig, denn jede Komplexsituation hat die generalisierte Episode in sich mit den damit verbundenen Wahrnehmungen und Empfindungen und vor allem mit den damit verbundenen Affekten. Für Stern ist in diesem Zusammenhang wichtig, den »narrativen Ausgangspunkt« zu finden, die Schlüsselmetapher.[36] Er empfindet die Suche nach der »Urfassung«, die der Theorie entsprechend letztlich unverstellt sein sollte, als einen Prozess ohne Ende mit wenig Erfolgschancen, da ein Hauptproblem ja wohl darin besteht, die Übertragungen von präverbalen Episoden in verbale zu vollziehen.[37]

Von der Komplextheorie her ist es wichtig, die Symbole, besonders auch die symbolischen Interaktionen zu verstehen: Symbole bilden die Komplexe ab. Der Komplex stellt sich in Schlüsselbildern für das Leben dar, z.B. in Träumen und Imaginationen. Die damit verbundenen Emotionen können dann deutlich erlebt werden. Auf diese Weise lassen sich Rückschlüsse ziehen, einerseits auf das Erleben des Kindes, was hilft, sich in die Situation des Kindes zurückzuversetzen und die Schwierigkeiten und Leiden der Prägesituation zu verstehen, andererseits aber auch auf das Verhalten der Beziehungsperson, mit der man sich als Erwachsener meistens auch schon identifiziert[38] und deren Part man natürlich auch spielt; und es lassen sich auch Rückschlüsse ziehen auf die Interaktionsform im Komplexbereich samt den damit verbundenen ambivalenten Gefühlen. Gelingt es, in symbolischen Abbildungen die komplexsetzenden Zusammenstöße zu sehen und zu erleben, werden immer mehr Episoden erinnert, die zur Bildung eines Komplexes und zur Übertragung des komplexhaften Verhaltens auf andere Menschen als die ursprünglichen Beziehungspersonen geführt haben. Wesentlich aber ist aus der Sicht der Jungschen Psychologie, dass diese Symbole, die die Komplexe abbilden, in sich ein Energiepotential haben, das sich in den mit ihnen verbundenen Phantasien ausdrückt. Komplexe werden gesehen als etwas, das den Menschen hemmt und bewirkt, dass in Situationen, die eine differenzierte Antwort des Individuums erforderten, immer in derselben stereotypen Weise geantwortet und reagiert wird; Komplexe enthalten aber auch Keime neuer Lebensmöglichkeiten.[39] Diese zeigen sich nun eben auch in den Symbolen, die die Komplexe abbilden.

Alle Menschen haben Komplexe – Jung erwähnt allerdings, dass es eher umgekehrt ist, dass die Komplexe *uns* haben[40]; zumindest hört die Willensfreiheit dort auf, wo das Komplexgebiet beginnt, oder anders gesagt, je mehr Emotionen in unseren Komplexen gebunden sind, um so geringer ist unsere Willensfreiheit, wenn diese Komplexe anspringen.[41] Komplexe sind Lebensprobleme, die auch Ausdruck von zentralen

Lebensthemen sind, sie sind Ausdruck von Entwicklungsproblemen, die auch Entwicklungsthemen sind. Sie machen unsere psychische Disposition aus.

Zusammenfassend kann zum Komplex gesagt werden: Als Komplex bezeichnet man Inhalte des Unbewussten, generalisierte schwierige Beziehungsepisoden, die durch die gleiche Emotion und durch einen gemeinsamen Bedeutungskern (Archetyp) mit den damit in Zusammenhang stehenden typischen Beziehungsthemen und Beziehungsepisoden verbunden sind und die in Grenzen stellvertretend füreinander stehen können.[42] Jedes affektgeladene Ereignis wird zu einem Komplex. Werden die Themen oder die Emotionen, die mit dem Komplex verbunden sind, angesprochen, dann wird das Gesamte der unbewussten Verknüpfungen aktiviert – in der Jungschen Psychologie wird dafür der Ausdruck »konstelliert« verwendet – samt der dazugehörenden Emotion aus der ganzen Lebensgeschichte und den daraus resultierenden, stereotyp ablaufenden Abwehrstrategien. Je größer die Emotion und das dazugehörige Bedeutungsassoziationsfeld sind, desto »stärker« ist der Komplex, desto mehr werden andere psychische Anteile, insbesondere auch der Ich-Komplex, in den Hintergrund gedrängt. Die aktuelle Stärke eines Komplexes in Relation zu den anderen vorhandenen Komplexen und zum Ich-Komplex kann mit dem Assoziationsexperiment herausgefunden werden, ein Instrument, das Jung entwickelte und das ihn auf das Konzept der Komplexe brachte.[43]

Vom Ich-Komplex sagte Jung, er bilde das für unsere Psyche »charakteristische Zentrum«, sei aber dennoch ein Komplex unter anderen Komplexen. »Die anderen Komplexe treten mehr oder weniger oft in Assoziation mit dem Ich-Komplex und werden auf diese Weise bewusst.«[44] Der Gefühlston des Ich-Komplexes, das Selbstgefühl, wird von Jung als Ausdruck aller körperlichen Empfindungen, aber auch als Ausdruck all jener Inhalte der Vorstellung verstanden, die wir als zu unserer Person zugehörig empfinden.[45] Die Assoziationen, die mit dem Ich-Komplex verbunden sind, kreisen um das Lebensthema der Identität und der Identitätsentwicklung und des damit verbundenen Selbstgefühls. Basis unserer Identität ist das Gefühl der Vitalität und damit im engsten Zusammenhang das der Ich-Aktivität: Es ist das Gefühl des Lebendigseins, und in diesem Gefühl wurzelt die Möglichkeit, sich als Ich aktiv einzubringen im Leben, etwas zu bewirken, sich letztlich selbst zu verwirklichen. Vitalität, Ich-Aktivität und Selbstverwirklichung bedingen einander. Zur Ich-Aktivität gehört im Laufe der Entwicklung immer mehr auch die Selbstbestimmung im Gegensatz zur Fremdbestimmung. Zum Erleben der eigenen Identität gehört auch das sichere Wissen um sich selbst, um die Vorstellungen, die ich von mir habe, in Abgrenzung und in Auseinandersetzung mit Vorstellungen, die andere von mir haben und an mich herantragen. Voraussetzung für diesen relativ abgegrenzten Ich-Komplex ist, dass sich der Ich-Komplex altersgemäß aus den Elternkomplexen herausdifferenziert, damit auch immer autonomer wird und dass der Mensch sich neuen Beziehungen und Erfahrungen aussetzt. Dabei ist die Ablösung nicht nur von den Elternkomplexen und den konkreten Eltern, sondern auch ganz maßgebend von der Ich-Aktivität oder von der Vitalität abhängig. Es gibt Kinder, die trotz sie einengender Elternkomplexe sich hinreichend ablösen können, andere können sich auch aus wenig einengenden Komplexen kaum ablösen. Diese Unterschiede haben unter anderem auch mit einem Vitalitätsfaktor, verbunden mit einem Ich-Aktivitätsfaktor zu tun.

Ganz allgemein gilt: Werden die jeweils konstellierten Komplexe nicht bewusstgemacht, finden sie sich projiziert vor. Gelingt es dem Ich, zum komplexhaften Geschehen in Kontakt zu treten, Verantwortung dafür zu übernehmen und

Empathie für sich in dieser Situation zu entwickeln, dann kann oft beobachtet werden, wie Symbole, die den Komplex ausdrücken, erlebt werden, allenfalls auch körperliche Reaktionen, die sich in Symbole übersetzen lassen; Emotionen erleben wir ja körperlich, sie verweisen aber auch immer auf einen Sinnhintergrund. Können diese Symbole und die damit verbundenen Phantasien erlebt und gestaltet werden, kann die Energie, die im Komplex gebunden ist, zu einer Energie werden, die den ganzen Menschen belebt und neue Verhaltensmöglichkeiten initiiert.

Komplexe machen unsere Prägungen aus. Wer während der Kindheit viel Zuwendung, Aufmerksamkeit, Interesse an allen Äußerungen, Umhüllung durch mütterliche Liebe erlebt hat, wird von einem »ursprünglich positiven Mutterkomplex« geprägt sein. Dieser wird die Erwartungen an die anderen Menschen, an das Leben, an die Welt prägen, aber auch weitgehend die Interessen bestimmen.

Wessen größtes Problem in der Kindheit die Auseinandersetzung mit einer Mutter war, die – aus welchem Grund auch immer – Schwierigkeiten hatte, sich auf die Bedürfnisse dieses Kindes einzustellen, und wer auch durch andere Menschen keine tragende mütterliche Zuwendung erleben konnte, wird von einem »ursprünglich negativen Mutterkomplex« geprägt sein. Wer die ersten bedeutsamen Erfahrungen oder schmerzhaften Zusammenstöße eher mit dem Vater hatte, wird je nachdem, ob die Erfahrungen zunächst als fördernd oder hemmend erlebt worden sind, von einem »positiven oder einem negativen Vaterkomplex« geprägt sein. Mutter- und Vaterkomplexe sind Sammelbegriffe, die aber dennoch etwas aussagen über die Atmosphäre, die einen Menschen umgibt, über spezielle Lebensthemen, die wichtig sind, über typische Entwicklungsnotwendigkeiten und Schwierigkeiten.

Komplexe prägen uns nicht nur, sie werden auch konstelliert, sie »springen an«. Durch eine Beziehungserfahrung, die an die Komplexsituation erinnert, durch einen Traum oder eine Phantasie konstelliert sich der Komplex. Das heißt, wir reagieren emotional unangemessen auf die aktuelle Situation, wir haben eine Überreaktion, wir reagieren nämlich nicht nur auf die aktuelle Situation, sondern auf alle Situationen unseres Lebens, die dieser einen Situation so fatal gleichen, wir leiden dann auch unter einer Wahrnehmungsstörung, weil wir im Sinne des Komplexes wahrnehmen und ausblenden, was nicht zur Komplexepisode gehört. Als Folge davon haben wir eine stereotype Strategie, die uns vermeintlich hilft, mit der Situation klarzukommen.

Bei der Konstellation von jedem Mutter- oder Vaterkomplex können bestimmte Verhaltensweisen ausgemacht werden, die dem jeweiligen Kind geholfen haben, mit der jeweiligen Mutter oder dem jeweiligen Vater und im Familienverband als ganzem doch noch eine hinreichend gute Atmosphäre herzustellen oder sie sich zu erhalten. Diese Verhaltensweisen bleiben im späteren Leben erhalten. Werden sie uns bewusst, können wir uns entscheiden, ob wir sie beibehalten wollen oder nicht.

Ich gehe bei meiner Darstellung davon aus, dass Mutterkomplexe primär in der Beziehung zur sozialen Mutter, Vaterkomplexe primär in der Beziehung zum sozialen Vater gebildet werden. Dabei ist allerdings auch zu beachten, dass diese persönlichen Mütter und Väter auch kollektive Aspekte haben, weil sie dem jeweils geltenden Mutter- oder Vaterbild mehr oder weniger entsprechen wollen, und dass es auch andere Menschen gibt, von denen Väterliches und Mütterliches zu erfahren ist. Auch ist es durchaus möglich, dass z. B. Väterliches auch vermittelt durch die Mutter erlebt wird. Ausgehend davon, dass von den Komplexprägungen, die zwischen Kindern, Müttern und Vätern entstehen – so unterschiedlich diese untereinander auch sein mögen –, gewisse Aspekte bei allen Mutterkomplexen oder Vaterkomplexen immer wieder zu sehen sind, kann von typischen Aspekten dieser Komplexe gesprochen werden. Das hängt natürlich auch damit zusammen, dass zwischen Kindern und Eltern auch immer wieder gleiche Erfahrungen gemacht werden, die nicht einfach vom Verhalten des Kindes oder vom Verhalten der Mutter oder des Vaters abhängig sind.

Um das Typische an den Mutter- und an den Vaterkomplexen darzustellen, werde ich anhand von modellhaften praktischen Beispielen die jeweilige Komplexatmosphäre beschreiben, die den Menschen mit einer solchen Prägung umgibt, etwas zur Genese dieses Komplexes anfügen, dann Komplexbereiche im engeren Sinn beleuchten, die zwar innerhalb dieses Typischen sich bewegen, aber dennoch auch Individuelles beifügen, das heißt, ich werde für die jeweilige Beziehung typische Komplexsätze suchen und aufzeigen, wie sie sich im aktuellen Leben und in den Beziehungen immer wieder auswirken.

»Die Welt muss jemanden wie mich genießen«

Der ursprünglich positive Mutterkomplex des Mannes

Komplexe, die zunächst durchaus als lebensfördernd erlebt worden sind, können sich, wenn eine altersgemäße Ablösung nicht erfolgt, in der Folge als hemmend erweisen. Der ursprünglich positive Mutterkomplex kann sich durchaus »negativ« auswirken. Indem ich diese Komplexform als »ursprünglich« positiv bezeichne, beschreibe ich eine typische Prägung, aus der heraus grundsätzlich verschiedene Entwicklungen möglich sind.

»Warten auf den großen Wurf«
Balthasar

Zur Illustration füge ich ein Beispiel an, das ich in verschiedener Hinsicht prägnanter und extremer schildere, um den Charakter dieses Mutterkomplexes besser herausarbeiten zu können.

Ein Mann in den Vierzigern, ich nenne ihn Balthasar, suchte Therapie auf und erzählte von sich zunächst, er sei ein sehr sinnlicher Mann, alles Sinnenhafte in seinem Leben sei wesentlich, sei eigentlich das Wichtigste überhaupt. Diese Aussage unterstrich er, indem er mit seinen Fingern sehr sinnlich über die hölzerne Tischplatte strich und erwähnte, er sei da bei einem sehr interessanten Baum vorbeigekommen. Diesen Baum beschrieb er so, dass ich ihn in meiner Phantasie riechen konnte. Er erwähnte weiter, er esse gerne und gut, und das alles möchte er nicht verändert haben, auch wenn sein Gewicht – er sei ja doch etwas dicklich, was, gelinde gesagt, ziemlich untertrieben war –, es ja vielleicht wünschenswert erscheinen ließe, dass er ganz grundsätzlich etwas mehr Maß in sein Leben brächte. Genüsslich breitete er sich in seinem Stuhl aus, der ihn knapp trug.

Er war zunächst nicht einverstanden, dass ich ihn jeweils für die Dauer einer Stunde sehen wollte, er wünschte sich analytische Halbtage, allenfalls, so erwog er, könne man sich vielleicht auch einen ganzen Tag lang sehen.

Bei der Diskussion meines Honorars, das zu einem großen Teil von der Krankenkasse übernommen wurde, plädierte er für einen möglichst kleinen Eigenbetrag mit der Begründung, ich hätte bestimmt sehr viel von der Therapie mit ihm, so dass ich auf etwas Geld verzichten könne, er hingegen könnte dann trotzdem seine ausgedehnten Reisen finanzieren.

Spätestens an dieser Stelle hörte ich mit zunehmendem Interesse zu: Welch ausgeprägter Mutterkomplex zeigte sich hier! Mein Interesse stimulierte ihn, mehr von sich und seinen Reisen zu erzählen und dabei vor allem von seiner Fähigkeit, zu genießen. Er strahlte etwas von einem genussfähigen Menschen aus, den das Interesse des Gegenübers sehr belebt. Er fühlte sich gut, und als ich ihm erklärte, meine analytischen Stunden halten zu wollen, keine analytischen Halbtage, und auch auf einem, wie mir schien, fairen Preis beharrte, reagierte er oberflächlich gutmütig und einfühlsam, in der Tiefe aber gekränkt: »Es ist ja klar, Sie sind sowieso aufgefressen (von zu vielen Anforderungen beansprucht), da muss man nehmen, was übrig bleibt. Schade ist es doch, das wäre für Sie wahrscheinlich eine lohnende Erfahrung gewesen.« Es ist wohl auch typisch, dass er zur Äußerung seiner Kränkung Metaphern aus dem Bereich der Nahrungsaufnahme wählte.

Balthasar war sehr begabt, aber offenbar wenig fähig, aus seiner Begabung etwas zu machen. Er hatte drei Ausbildungen abgebrochen, eine abgeschlossen. Er arbeitete als Künstler, und es standen ihm verschiedene Kunstrichtungen offen; er sprach angeregt von Ideen, hatte aber kein Werk, das er vorzeigen könnte. Einzelne »Versuche« gab es, weil der große Wurf noch ausstand, der große Wurf würde bestimmt kommen, vorausgesetzt, er hatte einen langen Atem im Warten. Etwas despektierlich sprach er von Künstlerkollegen, die

»Arbeitstiere« sind, immer »kleckern«, diese Dinge auch ausstellen und publizieren, aber eben keinen großen Wurf machen, nicht den langen Atem haben, um auf den großen Wurf zu warten. »Mich interessiert eben so vieles, dann mache ich einmal das, dann gehe ich etwas anderem nach. Interessiert zu sein an so vielem, das inspiriert doch, oder?« Wenn er seine Ideen vortrug, vermochte er mich zu Beginn der Behandlung jedenfalls mit seiner Begeisterung immer anzustecken. Mit der Zeit stellte sich heraus, dass er sich auf keine seiner Begabungen konzentrieren wollte, er war überzeugt davon, dass er alles, was er konnte, auch in seinem Leben verwirklichen musste. Er war auch nicht fähig, seine verschiedenen Begabungen einzuschätzen. Dahingehende Äußerungen von Kollegen wehrte er sehr entschieden als Einmischung ab. Dabei realisierte er sehr wenig, hatte wenig Arbeitsdisziplin, wenig Struktur in seinem Alltag. Er wartete immer darauf, dass sich eine Arbeit von innen zwingend aufdrängte. Er hatte zwar Willensstoßkraft, das heißt, er hatte eine Idee und setzte auch an, diese zu verwirklichen, aber oft kam er über eine inspirierte Skizze oder über einige dichte Notizen zu einem Thema nicht hinaus. Das genügte ihm.

Im Beziehungsbereich hatte er Mühe, sich festzulegen. Er erzählte mir, er sei zweimal geheiratet und nach kurzer Zeit wieder verlassen worden. Er von sich aus habe nie das Bedürfnis zu heiraten gehabt. »Aber Sie wissen ja, Frauen wollen das, und wenn sie es wollen, dann bringen sie einen auch dahin ...« Es stellte sich heraus, dass er Menschen, »die wissen, was sie wollen«, sehr wenig entgegenzusetzen hatte. Er hatte aber auch einen großen Anspruch an Partnerinnen und Partner – er verstand sich als bisexuellen Mann. Partnerinnen sollten ihn vor allem bewundern, seinen Reichtum genießen, seine Sinnlichkeit mit ihm teilen. Sie sollten etwas Mütterliches haben, aber nicht mütterlich aussehen. »Möglichst jung verpackt.« Männliche Partner sollten wissen, wie das Leben zu bewältigen ist, sollten sagen, was zu tun und zu lassen war. Die Partnerschaften mit Männern dauerten auch höchstens drei Monate lang, weil die Männer, die er wählte, ihm auf die Dauer dann meistens zu viel Struktur hatten, zu ängstlich waren, zu vorsichtig, zu zwanghaft.

Partner und Partnerinnen machten ihm gleichermaßen den Vorwurf, er halte nicht, was er durch seine Art verspreche. Die meisten Menschen würden ihn zunächst als warm empfinden, als einfühlsam und mitfühlend, als empathisch, gemütlich und hilfreich. Das sei er auch. Wenn es aber Schwierigkeiten gebe, dann haue er ab. Das ganze »Beziehungsgetue« sei ihm zu kompliziert. Vielleicht tauche irgendwann einmal der richtige Mensch auf, mit dem es dann einfach gehe.

Mit 35 Jahren hatte er eine Krise. Da habe sich so etwas »wie Ekel vor dem Leben« eingestellt, die Zeichen der Resignation und des Selbstzweifels hatten sich gehäuft. Das Partnerkarussell begann sich in seiner Wahrnehmung immer schneller zu drehen. Er entwickelte zunehmend Wutgefühle »auf die Welt«, die ihm nicht gab, was ihm doch eigentlich zustand. Auf die Frage, was ihm denn zustehen würde, meinte er: »Die Welt muss doch so jemanden wie mich genießen, muss mich bewundern, muss den Rahmen bereitstellen, damit ich meine Talente entfalten kann.«

Diese Einbrüche von Resignation erfolgten immer häufiger. Zunächst versuchte Balthasar, mit Alkohol seine depressiven Verstimmungen abzuwehren. Als dies immer schlechter gelang, suchte er Therapie. Er sprach davon, dass sein Lebensgefühl ihn nicht mehr trage, dass er eine Sinnkrise habe, permanente Beziehungskrisen, eine Depression wohl und ein Alkoholproblem.

»Weggehen ist Sünde«
Genese dieser Komplexprägung

Mutterbeziehungen, so wie sie erinnert werden, beschreibt man am besten in einigen Bildern, auch in einigen typischen Episoden, die erinnert werden. Ihm fallen viele Situationen ein, die er sich bildhaft vorstellen kann, ja die er in allen Modalitäten der Vorstellung noch präsent hat. Er riecht, hört, sieht – und vor allem: er fühlt etwas, wenn er seine Geschichten erzählt.

Ich wähle drei Bilder aus:

- Er sieht sich in verschiedenem Alter in der Küche, zusammen mit der Großmutter und der Mutter, die beide kochen. Der Vater ist irgendwie dabei und trinkt irgend etwas. Es stehen schon viele leere Flaschen herum, und es ist lustig, lebensfroh und etwas chaotisch. Es sind viele Kinder da, fünf insgesamt, Balthasar ist der Jüngste. Es sind auch noch Freunde der älteren Kinder dabei. Es ist warm und laut, riecht nach Menschen und nach Essen, es ist sehr gemütlich.
- Balthasar erinnert sich daran, dass er »nie« gewaschene Kleider hatte. Die Kinder, die sich in der Schule neben ihn setzen müssen, rümpfen die Nase und fragen ihn, ob seine Mutter denn nicht waschen könne. Er gibt zur Antwort, sie koche lieber. Er riecht selber an seinen Kleidern, findet den Geruch ganz normal. »So rochen alle bei uns.«
- Er und auch seine Geschwister gehen nicht ganz regelmäßig zur Schule. Werden sie von außen angegriffen, werden Krankheiten erfunden. Sein Vater wird vor allem angegriffen, weil er zu viel trinkt. Die ganze Familie findet, jeder könne in seinen vier Wänden tun, was er wolle. Für die Familie scheint das Trinken des Vaters kein Problem zu sein.

Die Prägung des Mutterkomplexes erfolgt nicht nur durch die Beziehung zur Mutter, sondern durch das ganze »Mutterfeld«[46], durch alles, was als mütterlich erlebt wird. Die Mutter wird hier geschildert als die, die sich vor allem um die Ernährung kümmert, assistiert wird ihr von der Großmutter. Die Atmosphäre in der Küche wird geschildert, als gehe es hier noch einmal um einen Mutterbauch, in dem man geschützt ist, wo man ständig genährt wird, wo es einem wohl ist. Der Vater gehört da »irgendwie« dazu, er scheint nicht ganz real vorhanden zu sein, gutmütig geduldet in seiner alkoholischen Abwesenheit. So zumindest ist die Erinnerung von Balthasar. Die Familie hält zusammen gegen die böse Welt, die Anforderungen stellt, die die Familie nicht zu erfüllen vermag. Die Aggression wird gegen außen gewendet, Aggression, die auch zu notwendigen Trennungen führen und eine Entwicklung aus dieser Mutterkomplexatmosphäre heraus ermöglichen könnte.

Die ganze Familie ist geprägt von einem ursprünglich positiven Mutterkomplex, evoziert von Müttern, die sehr sinnlich um das körperliche Wohl der Angehörigen besorgt sind. Es scheint eine große vegetative Nähe zwischen den einzelnen Menschen gegeben zu haben, eine große Akzeptanz auch der verschiedenen Kinder. Auf die Frage, ob er sich an einen Satz der Mutter erinnere, der ein Verbot ausgedrückt habe, erinnert er sich nach längerem Nachdenken an den Satz: »Weggehen ist Sünde.« Die Geschwister lösten dieses Problem, indem sie Freundinnen und Freunde nach Hause in die Küche mitbrachten. Die Geschwister wollten sexuelle Beziehungen haben, in den späten 40er und 50er Jahren hieß das, dass sie früh heirateten. Sie zogen aus diesem Grund aber nicht etwa aus, sie wohnten weiter bei Eltern und Geschwistern. Ab und zu setzte sich eine Schwiegertochter oder ein Schwiegersohn in ihrem Wunsch nach Abgrenzung durch.

Die Mutter starb 65-jährig, Balthasar war damals 35. Die von ihm erwähnte Krise hatte bestimmt auch einen Zusammenhang mit dem Tod der Mutter.

Zunächst glaubte er, er könne den Verlust der Mutter nicht verkraften. Er bedauerte auch die Mutter, die so wenig vom Leben gehabt hatte. Er dachte dann aber, dass der Ehemann zwar schon »eine Pleite« gewesen sei, aber die Söhne hätten das alles irgendwie aufgewogen.

Er stellte dann etwas verwundert und sehr erfreut fest, dass es einer seiner Schwestern gelang, dieselbe Atmosphäre wie die Mutter herzustellen. Das tröstete ihn. Dass es ihm gelang, seinen Mutterkomplex so leicht auf die Schwester zu übertragen, könnte darauf hindeuten, dass seine Beziehung zur Mutter wenig persönlich war, dass es ihm mehr um die Zugehörigkeit zu dieser mütterlichen Atmosphäre gegangen war, die soviel Schutz und Geborgenheit gegeben hatte, eine Atmosphäre des Ununterschiedenseins.

Nun bewirkt ja jeder Schutz auch eine Einengung. Wird einem Kind die Einengung bewusst, dann setzt normalerweise eine Entwicklung zu mehr Eigenständigkeit hin ein. Das ist bei Balthasar wenig geschehen, scheint ein Familienmerkmal zu sein, bedenkt man, dass nicht einmal Sexualität und Heirat die Geschwister dazu bewogen haben, das Elternhaus zu verlassen.

Aber hier ist gerade das Problem: Weggehen ist ja Sünde. Deshalb konnte u. a. die altersgemäße Ablösung aus diesem Mutterkomplex nicht erfolgen.

Mit diesem Satz ist ein Komplexbereich im engeren Sinne innerhalb dieses Mutterkomplexes angesprochen, der aber für diesen sehr aussagekräftig sein dürfte. Dieser Satz – und natürlich mit ihm verbunden Erinnerungen, Assoziationen und Gefühle – dürfte mit der zentralen Problematik dieses Mutterkomplexes verbunden sein.

Wie erlebt Balthasar heute diesen Komplexsatz, in welchen Lebenszusammenhängen tritt er auf, was bedeutet er? Die Wirkung von Komplexen findet man in den aktuellen Beziehungen, in Projektionen, in Träumen und Phantasien.

Balthasar erzählte, er fühle sich immer sehr gekränkt, wenn jemand von seinen Einladungen vorzeitig nach Hause gehe. Auf meine Frage, wie er denn »vorzeitig« verstehe, meinte er, »vorzeitig heißt: bevor es fertig ist«. Ich fragte dann, ob es sein könnte, dass für andere Menschen etwas früher »fertig« wäre als für ihn. Er schaute mich erstaunt an und fand meine Bemerkung absurd. Er nahm die Situation, in der Menschen weggehen, ohne dass er es ihnen erlaubte, im Sinne seines Komplexes auf: Er reagierte, als wäre er wirklich in einer existentiell einschneidenden Art verlassen worden. Dabei war er identifiziert mit der Rolle, die seine Mutter jeweils innehatte.

Was läuft in dieser Komplexsituation in ihm ab? Wenn Menschen vorzeitig von seinen Einladungen nach Hause gehen, dann denkt er zuerst, er habe etwas falsch gemacht. Seine ganze gute Stimmung ist zerstört. Er fühlt sich verlassen und hässlich gemacht von diesen Menschen, die ihn verlassen haben. Noch den ganzen nächsten Tag fühlt er sich schlecht, kann nicht arbeiten, überlegt sich, was er falsch gemacht hat. Er rettet sich dann mit Aussagen wie: »Diesen Menschen fehlt halt die Lebenskultur, die haben keine Festkultur, die können nicht genießen ...« usw. Auch in den Entwertungen, die er braucht, um sein Selbstwertgefühl wieder zu stabilisieren, ist die ursprüngliche Komplexatmosphäre spürbar: Er hat Lebenskultur, er hat Festkultur.

Eine andere Möglichkeit des »Umgehens« mit dieser Situation ist die, dass er trinkt, tagelang betrunken und hinterher depressiv ist. Das ist eine komplexhafte Reaktion auf ein vermeintliches Verlassenwerden. Er reagiert mit dem Gefühl, auf eine ganz und gar unzulässige Weise verlassen, mehr noch, verraten worden zu sein.

Eine weitere Komplexreaktion: Geht er mit anderen Menschen zusammen irgendwohin, so passt er auf, dass niemand »verloren geht«. Es stört ihn, wenn seine Freunde und Freundinnen »undiszipliniert« einmal in den einen Laden hineingehen, dann bei einer Auslage stehen bleiben. Entweder sollen das alle tun oder niemand. Er achtet darauf, dass alle zur rechten Zeit etwas zu essen oder zu trinken bekommen. Wehe aber, jemand möchte zur Unzeit etwas essen oder trinken. Das stört die Harmonie, das stört das Lebensgefühl, das sich ihm in der Küche seiner Kindheit so wohlig eingeprägt hat. Besonders empört es ihn, wenn jemand ihn darauf hinweist, er benehme sich wie eine Glucke. Das kommt immer wieder vor. Er wird darüber sehr wütend, muss aber zugeben, dass er schon etwas seiner gluckenden Mutter gleicht. Für ihn ist »Glucken« indessen eine Qualitätsbezeichnung.

Es wird deutlich: Balthasar ist identifiziert mit dem Mutterpart seines Mutterkomplexes, er hält alle zusammen, wie seine Mutter es gemacht hat in seiner Erinnerung. Er reagiert also nicht wie das Kind, das damals nicht weggehen durfte, sondern wie die Mutter, die das Weggehen nicht erlaubt hat. Solange niemand selbstständig sein will in seiner Umgebung, wird dieses Verhalten als durchaus angenehm beurteilt: Er passt auf, er sorgt für Gemütlichkeit, für Ernährung im richtigen Moment. Er ist sehr fürsorglich. Nur mit seiner komplexhaften Reaktion im Sinne des Verlassenwerdens, die eintritt, wagt jemand einmal, diese Fürsorge auszuschlagen, kommen die meisten Menschen nicht klar. Ihm ist absolut nicht bewusst, dass er komplexhaft reagiert. Er sagt: »Ich tue alles, damit es den Menschen um mich herum wohl ist, und die schätzen das nicht und können offenbar auch meine gute Art zu leben nicht aushalten.« Dass er fast zwanghaft auf andere aufpassen muss und dass es ihn so sehr trifft, wenn die anderen ihn dabei nicht erfolgreich sein lassen, zeigt, dass es sich um komplexhaftes Verhalten handelt und nicht einfach um ein von der Mutter gelerntes und dann in der Folge übernommenes Verhalten.

Möglicherweise zeigt sich dieser Komplexbereich auch darin, dass er mit seinen Arbeiten nur sehr zögernd an die Öffentlichkeit tritt, große Angst vor Kritik hat und nichts verkaufen mag.

Er kann aber auch innerhalb dieser Komplexkonstellation mit der Rolle des Kindes identifiziert sein, das nicht weggehen darf. Er erlebt, dass seine Beziehungspersonen großen Druck auf ihn ausüben. Er gibt sich große Mühe, ihren Vorstellungen von ihm, wie er zu sein hat, zu entsprechen. Den Vorstellungen der Menschen nicht zu entsprechen ist für ihn auch eine Form des Verlassens. Da er sehr leicht seinen Mutterkomplex auf andere überträgt, muss er den Vorstellungen von vielen genügen. Er passt sich immer wieder an oder meint, sich anzupassen, ohne dass er dafür gelobt würde und ohne dass er dadurch das »Wir-Erleben« wieder erlebt, das ihm in der Kindheit zum Lohn wurde, wenn er nicht »weggegangen« ist. Statt dessen verlässt er sich selbst in dieser Situation, passt sich an, wo gefordert wäre, in der Beziehung er selbst zu sein.

»Von hohem Unterhaltungswert«
Der ursprünglich positive Mutterkomplex im therapeutischen Prozess

Zunächst wünschte sich Balthasar ganztägige Analysen, keine abgegrenzten Stunden, sondern viel Zeit, in der er sich ausbreiten könnte. Das Thema der Fülle, das mit dem ursprünglich positiven Mutterkomplex verbunden ist, klingt an. In der

Folge erklärte immer wieder er zu Beginn der Stunde, er wolle von allem sprechen, es bleibe ihm aber zu wenig Zeit. Unter dem Eindruck, nicht genug Zeit zu haben, wählte er oft kein Thema, schaute mich dann aber erwartungsvoll an im Sinne: Bestimmen Sie doch das Thema! Bloß sehr interessant sollte es sein. Wandte ich ihm mein Interesse zu, dann wurde er plötzlich ganz lebendig, und es gelang ihm, »von hohem Unterhaltungswert« für mich zu sein. Vermutlich hatte er seine Mutter, evtl. auch die Großmutter, für ihr Interesse an ihm entschädigt, indem er von einem hohen Unterhaltungswert für diese war. Ich ärgerte mich immer wieder, dass er entweder mit vielen Worten und einer erstaunlichen Erzählergabe faktisch sehr wenig sagte oder mir im Telegrammstil ein Problem ankündigte. Bat ich um mehr Informationen oder um den präziseren Ausdruck seiner Gefühle, dann erwiderte er: »Weshalb soll ich Ihnen mehr Informationen geben, Sie verstehen doch ohne Worte.« Hier konstellierte sich in der analytischen Beziehung der Kommunikationsstil, der in seiner Ursprungsfamilie vorherrschend war. Entweder wurden lange Geschichten sehr unterhaltsam erzählt, die aber nicht unbedingt einen großen Informationswert enthielten, oder aber es wurde erwartet, dass alle »ohne Worte« verstehen.

Aus meiner gefühlsmäßigen Reaktion darauf, aus meiner Gegenübertragung, schloss ich, dass dieser Kommunikationsstil bei dem Buben eine große Unsicherheit ausgelöst hatte, die auch Wut auslöste. Diese wurde allerdings verdrängt, das Gefühl des Zusammengehörens kompensierte diese Gefühle der Unsicherheit und die damit verbundene Angst und Wut. Gelegentlich sagte er, er wolle nicht analytisch arbeiten, ich solle ihm etwas Inspirierendes erzählen und zum Schluss ein paar gute Ratschläge für die neue Beziehung geben. In diesen Situationen übertrug er Mutters Küche auf die analytische Situation: Jetzt sollten wir es gut haben miteinander, und zum

Schluss könnte ich ihm Ratschläge geben. Auf meine sehr vorsichtigen Fragen nach den Zusammenhängen zwischen Mutters Küche und der jetzigen Situation gab er sich einsichtig, sah aber nicht ein, dass er sich da etwa verändern sollte, denn eigentlich sei Inspiration doch ein sehr hoher Wert. Und das ist auch richtig aus der Sicht eines Menschen mit einem ursprünglich positiven Mutterkomplex. In dieser Situation war er in der Position des Kindes innerhalb seines Grundkomplexes. Überlegte ich seiner Ansicht nach zu lange, welche Antworten ich ihm geben sollte, fragte er, ob ich ihn nicht mehr gern hätte. Verlassen werden hieß also auch, die Liebe eines anderen Menschen zu verlieren.

Träume interessierten ihn vor allem in ihrem utopischen Gehalt. Träume, die deutlich signalisierten, dass gewisse Bereiche seines Lebens in die Verantwortung genommen werden müssten, fand er eher »schulmeisterlich«. Er wunderte sich, dass sein Unbewusstes überhaupt so schulmeisterlich sein konnte. Zwei Traumthemen tauchten immer wieder auf: »Alles, was ich könnte, will ich nicht. Ich fahre in die Stadt, da wäre ein Parkplatz, ich will aber einen besseren. Dann finde ich keinen mehr. Ich soll in ein Haus hinein, weiß aber nicht genau, in welches ich hinein will. Plötzlich ist alles abgeschlossen. Ich zucke die Schultern, lästig. Das sind diese lästigen Träume ...«

Diese Träume waren von einem quälenden Gefühl begleitet. Natürlich wusste Balthasar unterdessen, dass er sich für gewisse Dinge entschließen musste, auch wenn vielleicht der optimale Parkplatz dabei nicht gefunden wurde, dass es vielleicht sogar darum ging, den freien Parkplatz auch zum optimalen Parkplatz zu erklären. Aber das Thema des Entschlossenseins und damit die Verantwortung für das eigene Leben blieb noch lange durch die Fixierung im Mutterkomplex verstellt.

Das zweite Thema war das Eingeschlossenwerden: »Ich fahre in einem Lift nach oben. Er hält irgendwann, aber die Türen öffnen sich wieder einmal nicht. Ich habe Angst, keine Luft mehr zu bekommen. Erwache.« Diese Träume waren von Todesangst begleitet. Ein mit diesen Träumen verwandter Traum, der auch diese Liftträume erhellt, ist der folgende: »Mutter sitzt mir auf der Brust, sie ist schön, weich und warm. Ich bekomme keine Luft, aber es geht gerade noch.«

Die Mutter glich nicht der realen Mutter, es war einfach »die Mutter«, wohl die Repräsentantin seines Mutterkomplexes. Dieser schnürte ihm die Luft ab, aber es ging gerade noch. Und nicht zu vergessen, es war weich und warm. Weggehen war in dieser Situation nicht möglich und auch noch nicht lebensnotwendig.

»Verraten werden - dieser irrsinnige Schmerz«
Wie sich der ursprünglich positive Mutterkomplex auf der Beziehungsebene äußert

Eigentlich hatte er sich nie wirklich auf eine Beziehung eingelassen. Er war ständig auf der Flucht. Eine gängige mögliche Erklärung dafür ist, dass der Mann mit dem ursprünglich positiven Mutterkomplex ständig auf der Suche nach der Müttergöttin ist[47], ihm deshalb keine irdische Frau genügen kann. Eine andere Begründung sehe ich darin, dass Menschen mit einem ursprünglich positiven Mutterkomplex große Schwierigkeiten haben, sich zu trennen. Trennungen zerstören das Lebensgefühl des Zusammengehörens und verlangen, dass der Mensch sich auf das eigene Selbst zurückorganisiert. Das hieße aber, dass eine Entwicklung aus dem Mutterkomplex heraus hätte erfolgt sein müssen, ein eigenes Selbst hinreichend entwickelt. Bei Balthasar wurde deutlich, dass selbst geringfügige Erlebnisse von Trennung ihn in eine depressive

Stimmung versetzten und sein Selbstwertgefühl massiv beeinträchtigten.

Allerdings hatte auch seine Scheu, sich auf andere Menschen einzulassen, eine Geschichte. Er hatte als Neunzehnjähriger eine erste Beziehung zu einem Mädchen. Die Beziehung war aus seiner Sicht sehr romantisch, sehr sinnlich. Er hatte viele Sexualphantasien, die ihn gleichzeitig bedrängten und belebten. Um diese Phantasien in die Realität umsetzen zu können, wollte er heiraten und, da er keinen Beruf hatte, nach dem Vorbild einiger seiner Geschwister weiter bei seinen Eltern wohnen. Die Freundin war von dieser Idee nicht angetan, machte ihm deutlich, dass sie ihn liebe und nicht seine Familie. Sie empfand offenbar die Beziehung auch bald als zu eng, beschwerte sich darüber, »er fresse sie auf«, und sie nannte ihn einmal »Dampfnudel« – er war schon damals etwas beleibt. Dieses Wort verzieh er ihr nie. Er fasste ihre Bemerkung als Treuebruch und Verrat auf und fühlte sich zerstört.

Gefühle der Liebe und die damit verbundenen sexuellen Phantasien sind natürliche Entwicklungsanreize, die dem Ich helfen, sich aus der Bindung an Mutter- und Vaterkomplexe zu befreien. Dadurch, dass neue Bilder in der Psyche durch die Liebe belebt werden, treten die alten einflussreichen Bilder für eine gewisse Zeit etwas in den Hintergrund; deshalb können neue Aspekte der Persönlichkeit, verbunden mit neuen Emotionen und neuen Verhaltensweisen, entwickelt werden.[48] Auch der Verrat hätte an sich nicht so katastrophale Auswirkungen haben müssen. Das Gefühl, verraten worden zu sein, ist ein wichtiges Gefühl im Verlaufe des Individuationsprozesses. Wenn wir uns verraten fühlen, oft von Vater oder Mutter, dann werden wir in die Vereinzelung hineingestoßen. Es ist ein schmerzhaftes Erleben der Einsamkeit anstelle des Enthaltenseins in einem Verband von Menschen, es ist aber auch eine Situation, in der wir uns selbst als einzelne Menschen spüren können.[49] Offenbar hat Balthasar eine solche Situation des Verratenwerdens in der Beziehung zu der jungen Frau zum ersten Mal erlebt, ihm blieb daher nur die Trennung. Er hatte dann zwei Jahre getrauert oder geschmollt und Gedichte geschrieben. Ein Gedicht, daran konnte er sich noch erinnern, hatte den Titel: »Mädchen sind wie Tintenfische ...« Zwei Jahre darauf hatte er einen Mann kennen gelernt, in den er sich ein wenig verliebte, auf den er sich aber nicht mehr eingelassen habe. »Diesen irrsinnigen Schmerz wollte ich nicht mehr riskieren.«

Typisch für den ursprünglich positiven Mutterkomplex eines Mannes ist die Erwartung, dass das Leben und die Welt wie eine alles spendende Mutter da ist, nährt, bewundert, weiß, was gut ist. Weil Menschen mit dieser Komplexatmosphäre sich in dieser Erwartung auch selbstgewiss den anderen Menschen nähern, überzeugt davon, dass sie an sich eine Bereicherung des Lebens sind, antworten die anderen Menschen in der Regel auch freundlicher, gewährender, wärmer als üblich. Die eigene Person und das Leben als solches bilden eine Einheit, daher ist alles möglich. Deshalb ist es auch schwierig, etwas opfern zu müssen, wenn man doch eigentlich meint, alles haben zu können. Die Problematik besteht dann dementsprechend darin, dass diese Menschen auf der Suche nach einem Partner oder einer Partnerin sind, der oder die alle Wünsche erfüllt. Es besteht immer die leise Sorge, der aktuelle Partner, die aktuelle Partnerin könnte einen daran hindern, den wirklich allerbesten Partner, die allerbeste Partnerin zu finden. Das bringt Unruhe und Unsicherheit in den Beziehungsbereich. Da zudem die Entwicklung der Entschlusskraft kein Thema ist, solange der Ich-Komplex mit dem Mutterkomplex identifiziert ist, werden diese Menschen eher gewählt, als dass sie selber wählen.

Ein weiterer Grund dafür, dass Balthasars Beziehungen nicht andauerten, war sein ihm weitgehend unbewusster Wunsch, fraglos geliebt und ertragen zu werden, ohne notwendigerweise selber dasselbe oder Ähnliches geben zu müssen. Dieses Verhalten von ihm, das von einigen männlichen Partnern als ausgesprochen »kindlich« bezeichnet wurde – was Balthasar sehr empörte –, ist auch eine Folge des ursprünglich positiven Mutterkomplexes: Man darf die Liebe, die einem im Überfluss und auch im Übermaß zugute kommt, einfach genießen. Das ist die gute Seite daran. Dass einseitige Liebe erlischt, wenn sich immer derselbe Partner in der Kinderposition verwöhnen lässt, ist die problematische Seite daran.

Es wird deutlich: Dieser ursprünglich positive Mutterkomplex war für Balthasar zu einem Gefängnis geworden, was sich auch in den Träumen ausdrückte. Im Bild gesehen bekommt man den Eindruck, dass er zwar in einem erweiterten, durchaus gemütlichen Mutterbauch lebt, der allerdings viel von seiner Attraktivität verliert, weil er nicht verlassen werden kann oder verlassen werden darf.

Zu einer Mutter gehört nicht nur, dass sie das Kind im Uterus wachsen lässt, sondern auch, dass sie es ausstößt, wenn die Zeit dazu gekommen ist. Dieses Ausstoßen zur rechten Zeit ist auch eine urweibliche Bewegung im Sinne des Lebens. Eine gute Mutter gäbe das Lebensgefühl des Enthaltenseins, des Genährtseins, des Geborgenseins, aber auch des Ausgestoßenwerdens im richtigen Zeitpunkt. Das Thema des Ausstoßens ins eigene Leben hinein, in die eigene Verantwortlichkeit, fehlt bei diesem ursprünglich positiven Mutterkomplex, deshalb wird er in späterem Alter zu einem negativen Mutterkomplex. Die Lebensmutter des Mutterkomplexes, die für die Möglichkeit steht, die Fülle des Lebens – auf allen möglichen Ebenen – zu erleben, zu genießen, zu erwarten, die das Lebensgefühl vermittelt, dass das Leben reich ist, dass man von ihm getragen ist, wird zu einer Mutter, die fast »zu Tode« schützt. Die Fülle kann nicht genützt werden und wird zu einer fast unerträglichen Verzettelung der eigenen Kräfte, das Genießen wird zur Falle, weil nur noch genossen wird, und das Gefühl des Getragenseins verkehrt sich in ein Gefühl des Gefangenseins.

Mit anderen Worten: Kann das Ausgestoßenwerden aus dem »Mutterparadies« nicht erlebt werden als etwas, das zwar schmerzt, aber auch eine neue Öffnung bewirkt, die es ermöglicht, das eigene Leben zu leben, und werden im Zusammenhang damit Trennungen vermieden, dann wird der Tod als Realität nicht erkannt, und in der Folge wird das Leben wie tot. Formuliert man ein übergreifendes Therapieziel für Balthasar, dann dieses: Balthasar muss geboren werden. Ich beziehe mich dabei auf den Satz von Erich Fromm: »Die meisten Menschen sterben, bevor sie ganz geboren sind.«[50]

Dieses Ziel kann erreicht werden, indem Balthasar sich auf die analytische Beziehung einlässt. Das versuchte er, die Zeit war reif dafür. Das übergreifende Ziel kann erreicht werden, wenn die einzelnen Komplexkonstellationen bearbeitet werden.[51] Es ist allerdings auch von größter Wichtigkeit, die Werte, die in jeder Komplexkonstellation liegen, zu formulieren und ins Bewusstsein zu heben. Es wäre undenkbar, mit diesem Mann zu arbeiten, ohne gelegentlich wunderbare Utopien miteinander zu teilen, ohne sich gelegentlich inspirierte und inspirierende Geschichten anzuhören.

»Man kann fast alles im Leben ertragen, wenn man gut gegessen hat«

Der ursprünglich positive Mutterkomplex bei Frauen

Balthasar hatte eine Schwester, auf die er den Mutterkomplex leicht übertragen konnte. Er erzählte oft von dieser Schwester, und ich lernte sie auch etwas besser kennen, als es notwendig wurde, für sie einen Therapeuten oder eine Therapeutin zu suchen. Dadurch ergab sich die Möglichkeit, den ursprünglich positiven Mutterkomplex, evoziert durch dieselbe Mutter, mit demselben Vater und in etwa demselben Mutterraum, zu vergleichen. Balthasars Schwester ist drei Jahre älter als er.

Während der Therapie fragte sich Balthasar selbst und auch mich immer wieder, warum es seine Schwester so viel leichter habe als er. Sie seien doch in derselben Küche aufgewachsen, sie hätten doch dieselbe Komplexstruktur. Nun ist das natürlich nicht zwingendermaßen so; es wäre durchaus denkbar, dass die Schwester eine mehrheitlich prägende Beziehung zur Großmutter gehabt hätte, mit einer Beziehung zum Vater, die der von Balthasar nicht ähnlich war. Dass Balthasar allerdings seinen Mutterkomplex so leicht auf diese Schwester übertragen konnte, lässt die Hypothese zu, dass sie vergleichbare Prägungen hatte. Einfacher hatte sie es, nach den Aussagen von Balthasar, weil sie deutlich zufriedener war, eine Familie hatte mit Mann und fünf Kindern, keine Depressionen und keine Alkoholabstürze. Seine Hypothese war: Frauen haben es einfacher, wenn sie sich nicht aus einem ursprünglich positiven Mutterkomplex herausentwickeln.

Mit dieser Hypothese steht er nicht allein da. In diesem Zusammenhang sind die Theorien von Nancy Chodorow beizuziehen[52], die sich Gedanken macht über die Identitätsentwicklung bei der Frau und beim Mann. Ihre Grundidee ist die, dass das Mädchen in der Identität mit der Mutter auch schon die Grundlagen der eigenen Identität erwirbt, während der Knabe seine Identität gegen die Mutter entwickeln muss. Er muss sich von der Mutter abgrenzen, muss sich trennen, sich in einen Gegensatz stellen, um sich als Mann identifizieren zu können. Chodorow meint dann auch, dass die hohe Bedeutung der Rivalität unter Männern immer noch mit der Identitätssuche und dem Identitätserhalt zu tun hat. Bezogen auf die ursprünglich positiven Mutterkomplexe würde das bedeuten, dass der Mann, der sich nicht altersgemäß ablösen kann, an einer Identitätsstörung leiden würde, mit der damit verbundenen schlechten Ich-Kohärenz, und deshalb mit einer erhöhten Anfälligkeit für psychische Störungen auf allen Ebenen. Die Frau würde beim ursprünglich positiven Mutterkomplex die Basis ihrer Identität behalten, wäre also wesentlich weniger beeinträchtigt in ihrem Identitätserleben. Sie würde allerdings mutterabhängig, also unreif bleiben.

»Wo bleibt der Dank?«
Barbara

Die Schwester, ich nenne sie Barbara, suchte, da sie einen depressiven Einbruch hatte, einen Therapeuten, der sowohl analytisch als auch in Körpertherapie, sowohl verhaltenstherapeutisch als auch im Bereich der spirituellen Therapien versiert war. Dieser nicht gerade bescheidene Wunsch wurde als eine Selbstverständlichkeit vorgetragen. Ich bat Balthasar, etwas von seiner Schwester zu erzählen.

Das Leben der Familie von Barbara finde in einer Wohnküche statt, sie besäßen aber ein großes Haus. Die Atmosphäre sei vergleichbar der, die in Mutters Küche geherrscht habe, es sei aber alles viel ordentlicher und sauberer. Barbara koche gern und gut, sie sei auch etwas rundlich, das habe ihr nie etwas ausgemacht, jetzt leide sie plötzlich unter ihrem Dicksein. Die anderen Geschwister seien oft zu Besuch bei ihr, es sei halt der Ort, wo sich alle treffen. An Weihnachten könnten ohne weiteres etwa vierzig Menschen in dieser Wohnküche sein, die eigentlich für zehn Personen gedacht sei. Das sei dann aber »urgemütlich«, eng und sehr behaglich. Der Ehemann von Barbara genieße das auch, er sei auch sonst ein Genießer, eher ein stiller Mensch, spreche aber ab und zu ein Machtwort. Er sei ein Gärtner, der in seinem Beruf sehr befriedigt sei. Das wundert Balthasar, weil er selber ja beruflich »nicht auf die Füße« kommt.

Barbara scheint total abhängig zu sein von ihrem Ehemann. Sätze wie: »Wir müssen zuerst Vater fragen«; »Vater bringt das schon wieder in Ordnung«; »wartet, bis Vater kommt«, scheinen häufig zu fallen. Wenn sie ihren Mann mit »Vater« anspricht, sagt sie damit auch aus, dass sie sich als Tochter versteht und sich damit auf eine Stufe mit ihren Kindern stellt.

Ihre Depression wurde ausgelöst, als die Kinder sich gemeinsam und etwas überstürzt ablösten und sich alle miteinander eine gemeinsame Wohnung nahmen. Ausgelöst wurde dieser Exodus dadurch, dass der Vater dem 24-jährigen Sohn mitteilte, dass man in seinem Alter nicht mehr bei den Eltern wohne. Auf diese ungeheuerliche Intervention hin sind alle anderen Kinder – außer dem Jüngsten – ausgezogen und haben eine geschwisterliche Wohngemeinschaft gegründet. Balthasar sagt von diesen Kindern, sie seien alle interessant, begabt, aber auch von einer gewissen Ruchlosigkeit. Er kann es nicht gutheißen, dass sie alle ausgezogen sind. Die Intervention seines Schwagers kann er zwar intellektuell verstehen, aber sie wäre wohl auch »feiner und etwas später« anzubringen gewesen.

Interessant ist, dass diese Jugendlichen als Geschwistergemeinschaft offenbar genug positiv-mutterkomplexige Atmosphäre herstellen können, um die Wohnküche zu Hause zu verlassen. Allerdings mussten auch sie durch den Vater dazu aufgefordert werden.

Barbara reagierte auf diesen Auszug mit einer schweren depressiven Verstimmung. Sie kann nur noch schlecht schlafen; sie schläft nicht ein, wacht sehr früh wieder auf, ist total gerädert, kann nicht aufstehen. Sie sagt, das Leben habe keinen Sinn mehr, es sei alles so leer und öde. Sie bedauert, nicht noch einen richtigen »Nachzügler« zu haben, den oder die man so richtig verwöhnen könnte.

Barbara scheint identifiziert zu sein mit ihrer Mutter: Sie hat gleich viele Kinder, wie ihre Mutter sie hatte, sie bemüht sich um eine vergleichbare Atmosphäre in ihrer Wohnküche. Damit lässt es sich für eine Frau, vorausgesetzt, sie hat dieselbe Vorstellung von einem Frauenleben wie die Mutter, durchaus leben. Deshalb konnte sie auch vom Bruder beneidet werden. Dass sie so stark auf die Trennung von den adoleszenten Kindern reagiert, könnte darauf hinweisen, dass sie weitgehend mit dem Mutterpart ihres ursprünglich positiven Mutterkomplexes identifiziert ist und dass es jetzt an der Zeit wäre, sich aus diesem ursprünglich positiven Mutterkomplex weiterzuentwickeln. Sie ist nicht identifiziert mit der Rolle ihrer Mutter als Ehefrau. Hatte die Mutter einen Mann geheiratet, der ein Alkoholproblem hatte, hat Barbara sich mit einem mütterlichen Vater-Mann zusammengetan. Sie selber hatte wohl ihren Vater zu wenig väterlich erlebt, jetzt ist es ihr gelungen, einen Mann zu heiraten, der mit dem Weiblichen gut zurechtkommt. Auch wenn er vielleicht etwas idealisiert wird von seinem Schwager, ist er doch ein Mann, der sich mit der Kultivierung der Natur seinen Lebensunterhalt verdient. Die Natur in ihrem Wachstum zu unterstützen hat etwas Mütterliches. Er ist aber auch um ordnende Strukturen bemüht: im Garten und in der Wohnküche. Er erschreckt die anderen nicht, indem er zu viel Struktur verlangt, beruhigt aber die Situation, indem er auf ein Minimum an Struktur besteht. Es drängt sich die Hypothese auf, dass dieser Mann durch einen recht gut ausbalancierten Vater- und Mutterkomplex geprägt ist, mit einer deutlichen Vorliebe für eine positiv mutter-komplexige Atmosphäre, die ihn nicht ängstigt.

Barbara war also fähig, für sich den Partner zu finden, der sie in ihrem Komplex-System ertragen konnte, dieses aber gleichzeitig auch ergänzte. Allerdings war Barbara auch nicht einfach wie die Mutter, nach Aussagen von Balthasar: Die Kinder sollten sich selbstständig verhalten und ihr gleichzeitig am Schürzenzipfel hängen. Dies als Reaktion darauf, dass sie fand, sie seien als Kinder von ihrer Mutter zu sehr in ihrer Selbstständigkeit beschnitten worden. Dennoch gleicht sie auch der Mutter. Ernährung war für sie auch sehr wichtig: Ihre Leitsätze: »Man kann fast alles im Leben ertragen, wenn man gut gegessen hat.« Oder: »Zuerst muss man einen guten Boden legen.« Damit meinte sie, eine gute Mahlzeit sei die Voraussetzung für alles andere. Auch sie versteht es, um sich herum eine erotische, sinnliche, sinnenhafte Atmosphäre zu schaffen wie ihre Mutter. Auch sie trennt sich schwer. Ihre Depression nach dem für sie überstürzten Wegzug ihrer Kinder – dieser wirkte überstürzt, weil er, zu lange aufgeschoben, nun so plötzlich erfolgte – könnte darauf hinweisen, dass es doch auch in ihrem System »Sünde ist, wegzugehen«, wenn auch vielleicht etwas mehr im Verborgenen als bei ihrer Mutter.

Die depressive Reaktion ist leicht zu verstehen: Bis zu diesem Zeitpunkt hatte Barbara ihre Identität weitgehend aus der Identifikation mit dem ursprünglich positiven Mutterkomplex bezogen in der Identifikation mit dem Mutterpart. Sie hatte schon fast eine archetypische Form der Mütterlichkeit gelebt. Ihre eigene Identität jenseits der Erfüllung der Rolle wäre zwar bestimmt ab und zu gefragt gewesen, aber offenbar nicht in einer unausweichlichen Dringlichkeit. Jetzt wird ihr Selbst-Sein aber gefragt, unaufschiebbar. Die Depression fordert ihr Selbst-Sein heraus. Sie beklagt sich, sie habe »ein Leben lang« hungrige Mäuler gestopft, und der Dank dafür? Einfach verlassen hätten sie sie. Diese Sätze sind typisch für einen Menschen mit einer depressiven Struktur. Dennoch hat sie nicht das Lebensgefühl des Eingesperrtseins, sie fühlt sich nicht gefangen; sie hat aber das Gefühl, an einem »Nullpunkt« zu sein, neu anfangen zu müssen. Sie muss aufhören, Mutter zu sein. Sie muss auch eine neue Beziehung zu ihrem Ehemann herstellen. Dieser hatte nämlich verlauten lassen, als sie ihn vorsichtig rügte wegen der Bemerkung, die er zu seinem ältesten Sohn gemacht hatte, er wolle das Leben mit ihr allein genießen und mit ihr noch zusammenleben ohne Kinder. Von ihm her besteht deutlich das Bedürfnis, auch Partner zu sein, nicht nur Vater.

Vergleicht man Bruder und Schwester, dann fällt auf, dass Barbara in der Tat ein sie wesentlich befriedigenderes Leben geführt hat als ihr Bruder. Allerdings hat auch sie viele ihrer Begabungen nicht gelebt, aber sie hat sich sozusagen für das »natürliche Schicksal« entschlossen.

»Irgendwie wird es schon weitergehen«
Agnes

Eine 40-jährige Frau kommt in Therapie, weil sich ihr Mann von ihr trennen will. Noch ist sie verheiratet, sie hat seit etwa acht Jahren einen Freund. Ihr Ehemann war sehr lange der Ansicht, es handle sich um eine platonische Freundschaft. Als er herausfindet, dass dies ein Irrtum war, will er sich von seiner Frau trennen. Die beiden haben zwei Kinder. Die Frau, ich nenne sie Agnes, hat ein abgeschlossenes akademisches Studium und ist auf ihrem Studiengebiet berufstätig.

Agnes ist verspielt angezogen. Wo ein Schleifchen befestigt werden kann, ist eines befestigt. Sie spricht mit einer singenden Stimme, die ein wenig an die Stimme eines kleinen

Mädchens erinnert. Zwar spricht sie einen Dialekt, der schon etwas Singendes in sich hat, ihre Stimmführung ist aber dennoch auffällig. So wirkt sie mädchenhaft verspielt, ein wenig kapriziös, freundlich und liebevoll. Sie vermittelt den Eindruck von einem gutartigen, leicht zum Staunen zu bringenden Kind. Sie erzählt mit ängstlich aufgerissenen Augen, ihr Mann hätte Hassausbrüche. Sie kann das nicht verstehen, sie meint es doch nur gut, sie tut doch niemandem etwas Böses, warum denn jetzt plötzlich Hass?

Ihr Ehemann sei eher mütterlich und etwas zwanghaft. Immer wieder nenne er sie »mein bezauberndes Kind«. Früher habe sie diesen Kosenamen attraktiv gefunden, unterdessen finde sie ihn überholt.

Der Mann, den sie vor neun Jahren getroffen hat und mit dem sie seither eine Beziehung pflegt, nimmt sie als Frau wahr, nicht so sehr als Kind. Auch er ist sehr einfühlend, aber weniger mütterlich, kameradschaftlicher, er fordert sie mehr heraus. Sie will auf keinen der beiden Männer verzichten, sie liebe beide, und die beiden würden einander nicht stören. Es gibt zudem noch Altersfreunde ihrer verstorbenen Mutter, mit denen sie auch enge Kontakte pflegt, die sie sehr genieße. Sie hat auch eine beste Freundin, mit der sie viel Zeit verbringt und die eine wichtige Stelle in ihrem Leben einnimmt. Sie investiert sehr viel Zeit und Energie in Beziehungen. Auch sie ist sehr genussfähig, genießt aber eher Beziehungen und Anregungen, die sie aus den Beziehungen nimmt, als Essen. Sie sehe überhaupt nicht ein, warum sich im Rahmen ihrer Beziehungen irgend etwas ausschließen sollte. Nur ihr Mann sei der Ansicht, das gehe so nicht. Sie selber sehe keinen Grund, irgendeine Entscheidung zu treffen, sie treffe sowieso ganz selten Entscheidungen und die dann nur im Beruf, wenn es unumgänglich sei. Ihr Mann habe sie deswegen gelegentlich kritisiert, er sei dann immer böse.

Nach langen Diskussionen hat er sie verlassen. Jetzt ist sie etwas verwundert, dass sie plötzlich allein ist mit ihren beiden Kindern. Sie ist auch erstaunt, welche Aufgaben auf sie zukommen, jetzt, wo sie alles alleine machen muss. Sie stellt fest, dass sie wohl recht großzügig mit Geld umgeht, aber Geld müsse doch eigentlich im Umlauf sein, da nütze es am meisten. Bis jetzt hat allerdings nur ihr Mann gewusst, wieviel sie verdiente. Sie hatte es immer wieder vergessen. Sie stellt fest, dass sie nicht erziehen kann. Sie sagt von sich selbst, eigentlich sei sie wie ein drittes Kind, das nun für die zwei anderen Kinder sorgen müsse, fügt dann aber an: »Irgendwie wird das schon gut gehen.« Beim Zuhören beginne ich mich um alles mögliche zu sorgen, sie ist aber so sehr überzeugt, dass es irgendwie gehen wird, dass sie es schafft, auch mich zu überzeugen.

Agnes ist sehr interessiert an Kunst. Die darstellende Kunst und Literatur belebt sie. Sie kann lange und begeistert von Kunstwerken erzählen, bringt regelmäßig ihre Traumbilder mit Bildern der Kunst in Verbindung und ist dann glücklich, wenn sie sieht, dass ihre Traumbilder einen Zusammenhang haben mit von Künstlern gemalten Bildern. Sie sieht darin einen inneren Zusammenhang und eine innere Bewegung von allem mit allem, was es gibt auf der Welt. Sie fühlt sich als Teil eines großen Ganzen und interessiert sich dafür, wie sie, die den Teil verkörpert, auf das große Ganze wirkt. Sie ist eine sehr gute Träumerin und kann ihre Vorstellungswelt leicht fassen und beschreiben. Sie ist nah dem Unbewussten, auch sehr gefühlvoll im Umgang mit Menschen und spirituell interessiert. Sie verbreitet eine Atmosphäre im Sinne von: Das Leben ist dazu da, dass man zugreift. Es ist ja alles in Hülle und Fülle vorhanden. Es ist auch nicht sinnvoll, sich so sehr anzustrengen, man könnte dann nämlich übersehen, dass die Dinge auf einen zukommen.

Auch sie will auf nichts verzichten, sie will sich nicht entscheiden, sie will genießen. Sie projiziert die gute »Große Mutter« auf die Welt und das Leben und ist ganz erstaunt, wenn sich die Menschen nicht ihrer Komplexerwartung gemäß benehmen. Sie hat sich für ihr Alter eine bemerkenswerte Arglosigkeit erhalten, und gelegentlich frage ich mich, ob sie überhaupt auf dieser Welt gelebt hat. Sie denkt nie etwas Böses, will nie etwas Böses, sie hat keinen Schatten, das heißt, über ihren Schatten weiß sie erstaunlich wenig.

Sie ärgert sich gelegentlich darüber, dass andere versuchen, sie zu »bevormunden«. Bevormundet wird sie natürlich, weil sie sich verwöhnen lässt, und mit der Verwöhnung sind ja meistens auch gewisse Vorschriften verbunden. Sie spricht das Problem aber nicht an. Ihre Berufsarbeit ist für sie unproblematisch. Sie arbeitet seit dreizehn Jahren an derselben Stelle und findet ihre Arbeit meistens interessant.

Wie ist sie zu dem geworden, was sie geworden ist? Mit 25 Jahren hat sie geheiratet, das hatte ihre Mutter so erwartet. Sie hatte gefunden, was sie brauchte, einen mütterlichen Mann, der auch fähig war, Struktur in ihr Leben zu bringen. Er traf auch immer alle Entscheidungen. Dann tauchte ihr Freund auf: Sie hat mehr im Leben gefunden, als sie brauchen kann. Von außen betrachtet, ergibt diese Beziehung einen Sinn: War sie bei ihrem Ehemann noch in der Tochterposition, ihr Ehemann offenbar ein mütterlicher Vater, so ist sie bei ihrem Freund eine Partnerin. Diese Freundschaft könnte zeigen, dass sie sich doch etwas aus dem Mutter- und dem Vaterkomplex herausentwickelt hat. Auch scheint es jetzt Zeit zu sein, sich für oder gegen etwas zu entscheiden. Dass sie einer Entscheidungssituation nicht mehr ausweichen kann, macht sie hilflos. »Ich muss aufpassen, dass ich nicht in ein Loch falle.« Um zu verhindern.; dass sie in ein Loch fällt, besucht sie Vorträge, schaut sich Kunstausstellungen an, trifft Menschen, von denen sie weiß, dass sie mit ihnen anregende, inspirierende Gespräche führen kann. Auch sie könnte in dieser Situation depressiv werden, sie könnte in ein Loch fallen, was sie als einen Zustand der Langeweile und des Nicht-mehr-Wissens, wie das Leben zu bewältigen ist, versteht, aber auch als einen Zustand, bei dem ihr Vertrauen ins Leben abhanden kommen könnte. Sie fällt aber nicht in ein Loch, sie kann sich inspirieren lassen und fühlt sich dann wieder lebendig und gut.

»Solange du die Kleine bist«
Die Genese dieser Komplexprägung

Die Eltern von Agnes ließen sich scheiden, als sie vierjährig war. Der Vater wurde in der Folge unwichtig und starb früh. Den Tod des Vaters erlebte Agnes nicht bewusst. Sie erinnert sich vor allem an das Zusammensein mit ihrer Mutter, die sie liebevoll behütete und die zärtlich und verwöhnend war. Sie bekam alles von der Mutter, war körperlich und geistig gut genährt. Die Mutter habe Freunde gehabt, sie habe sich aber nicht ausgeschlossen gefühlt. Jetzt im Nachhinein denke sie natürlich, wenn die beiden sich jeweils geliebt hätten, dann sei sie wohl schon ausgeschlossen gewesen, aber sie habe es auf jeden Fall nicht gemerkt. Sprachen die anderen Kinder im Kindergarten von ihrem Vater und wurde sie auf ihren fehlenden Vater angesprochen, habe sie jeweils stolz gesagt, »wir haben dafür Freunde« – ein deutliches Zeichen dafür, wie nah sie ihrer Mutter war.

Sie erinnert ein Bild: Sie, im Alter von sechs, sieben Jahren, sitzt auf Mutters Schoß. Mutter liest ihr etwas vor. Sie sitzen ganz eng, und Agnes hört Mutters Herzschlag. Sie fragt ihre Mutter: »Hörst du meinen Herzschlag auch?« Dieses Bild sieht sie in der Imagination ganz deutlich vor sich, sie kann auch den Körpergeruch der Mutter noch riechen und sieht dann jeweils einen Lichtkegel auf sie beide gerichtet, wie wenn sie durch eine Spotlampe beleuchtet worden wären. Sie weiß aber, dass sie nie eine solche Spotlampe besessen haben, sondern nur normale Lampen. Diese Vorstellung von Beleuchtung soll also wohl die enge Beziehung der beiden hervorheben und ins Zentrum rücken. Sie erzählt dann weiter, dass sie auch noch auf Mutters Schoß saß, als sie schon viel zu groß und zu schwer dafür war, später habe sie dann ab und zu die Mutter auf ihren Schoß genommen. Ihrer Mutter fiel immer etwas ein, sie war eine sehr interessierte Frau, die ihre Tochter offenbar gut unterhalten konnte. Der Tochter ihrerseits fiel es nie ein, das Programm der Mutter in Frage zu stellen oder zu stören.

Diese Mutter ist vor drei Jahren gestorben. Gleich nach ihrem Tod fühlte sich Agnes zerstört, sie verstand nicht, warum sie nicht auch mit gestorben war. Dann begegnete sie ihrer Mutter in den Träumen. Das war für sie ein deutlicher Hinweis dafür, dass die Mutter noch lebendig sei, wenn auch im Jenseits. Dieses so scharfe Trennen von Diesseits und Jenseits sei nicht notwendig, das sei patriarchales Denken, das müsse sie als Frau schließlich nicht mitmachen.

Die Erfahrung, die Agnes machte, ist typisch: Verstorbene können in großer Lebendigkeit in den Träumen erscheinen, meistens sind sie allerdings etwas verändert, oft erscheinen sie jünger. Diese Träume werden von den meisten Menschen verstanden als Hinweis darauf, dass der verstorbene Mensch irgendwie noch lebt, und viele versuchen, zunächst noch eine Beziehung zum Jenseits herzustellen. Es wird dann aber im Fortgang des Trauerprozesses deutlich, dass diese Verstorbenen als innere Gestalten aufzufassen sind.[53]

Das zu denken weigerte sich Agnes aber. Sie lebte eine Symbiose mit der toten Mutter im Jenseits. Selbst der Tod bringt keine Trennung. »Tote leben sowieso mit uns, und vom

Jenseits aus kann die Mutter besser auf mich aufpassen.« Die Trauer um die verstorbene Mutter wurde während der Trennung von ihrem Mann als ernstes Problem aktuell. Jetzt, bei dieser erneuten Trennung, konnte das Thema nicht mehr vermieden werden.

Es war schwierig für Agnes, Sätze zu finden, die auf einen problematischen Zusammenstoß mit der Mutter hingedeutet hätten. Die gab es einfach nicht. In der Berufswelt wurden wir dann fündig. Sie stellt fest, dass sie in der Regel die anderen über sich bestimmen lässt. Aber in letzter Zeit fällt ihr auf, dass Kollegen und Kolleginnen für sie Lösungen finden, die nicht gut sind, sondern mehr zu deren eigenem Vorteil. Früher sorgten sie irgendwie besser für »die Kleine«, so wurde sie liebevoll spöttisch im Kollegenkreis genannt. Aus diesen Episoden haben wir einen Komplexsatz erschlossen: »Solange du die Kleine bist, geht es dir gut.« Dieser Satz impliziert, dass sie nicht »groß« werden darf und letztlich natürlich auch nicht weggehen darf. Agnes wird auf ihre Rolle als Tochter festgelegt. Sogar dann, wenn sie mit ihren Kindern umgeht und eigentlich die Mutterrolle übernehmen müsste, bleibt sie in der Tochterrolle. Das geht so weit, dass ihr Sohn über sie verfügt. Ihre Tochter merkt das und wird darüber wütend, erinnert ihre Mutter an ihre emanzipatorischen Verpflichtungen.

Wenn dieser Komplexsatz »Solange du die Kleine bist, geht es dir gut« in ihrer Jugend ein Satz war, der verhinderte, dass sie sich aus ihrer Tochterrolle herausentwickelte, dann stellt sich natürlich die Frage, wie ihre Mutter die Heirat ihrer Tochter erlebt hat. War das nicht ein Weggehen? Agnes verneint und meint schulterzuckend: »Wir haben halt geheiratet.« Ich verstand, sie hätte ihren Mann geheiratet, sie aber meinte, sie alle drei hätten geheiratet. Die Beziehung zur Mutter habe sich auch dadurch nicht verändert, ihre Mutter und ihr Mann hätten sich sehr gut verstanden. Sie konnte also heiraten und Tochter ihrer Mutter bleiben.

Agnes ist eine außergewöhnlich freundliche Analysandin. Sie bringt sehr interessantes Material, kann es auch leicht auf ihr alltägliches Leben übertragen, ist aber wesentlich mehr an der »ewigen« Dimension ihrer Träume interessiert. Sie ist in der Rolle einer Tochter, die gerne lernt und sehr anregend ist. Ich erlebe immer wieder, wie ich energisch sagen will: »Jetzt muss doch das und das geschehen.« Ich halte diese Reaktionen zurück. Sie würde sie mit erstaunten Augen anhören. Meinen Energieschub würde sie vermutlich nicht verstehen. Gelegentlich erlebe ich in meinen Gefühlen ihren abgespaltenen Schatten. Ich habe dann Mühe, ihre rosarote Welt auch in ihrer Berechtigung stehen zu lassen, werde wütend angesichts ihrer passiven Aggression. Ich kann ihr das Beziehungsgeschehen zwischen uns erklären: Meine Wut als Tendenz, sie innerlich in Bewegung zu bringen. Sie versteht die Interaktion, würde sich auch gerne verändern, entschlossener werden, ihre Wut spüren, ihrem Leben zuliebe, aber auch, um mir einen Gefallen zu tun.

Wir machen eine Trauertherapie. Ich versuche, ihre Beziehung zu ihrer Mutter und die zu ihrem Mann wieder ins Bewusstsein zu rücken und ihr deutlich zu machen, dass in beiden Fällen sich etwas grundlegend verändert hat. Ihre Träume sind ausgesprochen hilfreich dabei. Es gibt auch Träume, die weniger mit dem Trauerprozess im Zusammenhang stehen. Sie träumt oft von Häusern, muss sich z.B. ein Haus suchen, in dem sie wohnen will. Sie kann sich schlecht entschließen. Gelegentlich leben in diesen Häusern Frauen in ihrem Alter, die aber alle »reifer« als sie selbst sind, die sie nicht kennt, aber sehr gerne kennenlernen möchte. Diese geheimnisvollen, faszinierenden fremden Frauen sind faszinierende Animaanteile, die einen deutlichen Entwicklungsimpuls an die Träumerin herantragen und sie von der Faszination durch die Mutter lösen, indem sie eine neue Faszination versprechen. Gelegentlich wird sie in den Träumen auch einfach wachgerüttelt. Sie muss sich ein eigenes Haus suchen, einen eigenen Lebensraum, auch einen eigenen Schutzraum, dabei muss sie erwachen, den unbekannten faszinierenden weiblichen Anteilen in ihrer Psyche Raum lassen, diese kennenlernen. Bei dieser Frau wird deutlich, wie ihr aus der eigenen Psyche eine Ablösemöglichkeit von der Mutter entgegenkommt: Anima und Animus helfen uns, uns von den Elternkomplexen abzulösen. Dabei ist weniger der Aspekt der Arbeit an den Komplexprägungen und den sich jeweils ergebenden Komplexkonstellationen im Alltag betont, sondern das Aufnehmen von neuen Impulsen aus der Psyche, das meistens mit einem Sich-ergreifen-Lassen von Faszinationen einhergeht.[54]

Verlust und Trennung nicht vorgesehen
Vergleich der Wirkung der beiden Komplexprägungen

Barbara und Agnes, beide zeichnen sich für eine gewisse Lebenszeit durch eine sichere Identität als Frauen aus, die ihnen ein gutes Selbstgefühl gibt und ihnen vermittelt, dass sie »richtig« in einem reichen Leben stehen, das sie auf ihre Weise genießen können. Beide haben sie erfüllende Beziehungen, bis Trennungen unabwendbar sind, Trennungen von Menschen, die ihnen etwas bedeutet haben. Es geht bei Trennungen nie nur darum, dass wir uns ablösen von Menschen, es geht immer auch darum, dass dadurch unsere Identität wieder neu definiert werden muss. Wir müssen uns vom Beziehungsselbst wieder mehr auf das individuelle Selbst zurückorganisieren und damit verbunden meistens einen deutlichen Ablöseschritt vollziehen, nicht nur von den Menschen, von denen wir uns trennen, sondern auch von den Elternkomplexen oder von kollektiven Rollenvorschriften.

Barbara ist deutlich identifiziert mit der Mutterposition ihres ursprünglich positiven Mutterkomplexes, ist aber in der Beziehung zu ihrem Ehemann in der Tochterrolle. Agnes, obwohl »nebenbei« auch Mutter geworden, als ob das die größte Selbstverständlichkeit wäre, bleibt dennoch viel deutlicher in der Tochterrolle. Neben ihrer Mutterrolle hat sie wesentliche Lebensbereiche, die sie für sich zu leben beansprucht und sich auch nicht nehmen lässt. Die Tochterrolle lässt mehr Optionen offen als die Mutterrolle; allerdings hat die Mutter von Agnes wahrscheinlich auch wesentlich mehr Lebensbereiche bei ihrer Tochter angesprochen als die Mutter von Barbara.

Bei der Beschreibung der Anima wird in der Literatur immer wieder versuchsweise von vier Frauentypen gesprochen: von der Eva, von Helena, von Maria und von Sophia. Nun wird natürlich keine Frau einem dieser Frauentypen ganz und gar zuzuordnen sein. Dennoch kann man sagen, dass die Mutter von Barbara eher ein »Typ Eva« gewesen sein muss, die Mutter von Agnes hatte etwas von Helena, Maria und Sophia. Auch war die Mutter von Agnes deutlicher von einem Vaterkomplex mitgeprägt als die von Barbara. Beide Frauen haben eine Tendenz, auf Verlust mit depressiven Verstimmungen zu reagieren, wobei Agnes über beträchtliche Fähigkeiten verfügt, sich selber Wohlbefinden zu verschaffen. Es sieht so aus, als hätte sie viel förderndes Mütterliches, das sie mit ihrer Mutter erlebt hat, für sich umgewandelt und integriert. Agnes hat nicht einfach dieselben Interessen wie ihre Mutter, sie hat ihre Interessen vor allem weit mehr kultiviert, als das ihre Mutter je getan hatte. Die Anstöße kamen von der Mutter und waren, verwoben mit dieser guten Mutteratmosphäre, Garant für die Wiederherstellung einer guten Lebensatmosphäre in schlechten Zeiten. Da sie komplexhaft besetzt waren, steckte in ihnen auch ein gewisser Zwang, aber ein Zwang, der sich für Agnes günstig auswirkte, da er nichts von ihr verlangte, was ihrer Persönlichkeit nicht entsprochen hätte. Es ist denn wohl auch das Kennzeichen der Mütter, die einen positiven Mutterkomplex wecken, dass sie zumindest für die erste Zeit der Entwicklung des Kindes diesem nichts aufzwingen, was nicht auch im Kinde angelegt wäre. Auffallend ist bei Agnes die krasse Abspaltung des Schattens, die um so mehr verwundert, als sie als belesene Frau durchaus etwas von einem Schattenkonzept weiß, aber ratlos zugibt, dass sie den Schatten bei sich selbst nicht oder kaum spürt und wahrnimmt. Sie spaltet aber nicht in der Weise, dass sie letztlich gut bleibt, die anderen die Bösen werden. Das ergibt sich aus ihrem Beziehungsverhalten zwar zwangsweise, in ihrer Einstellung aber ist sie, geprägt durch den ursprünglich positiven Mutterkomplex, gutmütig und attestiert niemandem, Böses zu wollen, zumindest nicht absichtlich.

Leben und leben lassen

Das Typische an den ursprünglich positiven Mutterkomplexen

Es wird unterdessen bereits deutlich geworden sein, was es schwierig macht, das Typische an diesen ursprünglich positiven Mutterkomplexen herauszuarbeiten. Einmal sind diese ursprünglich positiven Mutterkomplexe nicht nur im Zusammenklingen mit der Mutter, sondern in Auseinandersetzung mit verschiedenen Beziehungspersonen entstanden. Doch selbst wenn die Hauptbeziehungsperson die Mutter war und wenig andere Beziehungspersonen den Mutterkomplex mitgestalten, gibt es doch wiederum ganz verschiedene Mütter mit ihren jeweiligen Komplexkonstellationen. Bei Balthasars Mutter kann man von einer Frau sprechen, die mit Sicherheit auch von einem ursprünglich positiven Mutterkomplex geprägt war. Wir wissen, dass Balthasars Mutter die Ernährung, die Gemütlichkeit und das Herstellen von Geborgenheit ins Zentrum ihres Wirkens stellte. Es gibt nun andere Mütter, wie die von Agnes, die eine große Geborgenheit über das Erzählen von Geschichten herstellen, wieder andere haben die Bereiche des Gestaltens im Zentrum ihrer Bezogenheit. Und immer gelingt es solchen Müttern, in den unterschiedlichen Lebensbereichen, die ihnen wichtig sind und die auch Ausdruck ihrer eigenen grundlegenden Komplexprägung sind, dieses Wir-Gefühl herzustellen, das Gefühl der Geborgenheit. Es gelingt ihnen, dem Kind zu vermitteln, dass es interessant und bedeutsam ist. Dadurch können sie dem Kind auch vermitteln, dass das Leben reich ist, dass es trägt, sie können ihm die Fülle und die Lebendigkeit des Lebens erlebbar machen. In dem Maße, in dem diese Frauen selber gelernt haben, mit Trennung umzugehen, mit Loslassen, werden sie auch die Möglichkeit haben, in den Beziehungen zu ihren Kindern altersgerechte Ausstoßimpulse zu geben. In diesem Fall werden ihre Kinder es dann in der Folge nicht mit einem nur ursprünglich positiven Mutterkomplex zu tun haben, sondern mit einem positiven Mutterkomplex, der auch erlaubt, sich jeweils altersgemäß abzulösen.[55]

Eine weitere Schwierigkeit, das Typische am ursprünglich positiven Mutterkomplex herauszuarbeiten, besteht darin, dass nicht nur die Mütter die Bildung des Mutterkomplexes beeinflussen; es gibt auch so etwas wie einen Mutterraum, einen Lebensraum, in dem Mütterliches geschieht und erfahrbar wird. Dazu gehören Tiere, Pflanzen, die Umgebung. Der Mutterraum wird auf jeden Fall sehr leicht auf den Lebensraum als solchen übertragen. Mir scheint aber, dass der ursprünglich positive Mutterkomplex auch aus der Interaktion mit der Natur und mit Dingen gebildet wird.[56] Zu diesem Mutterraum gehören auch mehrere Menschen, gehört die Atmosphäre, in der man aufwächst, gehören der Vater, die Geschwister, die Großeltern oder einfach Menschen, die mitleben. So betont z.B. Mechthild Papousek, dass zumindest mit den Forschungsmethoden der Säuglingsforschung heute kaum noch ein Unterschied zwischen der Beziehungsaufnahme der Mutter zu den Säuglingen und der des Vaters zu den Säuglingen festzustellen ist. Die Ähnlichkeiten im Umgang mit den Säuglingen überwögen die geschlechtstypischen Differenzen, die es natürlich gibt.[57] Daher ist anzunehmen, dass wesentliche Aspekte des Mutterfeldes auch vom Vater mitbesetzt werden.

Gerade die Möglichkeit, mit mehreren verschiedenen Menschen Beziehungen zu pflegen und dabei verschiedene Facetten des Mutter-Komplexes aufzubauen, kann z.B. dazu führen, dass auch ein Mutterkomplex, der an sich einengend wirkt, nicht das ganze Leben einzuengen vermag, sondern nur bestimmte Bereiche. Je nachdem, welche Komplexstrukturen Väter, soweit sie vorhanden sind, in den Mutterraum einbringen, werden andere Lebenswerte und Lebensthemen auch eine Bedeutung bekommen.

Ungeachtet der Komplexprägung besteht überdies in jedem Menschen der Drang, sich zu entwickeln, ein Drang zu Selbstständigkeit. Daher werden wir Menschen antreffen mit der Diagnose eines ursprünglich positiven Mutterkomplexes, deren Ich-Komplex dennoch teilweise von diesem Mutterkomplex abgelöst ist. Die meisten Menschen arbeiten an sich. Werden ihnen in Beziehungen z. B. gewisse Eigenheiten gespiegelt, versuchen sie, sich zu ändern. Wir werden also kaum je Menschen treffen, die an derselben Stelle stehen bei ihrer Entwicklung aus dem ursprünglich positiven Mutterkomplex, was die Beschreibung des Typischen noch einmal erschwert. Und dann ist auch noch anzumerken, dass die meisten Menschen nicht nur unter der Dominanz eines Komplexes stehen, sondern dass verschiedene Komplexe ineinanderwirken und einander auch relativieren. Eingedenk all dieser Einschränkungen – was bleibt das Typische?

Menschen mit ursprünglich positivem Mutterkomplex stehen unter dem Leitspruch: »Leben und leben lassen«, womöglich sogar »genießen und genießen lassen«. Das Leben ist in Ordnung, sie selber sind es auch, ja weit mehr, sie sind grundsätzlich eine Bereicherung des Lebens. Sie öffnen sich vertrauensvoll der Welt, erwarten das Gute und ernten oft auch das Gute. Sie entwickeln ein Urvertrauen[58] ins Leben, das durchaus auch zu vertrauensvoll sein kann. »Irgendwie geht es immer«, ist ein Kernsatz von Menschen mit dieser Komplexprägung. Diese Zuversicht kann auch zur Trägheit werden, einer Haltung der selbstverständlichen Anspruchlichkeit an andere. Sie neigen dazu, »alles« haben zu wollen, »alles« genießen zu wollen, sie haben daher auch einen ausgeprägten Sinn für Theorien, die das »Ganze« im Blickpunkt haben. Da sich das Mutterfeld und damit auch der Mutterkomplex von Beginn des Lebens an formt, umfasst er auch die vorsprachliche Zeit. Auch wenn er durch alle Entwicklungsstufen hindurch gewandelt werden kann, imponiert er doch zunächst als Beschreibung der Lebensatmosphäre am Beginn des Lebens und hat dadurch natürlich eine ausgeprägte Beziehung zur eigenen Körperlichkeit und zur Fähigkeit, als körperlicher Mensch in Kontakt mit anderen körperlichen Menschen treten zu können, in der Folge dann aber überhaupt mit der Fähigkeit, die eigene Intimität einem anderen Menschen aufzuschließen. Es kennzeichnet geradezu einen ursprünglich positiven Mutterkomplex, dass ein Kind in seiner ganzen Körperlichkeit, nicht nur in der gut riechenden, akzeptiert und auch bewundert wird. Geprägt von der Erfahrung, dass das Leben wie eine »Große Mutter« für sie sorgt, haben sie meistens eine unverkrampfte Beziehung zur Materie. Die Befriedigung ihrer Bedürfnisse steht ihnen zu, und sie gehen auch nicht besonders schlecht um mit der Materie. Es besteht eine Nähe zur Sinnenhaftigkeit in einem weiten Sinne, wobei diese je nach Färbung durch die Mutter jeweils anders ist. Es wäre zu einseitig, würde man den ursprünglich positiven Mutterkomplex einfach mit einer betonten Oralität in Verbindung bringen. Menschen mit einem ursprünglich positiven Mutterkomplex können genießen, auch oral genießen, aber nicht nur.

Eher nah am Unbewussten und in vertrauensvoller Beziehung zu ihm, sind es meistens phantasievolle, kreative Menschen mit großen schöpferischen Möglichkeiten, die aber nicht immer realisiert werden. Es können auch einfach Phantasten sein. In diesem Falle bleiben diese Menschen ein ewiges Versprechen. Um Ideen in die Realität zu bringen, braucht man Beharrungsvermögen, eine Form von Aggressivität, eine Fähigkeit zum Opfern und Frustrationstoleranz. Kann der Ich-Komplex sich nicht aus dem ursprünglich positiven Mutterkomplex heraus emanzipieren, dann werden diese Menschen unsichere Ich-Grenzen entwickeln. In diesem Fall sind sie auch durch Triebdurchbrüche im weitesten Sinne bedroht.

Die Menschen mit dieser Komplexprägung sind freundlich, gewährend, auch einfühlend, wenn es ihnen passt, sie lieben die Harmonie und ein ozeanisches Lebensgefühl, bei dem

Allverbundenheit spürbar wird und die Verschiedenheit der Menschen aufgehoben ist, die Fülle des Lebens im Miteinandersein geteilt werden kann und damit ein überzeugendes, vom Eros getragenes Wir-Gefühl entsteht. Ideen der Teilhabe[59] sind sehr wichtig. Und dieses Gefühl entsteht, wenn sie »alles« verwirklichen können, oder zumindest das, was sie für »alles« halten.

Schildert man die Atmosphäre des positiven Mutterkomplexes zusammenfassend, und zwar bei Frauen und bei Männern, so fällt auf, dass die Beschreibung sehr nah bei dem ist, was in der Jungschen Psychologie auch als das Erleben der Anima verstanden wird[60]; Anima verstanden als Bild der faszinierenden geheimnisvollen Fremden. Menschen, in deren Träumen eine Animagestalt auftaucht oder die eine Animagestalt auf eine reale Frau projizieren, sagen von sich, sie fühlten sich seelisch weit, voll von Gefühlen, sie spürten eine Sehnsucht nach Entgrenzung und nach Verschmelzung, eine Sehnsucht, die nie ganz zu erfüllen sein werde. Dabei kann die Sehnsucht der Verschmelzung erotisch-sexuell oder erotisch-spirituell gefärbt sein. Meistens ist es eine Sehnsucht nach Entgrenzung ins Körperliche hinein, die dann aber durchaus als »ganzheitlich« empfunden wird, als ozeanisch, also niemals als »nur« körperlich. Nun sind Anima und Animus der Theorie von Jung gemäß von Mutter- und Vaterkomplexen geprägt[61], erhalten von ihnen die spezielle Färbung, sie enthalten aber auch die Anteile, besonders auch auf der archetypischen Ebene, die in den ursprünglichen Komplexprägungen wenig enthalten sind und den Entwicklungsanreiz geben, sich aus diesen ursprünglichen Komplexen herauszuentwickeln.

Der ursprünglich positive Mutterkomplex gibt dem Ich das Gefühl, ein hinreichend gutes Ich in einer hinreichend guten Welt zu sein, das Gefühl einer fraglosen Daseinsberechtigung. Man hat das Recht zu leben, zu lieben, geliebt zu werden, einen Platz zu haben in dieser Welt; man hat ein Recht auf Respekt, ein Recht darauf, körperliche und seelische Bedürfnisse auszudrücken und sie auch erfüllen zu können, einfach weil man existiert. Man hat ein Recht, sich in der Welt zu verwirklichen, teilzunehmen an den Reichtümern des Lebens. Man fühlt sich letztlich »getragen« vom Leben. Dieses Lebensgefühl ist von Haerlin als Lebensgefühl der Teilhabe beschrieben worden, das er in Gegensatz zum Leistungs-Ich stellt, das leisten muss, weil es »kein gutes Ich« ist.[62]

Weder Trennung noch Entscheidung
Schwierigkeiten und Probleme

Hauptproblem für den vom positiven Mutterkomplex geprägten Menschen ist das Problem der Trennung, überhaupt die Notwendigkeit, akzeptieren zu müssen, dass es den Tod gibt, dass es Trennung und Neuanfang gibt, dass es Abbrüche und Neuansätze gibt. Ein weiteres Problem im Zusammenhang mit der Trennungsthematik ist das der Entscheidung für etwas – und damit auch gegen etwas –, überhaupt das Einbringen der Aggression ins Leben. Nicht, dass diese Menschen nicht aggressiv wären: Zum einen können sie recht gut zugreifen im Leben, die Fülle ist ja dazu da, dass sie ergriffen wird, eine Eigenschaft, die wir auch schon als »aggressiv« bezeichnen. Ist es ihnen nicht gelungen, ihren Selbstwert zu relativieren, sind sie der Ansicht, eine ganz besondere Bereicherung des Lebens zu sein, dann erwarten sie auch die damit verbundene besondere Beachtung. Wird ihnen diese versagt, sind sie leicht gekränkt; sie werden dann »schwierig«, nörglerisch, depressiv mit der damit verbundenen Autoaggression. Sie können auch – meistens indirekt – selbstdestruktiv werden, indem sie irgendwelchen Stoff zu sich nehmen, der ihnen einerseits das ozeanische Lebensgefühl wieder zurückzugeben verspricht, auf das sie doch ein Anrecht zu haben meinen und das sie vom Erlebnis »der bösen Welt« vermeintlich erlösen würde. Auch passive Aggression kann bei ihnen erlebt werden: Sie hören einfach nicht zu, vergessen ganz arglos wichtige Dinge, kommen zu spät... Die Schwierigkeiten werden dann besonders erlebbar, wenn anstelle einer altersgemäßen Ich-Identität eine Komplexidentität besteht, wobei das Ich sich entweder mit der generalisierten Mutter des Mutterkomplexes – in der Regel unterlegt von der Mutter als der »Großen Göttin« in ihren verschiedenen Aspekten – identifiziert, also immer auch leicht grandios lebt, oder mit dem ewigen Kind oder wechselseitig mit beiden.

Für Männer und Frauen ergeben sich dadurch unterschiedliche Identitätsprobleme: Während die Männer entweder etwas zu weich wirken, zu mütterlich auch – das ist allerdings eine Beschreibung aus einer patriarchalen Welt, der es vielleicht ganz gut täte, wären die Männer etwas weicher und gefühlvoller –, oder aber immer noch in fortgeschrittenem Alter etwas Knabenhaftes an sich haben, können Frauen, identifiziert mit der Mutterrolle, unauffällig sein, falls man nicht ein einseitiges Identifizieren mit der Mutterrolle für auffällig hält, oder aber sie können sehr deutlich das Mädchenhafte in sich bewahren und sich als Töchter gebärden.

Die gemeinsamen Themen der Komplexsätze in den Fallvignetten waren: Zurückgehaltenwerden, das Verbot, das eigene Leben altersgemäß zu leben, man selbst zu werden. Dadurch wird die Ablösung nicht nur weder erleichtert noch unterstützt, sie wird sogar als »böse« und somit als »schuldhaft« hingestellt. Dafür gibt es verschiedene Gründe: Menschen, die selbst abhängig sind, können Kinder schlecht in die Autonomie entlassen. Sind Kinder zudem dazu da, ein idealisiertes Selbstbild der Beziehungspersonen aufrechtzuerhalten, dann müssen sie möglichst lange Teil des eigenen Systems bleiben. Mit den Kindern können Eltern das ersehnte Gefühl des ursprünglich positiven Mutterkomplexes herstellen. Es ist ein Lebensgefühl des Reichtums und der Fülle, belebt durch die akzeptierende, fördernde Teilhabe stimulierender Beziehung zu den Kindern. Daher ist es verständlich, dass dieses Lebensgefühl nicht so leicht geopfert wird.

Die Hilfe zur Ausstoßung fehlt auch in jenen Systemen, in denen die Aggression nicht konstruktiv eingebracht werden kann. Die Aggression wird dann im Sich-Schützen vor der Welt, im Sich-Abschotten gebraucht, statt im Gestaltend-auf-die-Welt-Zugehen.

Ein ewiges Versprechen
Positiver Mutterkomplex und depressive Struktur

Diese Komplexprägung, erfolgt nicht die altersgemäße Entwicklung aus ihr heraus, ist die Grundlage für eine depressive Struktur. Der eigene Ich-Komplex ist dann zu wenig entwickelt, Ich-Aktivität und Unterscheidung des Ich von anderen Menschen bleiben eher im Hintergrund. Es besteht zudem ein großes Bedürfnis nach Akzeptanz und Liebe. Wird einem diese nicht einfach zuteil, oder nicht in dem Maße, wie man es sich vorstellt, so versucht man, auf die Leistungsebene zu wechseln. Man versucht, die Anforderungen der Welt zu erfüllen, obwohl man eigentlich schon wütend ist, dass die Welt nicht die eigenen, doch so legitimen Anforderungen erfüllt. Die Wut darf man dabei nicht zeigen, die Wut trennt. Also wendet man sie gegen sich selbst. Es entsteht ein latentes Schuldgefühl: »Irgendwie muss es doch einen Grund dafür geben, dass das Lebensgefühl nicht mehr so wunderbar ist, wie es einmal war«. Aktuelle, wenn auch verdrängte Schuldgefühle entstehen dadurch, dass man ein »ewiges Versprechen« ist und die hohen Erwartungen, die andere in einen und die man selbst in sich gesteckt hat, immer noch nicht erfüllt hat und irgendwann doch erfüllen sollte. Vordergründig wird dieses Versagen zunächst noch mit Größenphantasien kompensiert, man wartet eben auf den ganz großen Wurf, untergründig sind Schuldgefühle da, die zusammen mit der unsicheren Kohärenz des Ich-Komplexes, der wenig verfüg- und kontrollierbaren Aggression zu depressiven Einbrüchen führt. Die Schuldgefühle haben einen tiefen Sinn: Man wird an der eigenen Entwicklung, am eigenen Selbst-Sein schuldig, man wagt es nicht, entschlossen oder wenigstens ansatzweise das wirklich eigene Leben zu leben. Denn machen wir uns nichts vor, wir meinen oft, das eigene Leben zu leben, leben aber das, was die herrschenden kollektiven Vater- und Mutterkomplexe für uns vorgesehen haben. Wir haben dann eine Man-Identität, keineswegs unsere eigene.

Auch Entwicklungen zu Angstkrankheiten sind bei diesem Typus, immer vorausgesetzt, der Ich-Komplex kann sich wenig aus diesem Mutterkomplex lösen, zu beobachten. Das entwicklungspsychologische Entwicklungsthema, in dessen Zusammenhang die Angst relevant ist, ist der Übergang von der Symbiose zur Individuation, der Übergang von Abhängigkeit zur Selbstständigkeit, von Gehorsam zur Eigenverantwortung, von Unbewusstsein zu mehr Bewusstsein, von Verschmelzen zu mehr Sich-Profilieren. Hier stellt sich die Frage – und damit hängen alle Angstkrankheiten zusammen –, ob wir autonom werden, ob wir unsere Aggressionen einsetzen können, oder ob wir aggressionsgehemmt sind und uns nicht aus der Symbiose herausentwickeln dürfen. Dazu eine Definition von Jung zu Angst: »Der junge Persönlichkeitsanteil, der am Leben verhindert und zurückgehalten wird, erzeugt Angst und verwandelt sich in Angst.«[63] Der Schritt von der Symbiose zur Individuation, vom Erleben der Einheit mit der Mutter zum freudigen Erleben von sich selbst als selbstständiger, eigener Persönlichkeit, ist eine Trennung. Bei den ersten Trennungen, die ein Kind durchmacht, wird darüber entschieden, wie ängstlich es wird, wie kompetent es nachher in seinem Leben mit Trennungen umgehen kann, es selbst sein darf. Aber auch alle weiteren Trennungen im Leben entscheiden immer weiter darüber, ob wir lernen, mit der Angst umzugehen, ob wir Leben bewältigen können, trotz der Angst.

Möglicherweise erstaunt die Feststellung, dass für eine depressive Struktur und für verschiedene Angstkrankheiten auch ein ursprünglich positiver Mutterkomplex die Ursache sein kann. Es folgen daraus auch »narzisstische Phänomene« wie Grandiosität, erhöhte Kränkbarkeit, Anspruch auf sehr viel Zuwendung samt dem damit verbundenen depressiven Einbruch, wenn die Zuwendung nicht zuverlässig zur Verfügung gestellt wird. Für einen abgegrenzten und hinreichend kohärenten Ich-Komplex genügt nicht allein die gute Zuwendung, auch Ich-Aktivität im Sinne des Abgrenzens muss erlaubt sein und gefördert werden oder zumindest nicht gehemmt. Sowohl die depressive Struktur als auch die Angstkrankheiten weisen darauf hin, dass das Selbstsein zu wenig beachtet, die Individualität zu wenig verantwortlich gelebt wird. Und das kann sich gerade aus einer Situation der Fülle heraus ereignen, wobei diese Fülle auch noch den »normalen« Anspruch an das Leben darstellt. Aus dem ursprünglich positiven Mutterkomplex herkommend, bringen die Menschen zwar die Erinnerung an eine fraglose Daseinsberechtigung mit, aber auch das Gefühl, für die Individuation recht viel an genüsslichem Ununterschiedensein opfern zu müssen.

Grundthemen, die mit dieser Komplexkonstellation immer wieder einhergehen, sind Trennung und Teilhabe, Fülle und Erschöpfung, Leben und Tod, das Unmögliche und das Machbare, Vision und Inkarnation usw.

Aus Trauer wird Freude
Die Muttergöttinnen – ein Exkurs

Jung ging von der Idee aus, dass ein Kleinkind ein »überaus schwach entwickeltes Bewusstsein«[64] hat, dass es also nicht primär die reale Mutter erlebt, sondern ein »Urbild« der Mutter. »Die Mutter ist ... ein archetypisches Erlebnis; sie wird in mehr oder weniger unbewusstem Zustand erlebt, nicht als diese bestimmte, individuelle Persönlichkeit, sondern als die Mutter, ein Archetypus voll von unerhörten Bedeutungsmöglichkeiten. Im weiteren Verlaufe des Lebens blasst das Urbild ab und wird durch ein bewusstes, relativ individuelles Bild ersetzt, von dem angenommen wird, es sei das einzige Mutterbild, das man habe. Im Unbewussten dagegen ist die Mutter nach wie vor ein mächtiges Urbild, welches im Laufe des individuellen und bewussten Lebens die Beziehungen zur Frau, zur Gesellschaft, zum Gefühl und zum Stoff färbt und sogar bestimmt, allerdings in so subtiler Weise, dass das Bewusstsein in der Regel nichts davon merkt.«[65]

Jung geht von einer Annahme aus, die von der heutigen Säuglingsforschung in Frage gestellt wird. Das Kind erlebt von Anfang an »Realität«, es füllt nicht zunächst eine Beziehung mit der archetypischen Phantasie, die dann im Verlaufe des Lebens mehr der Realität weicht. Dennoch gibt es, bei Kindern und bei Erwachsenen, Sehnsüchte nach »Mutter«, die sich enorm gleichen und nicht nur mit dem Erleben der eigenen Mutter zu tun haben können. Mir scheint daher die Hypothese bestätigt, dass es archetypisch Mütterliches gibt – im Sinne der Sehnsucht nach spezifisch Mütterlichem, aber auch in dem Sinne, dass Menschen auch mütterliche Seiten sich selbst und anderen gegenüber entwickeln können, die sich nicht in der Interaktion mit ihrer Mutter entwickelt haben. Oder auch im Zusammenhang damit, dass Mutterbilder in

Träumen und Phantasien belebt werden, die offenbar wenig Zusammenhang haben mit der eigenen Mutter. Es werden also wohl archetypische Mutterbilder durch die Beziehung zur Mutter und durch das Erleben von Mütterlichem in der Psyche des einzelnen Menschen belebt und evoziert. Und diese zum Teil wirklich unbewussten Mutterbilder haben einen großen Einfluss auf unsere Erwartungen an Mütterliches, aber auch auf die Definition der Mutterrolle.

Es ist deshalb immer auch zu fragen – sprechen wir von archetypischen Bildern –, wie weit diese ideologieverdächtig sind, wie weit sie bestehende Herrschaftverhältnisse zementieren, oder wie weit sie – und das ist auch im Konzept der Archetypen von C. G. Jung mitenthalten[66] – Unabgegoltenes in sich haben. Sie können Phantasieelemente wecken, die der psychischen Entwicklung des einzelnen dienen, ja auf dem Wege der Phantasie sogar Erlebnisse ermöglichen, die im konkreten Leben zu wenig erlebt worden sind und dann durch die Phantasie überhaupt initiiert oder zumindest verstärkt werden, also schöpferische Impulse hervorbringen. Jung spricht davon, dass der schöpferische Prozess in einer »unbewussten Belebung des Archetypus und in einer Entwicklung und Ausgestaltung desselben bis zum vollendeten Werk« bestehe, wobei »die Gestaltung des urtümlichen Bildes ... gewissermaßen eine Übersetzung in die Sprache der Gegenwart«[67] sei. Hier ist auch ein kollektiver Aspekt anzumerken, meint Jung doch – und das scheint mir auch nachzuweisen zu sein –, dass jeweils die Archetypen belebt werden, die dem kollektiven Bewusstsein am meisten fehlen. Man könnte also bei diesem schöpferischen Angebot – zu einem Prozess würde es ja erst, wenn das Bewusstsein das Angebot auch aufnähme – mit einer Selbstregulierung der Psyche rechnen, die nicht nur dem einzelnen notwendige Erlebnisse ermöglicht, sondern auch kollektiv bewirken würde, dass man sich mit gewissen Inhalten, die für das aktuelle Leben der Menschen wichtig sind, auseinandersetzt.[68]

Jung verweist im Zusammenhang mit den Archetypen immer wieder darauf, dass frühere Zeiten Götter gekannt haben und diese uns heute als Archetypen des Unbewussten begegnen.[69] Es hat sich deshalb methodisch als eine Möglichkeit erwiesen, Göttinnen und Götter, in jeweils ihrem Umfeld und eingebunden in ihre Mysterien, soweit bekannt, als Strukturelemente des kollektiven Unbewussten und der mit diesen Strukturelementen verbundenen Menschheitsthemen zu verstehen, die sich in der Phantasie als Erinnerung und als Erwartung niederschlagen.

Es ist in den letzten Jahren ein enormes Interesse an weiblichen Gottheiten entstanden, so dass auch von dieser Reaktion her angenommen werden muss, dass das Weibliche zu lange in seiner Bedeutung und in seiner Einflussnahme verdrängt worden ist. Eine Untergruppe der weiblichen Gottheiten sind die Muttergöttinnen. Mir scheint, dass man am wenigsten in Gefahr gerät, das Mütterliche archetypisch festzuschreiben, wenn man versucht, typische Lebenserfahrungen, die mit einigen dieser Muttergottheiten verbunden sind, herauszukristallisieren, und sich weniger auf sie als Wesen bezieht, was ja im Zusammenhang mit der Mythologie weitgehend nur spekulativ möglich ist, oder sie nur dann persönlich-existenziell versteht, wenn Bilder von Göttinnen in Träumen oder Phantasien erlebt werden.

Die Muttergöttinnen der Mythologie sind zahlreich, und gelegentlich hat man den Eindruck, dass fast alle weiblichen Göttinnen unter »Muttergöttinnen« subsumiert werden. Nun mag das damit zusammenhängen, dass alle weiblichen Göttinnen theoretisch auch Mutter sein können, es scheint aber auch einfach, den Muttercharakter der weiblichen Göttinnen in den Vordergrund zu stellen und damit die Vielfalt der Lebensaspekte, die die weiblichen Göttinnen abdecken, recht drastisch zu reduzieren. Möglicherweise sind es sogar die unabgelösten Mutterkomplexe, die bewirken, dass so leicht aus Liebesgöttinnen Muttergöttinnen werden. Die ur- und frühgeschichtlichen Statuetten, die eine starke Betonung der weiblichen Geschlechtsmerkmale aufweisen, der Brüste und des weiblichen Schoßes, oft als »weibliches Dreieck« dargestellt, und die wohl zu einem Fruchtbarkeitskult gehören, könnten als »ein sehr frühes Vorspiel zum Auftreten der Muttergöttinnen« verstanden werden.[70] Damit ist ausgedrückt, dass die Gebärfähigkeit und die Möglichkeit, das Kind zu ernähren, ihm zunächst also alles zu geben, was es braucht, für das Leben der Menschen natürlich entscheidend war und »vergöttlicht« wurde. Es sind denn auch die Bereiche des Gebärens und des Ernährens, die die Muttergöttinnen vor allem auszeichnen. Dabei müsste der Bereich des Gebärens noch differenziert werden: Es geht um Aufnehmenkönnen, um Austragenkönnen und um Ausstoßenkönnen zur richtigen Zeit.

Diese Eigenschaften der Göttinnen werden dann übertragen auf die Natur: auf die Mutter Erde etwa als Schöpferin und Bewahrerin des Menschen und der Vegetation. Besonders dann, wenn die Muttergöttin als Partnerin eines Himmelsgottes gedacht ist, wird sie mit der Erde identifiziert, sie kann geradezu den Namen »Erde« bekommen, wie etwa die griechische Gaia.

Die kleinasiatische Göttermutter wird »Große Mutter«, Magna Mater genannt, die Griechen nannten sie Kybele, »meist freilich einfach Meter Oreia, die ›Mutter vom Berg‹«.[71] So gilt denn auch der Stein als Symbol der Göttermutter Kybele. In ihrem Kult gab es die »Eunuchenpriester, die sich zu Ehren der Muttergöttin selbst entmannt hatten. Dazu gehört der Mythos von Attis, dem Geliebten der Meter (der griechische Titel der Magna Mater), der kastriert wird und unter einer Fichte stirbt und doch der parhedros (Gefährte) der Göttin bleibt.«[72] Allgemein wurde auch sie als »Mutter Erde« verstanden, und so wurden Einzelheiten ihres Kultes auf das Naturgeschehen umgedeutet: Die Kastration der Eunuchen entsprach dann dem Schneiden der Ähren, und wenn sie sich mit Schwertern und Messern verwundeten, entsprach dies der Verwundung der Erde durch das Pflügen usw.

Der Erfolg des Meter-Kultes beruhte nach Burkert auf dem »ortsfesten Heiligtum und seiner dauernd damit verbundenen Priesterschaft«.[73] Die Römer ersuchten etwa 205 vor Christus um die »Zusendung der ›Mutter‹«[74], und so entstand ein Zentrum des Meterkultes am Palatin in Rom. Die Eunuchen entsprachen wohl dem Attis. Eine andere, bekannte Muttergöttin ist Demeter. Demeter heißt Kornmutter oder Erdmutter (Ge Meter).[75] Der Mythos, den wir verhältnismäßig gut kennen[76], berichtet, dass Hades die Tochter der Demeter, Persephone, in die Unterwelt entführte. Demeter zog sich darauf in Wut und Trauer zurück und ließ kein Getreide mehr wachsen. Auf Vermittlung von Zeus kam der Vertrag zustande, dass Persephone ein Drittel des Jahres in der Unterwelt verbringen sollte, zwei Drittel bei ihrer Mutter.

Persephone gilt denn auch als Unterweltsgöttin, ein Aspekt von Demeter, Kore als das junge Mädchen, ein weiterer Aspekt der Demeter, allegorisiert im grünen Getreide.

Es imponiert bei diesem Mythos die wilde, mit Zorn durchsetzte Trauer der Demeter, ihre Weigerung, am Leben teilzunehmen und zu sprechen, bis sie zum Lachen gebracht wird und den Gerstensaft trinkt. Der Kult der Demeter kannte als Hauptfest die Thesmophorien. Bei diesem Fest der Frauen wurden lebende Ferkel, Schlangen und Pinienzapfen in die Höhle der Demeter geworfen. Das Fest sollte wohl die Fruchtbarkeit der Frauen und in Analogie die Fruchtbarkeit der Erde fördern, war aber auch deutlich im Zusammenhang mit den

Lebensthemen des Abstiegs und des Aufstiegs verbunden, mit Tod und Wiedergeburt im weitesten Sinne.

Natürlich kann man diesen Mythos als Symbolisierung der Periodizität im Bereich der Vegetation verstehen, man kann ihn aber auch als einen Mythos über das Geheimnis der weiblichen Fruchtbarkeit, und diese wohl nicht nur auf der körperlichen Ebene, verstehen. Diese Fruchtbarkeit ist zyklisch angelegt, geht immer durch Zeiten des Abstiegs und der Inaktivität, um sich dann wieder neu in einem Aufstieg und in einem neuen Blühen zu zeigen und sich auch in Früchten der Erde zu konkretisieren. Es ist eine Fruchtbarkeit, die den Tod, auch als Brachzeit, miteinbezieht. Die Idee, dass die Muttergöttin in einem ihrer Aspekte auch die Todesgöttin ist, hat zumindest auch mit diesem zyklischen Denken zu tun, sicher auch mit Todesvorstellungen vom »Heimgehen«, was man ja sehr leicht mit Heimgehen zur Mutter verstehen kann.

Eine weitere Muttergöttin, vielleicht sogar die Muttergöttin im engsten Sinn, ist die ägyptische Isis. Von ihr heißt es, »am Anfang war Isis, Älteste der Alten«. Von ihr stammen Götter und Menschen. Als Schöpferin gebar sie die Sonne.[77] Ihre Milch oder ihr Blut ernährte Götter und Menschen.

Die Bedeutung von Isis ergibt sich aus ihrer Beziehung zu Osiris. Osiris gilt als Symbol des toten Gottes, der auf wunderbare Weise durch Isis dem Tod entrissen wird. Osiris hatte einen feindlichen Bruder, Seth. Seth tötete Osiris, und seine Leiche zerfiel im Meer. Isis und Nephtys durchsuchten das Land, Isis fand den zerstückelten Leichnam von Osiris, setzte ihn zusammen, erweckte ihn mit ihren Klagen und empfing von ihm den Gott Horus, den falkenköpfigen Sonnengott – was übrigens darauf hinweist, dass sie ursprünglich eine Himmelsgöttin war –, den sie im geheimen aufzog und dessen Anspruch auf das Königtum sie dann durchsetzte. Bildnerisch oft dargestellt mit dem Horus-Knaben auf dem Arm, ist Isis eine Vorgängerin der Gottesmutter Maria. Sie unterscheidet sich etwa von Hathor dadurch, dass in ihr das Mütterliche ausgeprägter ist, auch wenn sie dann viele andere Aspekte auch noch vertritt. Da sie den Tod überwunden hatte, wurde sie auch als Zauberin verehrt, später dann als Hexe verschrien; als solche stand sie dem Sonnengott in der Barke bei bei seinem Kampf mit der Nacht. In griechisch-römischer Zeit galt Isis als kosmische Gottheit, als Lenkerin der Gestirne, als Königin der Meere usw. Isis und ihre dunkle Zwillingsschwester Nephtys waren die ägyptische Variante der Lebensmutter und der Todesmutter.

Interessant ist in diesem Zusammenhang, dass die sumerische Unterweltsgöttin Ereshkigal in der Unterwelt, im Totenreich, als in Wehen liegend geschildert wird. Die Todesgöttin ist in diesem Mythos auch die Lebensgöttin.

Zentral dürften bei den Mysterienfesten der Meter, der Demeter und der Isis gewesen sein, dass Trauer in Freude umschlägt.[78]

»Demeters Trauer findet ihr Ende, als Persephone zurückkehrt, und mit ›Jubel und Schwingen der Fackeln wird das Fest beendet‹, beim Mater-Magna-Fest folgt auf den ›Tag des Blutes‹ (dies sanguinis) der Tag der ›Heiterkeit‹, Hilaria; die Trauerrituale im Isiskult enden mit dem Auffinden des Osiris, verkörpert im Wasser des Nils: ›Wir haben gefunden, wir freuen uns gemeinsam.‹«[79] In dieser Deutung wird Isis als die Erde aufgefasst oder als »die fruchtbringende Macht in der Erde und im Mond, Osiris die befruchtende Kraft des Nils«.[80] Plutarch spricht dann eine weitere Deutungsebene an, wenn er dem »guten, einheitsstiftenden Prinzip« – verkörpert durch Isis, die leidet und Leben gebiert – das Prinzip der Zerteilung und Vernichtung – symbolisiert durch Osiris und Seth – gegenüberstellt.

Das Erleben eines einheitsstiftendes Prinzips, das Bewirken des Umschlags von Trauer in Freude, was dem Umschwung der Erfahrung der Trennung in die Erfahrung der Teilhabe entspricht, die Erfahrung, dass Tod und Leben einander bedingen, die engeren mütterlich-biologischen Funktionen: empfangen, austragen, gebären, ernähren und der eigenen Bestimmung übergeben, symbolisch gesehen die fruchtbringende Macht in der Erde als die Kraft, die das Wachstum ermöglicht und es so lange am Leben hält, als es notwendig ist, aber auch das Zurückziehen der Kraft, wenn die Zeit dazu gekommen ist, in nächster Beziehung zu Pflanzen und zu Tieren – das sind die archetypischen Themen, die mit der Muttergöttin in Verbindung stehen.

Aggression und Klage

Entwicklung aus dem ursprünglich positiven Mutterkomplex

Dass ich immer vorn ursprünglich positiven Mutterkomplex gesprochen habe, bedeutet, dass er nicht positiv bleibt, entwickelt sich der Ich-Komplex nicht altersgemäß. Es muss also Möglichkeiten geben, sich aus diesem ursprünglich positiven Mutterkomplex herauszuentwickeln, um sich den Reichtum, der in dieser Komplexkonstellation zu erleben ist, zu erhalten und ins gelebte Leben zu überführen. Exemplarische Entwicklungen zu diesem Thema kennen wir aus den Märchen. Sie haben überdies den Vorteil gegenüber den Beschreibungen von therapeutischen Prozessen, dass sie exemplarisch kurz sind und typische Prozesse der Entwicklung darstellen. Ich werde allerdings keine ausführliche Märcheninterpretation schreiben, sondern auf die im Zusammenhang mit der Entwicklung aus dem ursprünglich positiven Mutterkomplex wesentlichen Entwicklungsnotwendigkeiten, wie sie dem Märchenhelden und dann in einem zweiten Märchen auch der Märchenheldin begegnen, Bezug nehmen.

Der Ritter mit dem finsteren Lachen
Die männliche Entwicklung am Beispiel eines Märchens

Es war einmal in alten Zeiten – und hätten wir damals gelebt, so lebten wir heute nicht. Unsere Geschichte wäre neu oder alt. Aber darum würden wir doch nicht ohne Geschichte sein – es war damals, als sich zwei verheirateten. Ein Weilchen nach der Hochzeit starb der Mann, und die Frau blieb allein zurück. Neun Monate nach der Hochzeit – keinen Tag später oder früher – bekam sie ein Kind. Es war ein Knabe. Weil sie nun einsam war, als sie das Kind bekam, liebte sie es so innig, dass sie es nicht für einen Zoll Gold hingegeben hätte. Sie zog das Kind einundzwanzig Jahre lang als Säugling an ihrer Brust auf, und während der ganzen Zeit kam es nicht über die Türschwelle.

So war's nun, gut oder übel. Die Mutter arbeitete und plagte sich die ganze Zeit hindurch für ihn ab. Als er merkte, dass sie schon in das kindische Alter kam, sagte er sich, dass es nun für ihn an der Zeit wäre, etwas für seine Mutter zu tun und ihr für den Rest ihres Lebens Behagen zu verschaffen.

Er sprang aus dem Bett, stellte sich mitten auf den Fußboden, streckte sich und steckte den Kopf bis zu den Schultern durchs Gebälk des Hauses, So blieb er, bis seine Mutter nach Hause kam.

»Mag dir dein Aufstehen gut bekommen, Liebling«, sagte sie zu ihm. »Bist du nicht unartig, dass du dein Körbchen verlässt, um dich umzusehen?«

Als er die Stimme der Mutter vernahm, krümmte er den Rücken und zog den Kopf hinein. Dann sagte er: »Du hast dich schon zu lange für mich geplagt, Mutter, und nun ist die Zeit da, dass ich mich für dich anstrenge.«

»Lieber spät als nie, mein Herzensjunge«, erwiderte sie.

»Nun gib mir ein paar Lumpen von Kleidern, Mutter, damit ich mich bedecke, ehe ich unter die Menschen gehe.«

Da nahm sie Bettzeug und knüpfte es mit Zwirn zusammen; denn sie hatte keine Nadel. Sowie er den Rock mit der Hose auf dem Leibe hatte, machte er sich in aller Eile und Hast aus dem Staube und hielt nicht einmal an, um zu rasten, bis er einen Platz erreichte, auf dem man ein großes Schloss baute. Scharen von Männern arbeiteten ringsherum am Bau. Als die Arbeitsleute den langen, dürren Kerl atemlos und abgehetzt kommen sahen, entsetzte sich jeder vor ihm, und sie rannten davon wie eine Schafherde, die gejagt wird.

Der Sohn der Witwe wunderte sich, als er die Leute vor

sich weglaufen sah. Als er beim Schloss anlangte, traf er dort außer dem Aufseher niemand an. Er sprach ihn an und bat ihn um Arbeit. Da sich der Aufseher vor ihm fürchtete, verweigerte er ihm um alles Gold der Welt nichts. Er fragte den Aufseher, was für Lohn er den Arbeitern zahle. Der sagte es ihm. Da sprach der Sohn der Witwe zu ihm: »Wenn ich soviel arbeite wie zwölf Mann, bezahlst du mich dann demgemäß?«

»Ja«, sagte der Aufseher.

»Welche Arbeit soll ich zuerst für dich tun!«

»Dort drüben ist ein Felsblock. Zwölf Männer schaffen einen wie diesen die Mauer hoch bis zur Höhe der vier Wände. Komm jetzt. Versuche deine Kraft an dem Block.«

Der Sohn der Witwe packte mit starkem Griff den Felsblock und ging mit ihm los wie mit einem Schleuderstein.

Als der Aufseher solches sah, steckte er die Hand in die Tasche und reichte ihm fünf Pfund. Er sagte ihm, nun sollte er einen Laden aufsuchen, in dem er sich einen Anzug kaufen könnte. Und dann sollte er wieder an seine Arbeit zurückkehren. Er würde ihm den Lohn von zwölf Mann zahlen.

Als der Sohn der Witwe das Geld bekam, war er nicht faul und lief zu dem Laden. Als die Verkäufer ihn erblickten, entsetzten sie sich maßlos über ihn; und als er sie nach Anzügen fragte, brannten jedem von ihnen die Finger, ihn schnell zu befriedigen. In ihrem Schreck vergaßen sie, ihm den Preis für den Anzug abzufordern, und als er das Geschäft längst verlassen hatte, wurden sie im Laufe des Tages immer noch schwächer. Solch einen Schrecken hatte er ihnen eingejagt.

Er kleidete sich nun von Kopf bis zu Füßen an, und kein Königssohn auf der ganzen Erdoberfläche konnte hübscher und stattlicher aussehen als der Sohn der Witwe.

Das schärfste Auge eines Lebenden hätte seine Gestalt und sein Äußeres nicht wiedererkannt. Als er an die Arbeit zurückkehrte, begann der Aufseher, statt ihn anzustellen, sich ihm unterzuordnen. Er glaubte nämlich, er wäre ein Königssohn, der aus dem Osten gekommen war und »die schöne, goldwangige Leámuinn« umwarb, die Tochter des Königs, der den Palast erbaute.

Also war es nun gut und nicht übel. Um die lange Geschichte kurz zu fassen – der Sohn der Witwe blieb bei dem Palastbau, bis dort nur noch das Dachgestühl fehlte. Es braucht wohl nicht gesagt zu werden, dass er seiner Mutter viel Geld nach Hause brachte.

Kurze Zeit nachdem die Mauern des Schlosses fertig waren, erließ der König weit im Lande herum einen Ausruf: wer es auch sei, und ob es ein nackend armer Schlucker wäre – wenn er es wagte, auf dem Rücken der riesigen Schlange, die sich im Walde versteckt hielt, so viel Holz herbeizubringen, wie genügte, um das Dachgebälk auf das Schloss zu setzen, bekäme er von ihm, dem König, seine Tochter, die goldwangige Leámuinn, zur Frau. Jedem aber, dem dies Unternehmen misslänge, sei sofort der Tod beschieden.

Der Sohn der Witwe war nun gerade zu Hause und ruhte sich aus. Er meinte eines Tages zu seiner Mutter: »Unglück und Elend treffe mich, wenn ich nicht mein Glück versuche! Nicht einen Finger breit will ich vom geraden Weg abbiegen, bis ich meine Kraft versucht habe an dem Unternehmen, auf dem Rücken der riesigen Schlange die große Holzlast zum Schlosse zu schaffen. Dann kriege ich die Königstochter zur Frau.«

»Wenn du meinen Rat befolgst«, meinte seine Mutter, »gibst du dich nicht mit ihr ab. Die riesige Schlange tötete Scharen von Menschen seit der Zeit der großen Flut. Ich

fürchte, wenn du dir irgend etwas mit ihr zu schaffen machst, ist dein Leben nur von kurzer Dauer.«

»Du hast keine Ahnung davon, Mutter, dass im Mark meiner Knochen die Kraft von hundert Menschen steckt, dadurch, dass du mich einundzwanzig Jahre lang säugtest. Da ist nichts auf Erden – was Kraft anlangt –, das mich bange machen könnte. Leb wohl, Mutter, und wenn du mich zum ersten Mal wiedersiehst, wird die Königstochter deine Schwiegertochter sein.«

Er eilte hinweg, geschwind, wie der Märzwind weht, eine Meile mit jedem Schritt und zwölf Meilen bei langem Ausschreiten. So gelangte er über das Land hin bis zum Schlosse des Königs. Er grüßte ihn, und dieser erwiderte seinen Gruß.

»Ich höre«, begann er, »dass ein jeder die schöne Leámuinn, die Goldwangige, als Belohnung erlangen kann, wenn er die Aufgabe gemäß deinem Erlass erfüllt.«

»Ja«, sagte der König. Er wunderte sich außerordentlich, wie er den Sohn der Witwe ansah; denn in seinem ganzen Leben war ihm kein schönerer Mann begegnet, als der, den er da vor Augen hatte.

»Ich glaube«, sagte der König, »deine Glieder und Hände sind zu fein und zart für die Arbeit eines rohen Burschen.«

»Die Spitze des Giebels zeigt die Vollendung!« sprach der Sohn der Witwe.

»Du bist ein tapferer Jüngling«, meinte der König, »aber ich denke, auch dein Kopf wird auf dem Spieß über meinem großen Tore hängen, wo schon so viele von ihnen sind.«

Der Sohn der Witwe hielt sich nicht lange auf, sondern wandte sich zur Tür und eilte fort in den Wald hinaus. Mitten im Walde gab es einen großen See. In ihm hauste die

Riesenschlange und kam selten ans Land. Aber jedesmal, wenn sie kam, schlang sie so viel in ihren Rachen hinab, dass ihr das für eine Woche genügte und sie nicht weiter nach Nahrung zu jagen brauchte.

Cathal – so hieß nämlich der Sohn der Witwe – schritt durch den Wald. Er sah sich scharf nach allen Seiten um. Nicht lange, so gewahrte er die schleimige Spur der Schlange auf dem Grase. Er folgte ihr nach, bis er sie in weiter Entfernung erblickte. Sie schien zu schlafen.

Er erfasste eine Ulme, zog sie mit den Wurzeln aus und riss vier Fuß unten am Baume auf. Er zog einen andern Stamm, eine Esche, aus der Erde und trug sie in einer Hand wie ein Spazierstöckchen. Dann schlich er sich schnell und unbemerkt hinter den Wurm, an sein Schwanzende hin, klemmte das Untere des Ulmenstammes von hinten unter den Schwanz, schob schnell zwei Fuß davon zwischen den Baumspalt und trieb einen Keil durch Baum und Schwanz. Im Augenblick, als der Keil durch ihren Schwanz fuhr, sprang sie vom Erdboden auf und hob Cathal hoch über den Wald. Er griff fest nach dem Wipfel des Baumes. Mit großer Kraft brachte Cathal den Riesenwurm zu Boden. Sie hatte nicht viel Glück. Indem sie zu Boden stürzte, griff sie nach ihm, um ihn mitzureißen. Er aber hob die Esche und gab ihr einen Seitenhieb unterhalb der Ohren, der sie fünf Stunden lang in besinnungslosen Schlaf versetzte.

Nun begann Cathal Bäume auszuroden und mitsamt den Wurzeln kreuz und quer herunterzuzerren und auf das Haupt der Schlange zu werfen. Als er glaubte, genug Holz zu haben für den Palast, gab er der Schlange nochmals einen Schlag hinter das linke Ohr. Davon begann sie zu quieken. Aber er gab es ihr, Hieb auf Hieb, bis er sie vor sich hertrieb und mit ihr an die Viehhürde des Königs gelangte.

Des Königs Leute hielten Wache vom obersten Fenster aus. Als sie Cathal erblickten und den Berg Nutzholz vor ihm dahergerutscht kommen sahen, hielten sie ihn für den größten Zauberer der Welt. Sie trauten ihren Augen nicht. Sie glaubten nicht, dass es auf der ganzen Erde einen Mann gäbe, der die große Schlange bewältigen konnte, wie er es getan hatte.

Nachdem Cathal die Schlange mit der Ladung Holz bis unten ans Schloss kutschiert hatte, ließ er sie dort und trat ans große Tor. Der König kam zu ihm heraus.

»Magst du dich deiner gesunden Knochen freuen!« redete er ihn an. »Du bist der tapferste Held auf dem Erdenrund.«

»Dein Lob ist mir angenehm«, erwiderte Cathal, »und ich denke, dass ich deine Tochter nun wohl verdient habe.«

»Ich bin ganz bereit, sie dir zu geben«, sprach der König, »jedoch du musst selbst vor sie hintreten.«

»Es ist mir recht«, gab Cathal zur Antwort.

Der König führte ihn in das Gemach zu Leámuinn, und sie unterhielten sich. Sie sagte ihm: »Es ist nur erst ein Drittel von mir gewonnen. Jetzt musst du die große Schlange zum Walde zurück schaffen und sie töten. Wenn das vollbracht ist, musst du nach dem Osten reisen und mir heut' in einem Jahre Kunde bringen von dem ›Ritter mit dem finsteren Lachen‹, weshalb er seit sieben Jahren nicht gelacht hat. Ebenso musst du mir ein Kennzeichen bringen vom Tode der ›schrecklichen Alten mit den kalten Zähnen‹. Wenn du das alles vollbracht hast, willige ich ein, dich als Gatten zu nehmen. Aber wisse: vollbringst du die Aufgaben nicht in Jahr und Tag, so mache ich Staub und Asche aus deinen Knochen!«

»Das ist Pech, Schneider!« sagte Cathal, und weg war er.

Nicht lange, so hatte er das Holz von der Schlange abgeladen. Er nahm seinen Eschenstock, schwang ihn aus aller Kraft und gab ihr den Seitenhieb hinter die Ohren. Sehr bald war die Schlange wieder mit ihm mitten im Walde. Er begann, sie mit dem dicken Baumende zu schlagen, bis er sie in solchen Zustand versetzt hatte, dass ihr nicht mehr die Ohren wackelten. Dann zog er ein Messer aus der Tasche und schnitt ihr die Zungenspitze ab, aus Besorgnis, es möchte noch einmal jemand diesen Weg machen und dann der Königstochter sagen, er war's gewesen, der die Schlange tötete. – Er kehrte gar nicht um, sondern eilte zur Seeküste, um sofort nach Ostindien zu reisen. Er fand ein Boot am Strande und lenkte es hinaus, die Spitze seewärts gerichtet, das Ende dem Lande zu. Er zog die bunten Segel auf, die kleinen und großen, bis zu den Mastspitzen. Das Boot hatte einen Ruderschlag von zwölf Mann und eine Steuerung von zweihundert. Zu einem Drittel gab es ein Dahinschnellen durch Ruderkraft, zu zwei Dritteln ein Segeltreiben, dass das Schiff nur so durch das Meer pflügte, fast zum Überstürzen hinaufsteigend und dann wieder zum Vollfüllen hinabschießend. Die Fahrt wühlte den weißen Schaum hinab und den grauen Sand hoch auf. Vor sich sah er das Meer blaugrün liegen, hinter sich rötlich wie Blut. Das Sausen in den Segeln und Brausen der Flut war ihm ein liebliches Gesumme. Kein Vogel im Osten, dessen Gesang ihm nicht aus seinen Ruderschaufeln tönte.

Über kurz oder lang traf er im Hafen des Ostens ein, und in der rasenden Bewegung, in der sich das Fahrzeug befand, glitt es neun Morgen Landes und neun Wellen-

rücken tief hinein, an einen Ort, dem keine Gefahr drohte, dass die Sonne ihn versengte oder der Sturm ihn peitschte. Ein Busch Ochsenzungenkraut gab ihm Schutz.

Jetzt machte Cathal Rast und stellte sich aufrecht. Seine Gelenke waren ihm etwas steif. Seine Knochen waren wie bei einem kleinen Kinde. Erst im Laufen wurden sie geschmeidig. Er wanderte in einem fort. Oft war ihm der Leib matt und schwach. Es kam ihm zu Bewusstsein, wie allein er im fremden Lande war, ohne Freund und Hilfe, und wie die Zeit drängte. Seine Munterkeit sank hin, als er bedachte, wie er so ohne Mutter und Weib, ohne Heim und Bleibe war. Doch er raffte seine Tatkraft zusammen und wanderte weiter. Es focht ihn auch weder Schauer noch Furcht an vor irgend etwas, das ihm begegnete. Als einige Tage verflossen waren, geriet er auf einmal in eine große Viehhürde und an einen Ort, an dem er zahlreiche Gebäude fand. Auf dem Gemäuer wuchs graues Moos, da sich niemand darum kümmerte. Nachdem er eine Zeitlang rings um die Mauern gestrichen war, stieß er auf eine Tür in der Seitenmauer eines Hauses. Sie war so niedrig, dass er Mühe hatte, auf allen vieren hineinzugelangen. Als er auf dem Flur stand, sah er vor sich die Zimmertür. Dort stand eine bejahrte, alte Frau. Auf ihrem Gesicht lag der Ausdruck von Kummer. Sie ging eilig ins Zimmer, und Cathal horchte auf. Er vernahm ein Zwiegespräch von Menschen aus dem Räume. Da schritt er vorwärts und stieß an der Tür auf die alte Frau.

»Gehört dir dieses Gehöft!« fragte er. »Oder wohnt hier noch jemand, vornehmer als du?«

»Es gehört mir nicht«, gab sie zur Antwort, »sondern es wohnt hier ein Mann, der besser ist als du. Und du bist dreist und unverschämt, dass du hier eintrittst und Fragen stellst nach dem Bewohner.«

»Sag mir den Namen des Mannes, der hier wohnt«, sprach Cathal.

Sie verschmähte es, ihm zu antworten. Daraufhin ging er mit langem Schritt durch die Tür, und als er sich umschaute, sah er vor sich einen schlanken, hochgewachsenen Mann, der mit unbeweglichem Antlitz auf dem Rücken, mitten auf dem Bett hingestreckt lag.

Ehe Cathal Zeit fand, »Gott segne dich!« zu sagen, hatte ihn der Mann, von seinem Bett aufspringend, an der Kehle gepackt. Bald ging es heiß und laut her in dem Raum. Es war ein Stoßen und Ringen hin und her. Die zwei Riesenkerle führten einen Kampf aus, wie es auf Erden nicht seinesgleichen gab. Cathal fuhr es durch den Sinn, dass er keinen hatte, der ihm nah- und beistand, er gedachte seiner Mutter, die er daheim allein gelassen hatte, und wütende Verzweiflung packte ihn. Er stieß den »Mann aus dem Bett« mit äußerster Anstrengung ins Feuer hinein. Als der die Feuerglut fühlte, schrie er auf und bat ihn, er solle ihn loslassen und ihm die Brandblasen heilen. Er würde tun, was er verlangte.

»Bevor du dich erhebst, nenne mir deinen Namen, sonst lass ich kein Leben mehr in dir!«

»Ich bin der ›Ritter mit dem finsteren Lachen‹, der seit sieben Jahren nicht mehr gelacht hat.«

»Du bist der Mann«, sprach der Sohn der Witwe, »den ich seit langer Zeit schon suche!«

Darauf ergriff er ihn mit beiden Händen, setzte ihn auf den Bettrand und rieb ihm die Brandstellen mit Speichel ein. Sofort war er heil und gesund, wie er vor dem Ringkampfe gewesen.

Sie setzten sich nun hin und beobachteten sich gegenseitig eine Zeitlang, wie die Katze die Maus belauert. Nicht lange darauf hörte der Sohn der Witwe eine Frau *mit lauter Stimme kreischen, und er meinte, dass Luft und Erde gegeneinander schlugen bei der Erschütterung, die aus den Wänden kam. Er sah mit einem Seitenblick auf den Ritter und beobachtete an seinem verzerrten Gesicht, dass ihm das Geschrei zuwider war. Plötzlich fragte er den Sohn der Witwe: »Wessen Sohn bist du? Oder woher kommst du?«*

»Ich bin der Sohn eines vornehmen Kämpen aus Irland, und ich unternahm dies Abenteuer, um über dich Kunde zu erhalten und zu erfahren, warum du seit sieben Jahren nicht gelacht hast.«

»Ich möchte dir das jetzt nicht sagen, aber vielleicht teile ich dir einmal die Ursache zu anderer Zeit mit.«

Der Ritter klatschte in die Hände, und als die alte Frau das vernommen hatte, erschien sie.

»Hast du Abendbrot bereitet!« fragte der Ritter.

»Ja«, sagte sie.

»Bring es uns herein!«

Bald stand ein gutes, leckeres Mahl vor ihnen. Jeder Bissen hatte Honiggeschmack, und nicht zwei Bissen schmeckten einförmig. Als sie genug hatten an Speise und Trank, gingen sie schlafen. Als sich Cathal hingelegt hatte, sann er dauernd nach über das wilde Gekreisch, das er zu Beginn der Nacht gehört hatte, und er nahm sich vor, er wollte ringsum jeden Fleck der Gegend untersuchen, ohne dass jemand etwas davon merkte, bis er seine Neugierde befriedigt hatte und wusste, aus wessen Kehle das Geschrei gekommen war.

Am nächsten Morgen stand er auf, wusch sich das Gesicht und wanderte durch die Umgebung, ohne erst vorher etwas zu essen. Nachdem er etwa eine Stunde gewandert war, gewahrte er etwas in weiter Entfernung. Als er herankam, war es das Pferd. In Steinwurfnähe entdeckte er, dass es Mäusefarbe hatte. Es vernahm das Geräusch seiner Füße, hob den Kopf und wieherte, als es ihn erblickte. Sofort kam ein anderes Pferd übers Feld herangetrabt, und beide Tiere liefen davon mit der Geschwindigkeit des Märzwindes. Cathal folgte ihnen so schnell wie er konnte und behielt sie die ganze Zeit hindurch im Auge. Schließlich ganz zuletzt, als er sich schon die Seele ausgeblasen hatte von dem angestrengten Laufe, sah er, dass die Pferde auf einen runden Platz zusteuerten. Es war im Walde. Er folgte ihnen bis in die Hürde. Gerade als er sich niederbog, um unter dem Querbalken hindurchzukriechen, stieß eines der Tiere ein Gewieher aus. Nicht lange darauf sah er ein großes, altes Weib auf sich zukommen mit Schaum vor dem Munde. Kaum hatten seine Augen sie erblickt, so fiel ihm fast die Seele aus dem Leibe, ein solches Entsetzen flößte sie ihm ein. Als sie ihm nah war, sprach sie:

»*Wenn ich dich am Barte fang,*
Dreh' ich dir Kücken den Hals lang.
Hier riech' ich den diebischen falschen Iren.«

»*Ich bin kein diebischer falscher Ire*«, *sprach Cathal,* »*sondern ein ausgezeichneter Kämpe.*«

»*Was ist dir angenehmer*«, *fragte sie,* »*dass du mit mir auf blutgeröteten Steinen kämpfst, bis ich deine Knochen als Suppe aussaugen kann, oder dass ich mit dreimal geschärftem Messer deine Rippen in Stücke und dein Fleisch samt der Haut zu Strippen schneide, während dein Blut zu Boden strömt! Kein Vogel wird einen Knochen von dir finden. Denn ich mische deinen Leichnam sieben Meilen in der Runde mit Erde.*«

»*Mir ist's lieber, auf geröteten Steinen zu kämpfen*«, *sagte der Sohn der Witwe,* »*Meine starken Glieder werden dich zu Boden pressen, dass kein Vogel etwas von dei-*

nem Fleische zu schmecken kriegt noch von deinen Knochen zu riechen.«

»Als ein einziger Bissen scheinst du mir zu viel, als zwei Bissen zu wenig«, meinte sie. »Hätte ich ein Körnchen Salz bei mir, würde ich dich zwischen meine langen, hungrigen Zähne nehmen.«

Cathal gab sich keine Blöße in der Gefahr. Er griff nach ihr, und nun ging es dort heiß und scharf her. Ein solches Ringen und Raufen wie zwischen den beiden gab es nie jemals, vom Westen der Welt an bis zum andern Ende nicht! Die Steine, die oben lagen, wurden nach unten gerückt, und die von unten nach oben. Aus Hart machten sie Weich und aus grauen Steinen sprangen Quellen hervor.

Als der Tag zu Ende ging, war der Sohn der Witwe erschöpft. Er dachte bei sich, es gäbe doch keinen Menschen, der ihn beklagen noch auf dem Totenbett ausstrecken würde. Da packte er die Alte mit hartem Griff in die Seiten. Doch sie war so stark, dass sie das nicht erschütterte. Als sich die Sonne hinter dem Hügel verbarg, wurde Cathal schwach, und die Alte bemerkte frohlockend, dass sie Aussicht hatte, über den ausgezeichneten Ritter den Sieg davonzutragen. Aber ehe ihm vollständig der Atem ausging, kam ein Zaunkönig und ließ sich auf dem Nasenknorpel der alten Hexe nieder. Er stieß seinen Schnabel in ihre Augen, und sofort wurde sie schwach wie eine Gans.

Als sie ihm wie eine Strohgarbe zu Füßen sank, bückte er sich zu ebener Erde hin und gab ihr einen Schlag auf die Halsader, dass sie auch nicht mehr die Ohren rührte. Nachdem er die Alte niedergestreckt hatte, griff er in die Tasche nach seinem Messer und schnitt ihr die Zungenspitze ab. Dann eilte er in den Palast der Hexe und durch-

stöberte ihn von unten bis oben. Da war kein Raum im Hause, der nicht mit Gold oder Silber ausgefüllt war. Aber er sah dort keinen andern Menschen. Er kehrte nun wieder zurück zu der Pferdehürde, band die Pferde an die Krippe und eilte dann hinweg zum Hause des Ritters. Er ließ sich dort nichts merken. Wie den Abend zuvor wurde ihm vom Ritter ein guter Imbiss geboten. Nach dem Essen begannen sie, sich etwas zu erzählen. Als es Nachtzeit war und der Ritter noch immer kein Gekreisch von der Alten gehört hatte, wunderte er sich. Er glaubte nämlich – da er selbst sie nicht hatte bezwingen können –, es würde sie auch kein anderer auf der Welt besiegen. Cathal war der erste, der die Unterhaltung aufnahm.

»Ich höre nicht das Gekreisch von der letzten Nacht«, begann er zum Ritter: »Ich glaube es auch niemals mehr zu hören!« Der Ritter lächelte und antwortete ihm: »Jene alte Hexe wohnt hier schon seit Menschengedenken. Sie unterjochte die Insel, sengte und brannte sie an vier Ecken an, dass auch kein Mensch mehr hier lebt außer mir und der alten Frau, die mich bedient. Viele schwere Kämpfe versuchte ich schon mit der Hexe, aber ich musste alle Hoffnung aufgeben und auf jedes weitere Ringen mit ihr verzichten. Keine Nacht verging in diesen sieben Jahren, seit das Elend über mich kam, dass sie nicht dies Gekreisch ausstößt in der toten Stunde der Nacht, damit mein Kummer kein Ende findet.«

»Sag mir nun die Ursache deines finsteren Lachens«, sprach Cathal zu ihm, »du magst sicher sein: die Stimme der Alten hörst du dein lebelang nicht mehr.«

Der Ritter fing an, die Ursachen seiner Trübsal zu erzählen, und sprach: »Nun ist es morgen sieben Jahre her – nicht mehr und nicht weniger –, dass ich hier ein großes Reich besaß. Ich sandte den Edelsten des Landes eine

Einladung zu, dass sie zu einem Feste kämen. Ich hatte ein schönes, behagliches, warmes Haus und vierundzwanzig Pferde täglich für die Jagd bereit. Als die Tafel gedeckt war und ich selbst obenan saß, um vorzuschneiden, hob ich den Kopf und sah durchs Fenster hinaus. Da erblickte ich ›den Hasen mit dem üblen Atem‹, wie er sich im Tümpel unterhalb der Hürde herumrollte, und in dem Augenblick, als er aus dem Tümpel kroch, kam er von drüben auf die andere Seite. Dort lag Linnen ausgebreitet, und er warf sich mitten hinein, so dass kein Zollbreit daran nicht mit Schlamm besudelt war. Dann jagte er zu uns herauf bis zum Fenstersims hoch. Da der Tag schwül war, stand das Fenster auf. Er steckte seinen Hals hinein und stieß einen Atem aus, der uns alle Speisen verdarb.

Ich rief nach meinen Dienern und befahl, die Pferde zu satteln und die Hunde loszulassen. Ich selbst nahm meinen grauen Hengst, und wir stürmten hinaus, dem Hasen nach. Manchmal fasste die Schnauze der Hunde fast das Hinterteil des Tieres, und dann wieder, im Augenblick, war er eine Meile voraus. So verspottete er uns den ganzen Tag lang. Ich trieb immerzu die Hunde an und munterte meine Leute auf, dem Hasen zu folgen und ihn zu fangen. So trieben wir es lange Zeit, bis wir dem Tier in ein großes Tal folgten. Es lag zwischen zwei Hügeln. Als die letzten meines Gefolges im Tale waren, öffnete sich dieses und schluckte mich, meine Hunde und Pferde und Trossknechte hinab: – plötzlich befanden wir uns vor vierundzwanzig Räubern mit ihrem Anführer. Sie begannen mich und meine Leute zu verspotten. Einer von ihnen nahm einen Besen und fegte allen Schmutz aus der Behausung in ihren Mund. Der Anführer sprach zu mir: ›Hier gibt's viel Fleisch, wenn du es für dein Gefolge kochen kannst.‹ Er hatte einen Eber an einem großen eiser-

nen Spieß und befahl mir, den Spieß zu ergreifen und das Tier über dem Feuer zu drehen, um es meinen Leuten zurechtzumachen. Ich ergriff den Spieß, wie er mir befahl. Ich war damals ein rüstiger Kämpe. Aber hätte ich geviertelt zu Boden stürzen müssen, ich wäre nicht imstande gewesen, den Eber vom Boden zu rühren. Daraufhin fragte mich der Anführer, was für Heldentaten wir zu Hause ausübten außer dem Essen. Ehe ich Zeit fand, eine Antwort zu geben, warf er einen großen Eisenblock mitten ins Feuer. Quer durch den Klotz ging eine Kette. Als der Block glühend rot war, zog der Räuberhauptmann mit seinen Leuten den Block aus dem Feuer. Dann stellte er diese auf die eine Seite und meine Männer auf die andere. Alle ergriffen die Kette, die quer durch den Block ging, und begannen daran gegeneinander zu ziehen, bis die Räuber meine Leute an den Block herangezerrt hatten. Und sie ließen keinen Zollbreit ihrer Leiber übrig, der nicht auseinandergeschmolzen war. Ich stand dabei, ohne zu wissen, ob sie im nächsten Augenblick mit mir dasselbe Spiel treiben würden.

Nachdem sie also mein Gefolge behandelt hatten, kam einer von ihnen und hatte in der Hand eine Zaubergerte. Damit hieb er auf meine Pferde und Hunde und warf sie alle als einen Haufen Steine übereinander. Mir wollte er dasselbe antun. Aber der Räuberhauptmann drohte ihm und sagte, er nähme an, ich sei der Häuptling von den Leuten, er gäbe mir die Erlaubnis heimzukehren. Er öffnete die Behausung und ließ mich hinaus, und ich brauchte ein langes Jahr, um den Weg zurückzukehren, den ich in einem Tage auf der Hasenjagd gemacht hatte.

Heimgekehrt, warf ich mich auf mein Lager und erhob mich nicht, noch lachte ich je wieder, von jenem Tage an bis heute. Die Räuberbande verzauberte meinen Ort und alles, was mein war, außer mich selbst und die Alte, die mich pflegte. Und seit das Elend über mich kam, fand sich kein Mensch, der die grässliche Alte hätte bewältigen können, die all die sieben Jahre hindurch, solange ich im Unglück bin, ihr Gekreisch ausstieß. Während jener sieben Jahre sengte und brannte sie die Bevölkerung der ganzen Insel nieder.«

»Keinen ändern mehr wird sie töten bis zum Jüngsten Gericht!« sprach Cathal. »Wirklich, du hattest Ursache, traurig und bekümmert zu sein und sieben Jahre lang nicht zu lachen! Nun danke ich dir, dass du mir erzähltest, woher dein finsteres Lachen rührt. Jetzt aber sorge dich nicht mehr wegen der Alten. Ich kann es dir sagen: ich brachte sie um.«

»Ich glaubte«, sprach der Ritter, »kein Mensch auf Erden wäre imstande, ihr das Rückgrat zu brechen. Ich hatte im geheimen vor, mit dir zu kämpfen. Jedoch, da du die Zerstörerin des Landes getötet hast, habe ich nichts mehr gegen dich.«

Nach dem Abendessen gingen sie schlafen. Cathal schlief sanft und behaglich bis zum nächsten Morgen, und kaum dämmerte der Tag, so war er schon auf und machte sich voll Freuden fertig, um nach dem Palast der Alten zu gehen. Alles dort wollte er unter Schloss und Riegel setzen und es für Leámuinn aufheben, wenn sie kam, um dort zu wohnen.

Als er meinte, es wäre nun Essenszeit, ging er zum Ritter. Und wahrhaftig, es ward ihnen ein leckeres Mahl aufgetragen. Cathal hob den Kopf und sah zum Fenster hinaus. Indem bemerkte er etwas von der Größe eines Hundes. Es lief unterhalb der Hürde hin und her. Er machte dem Ritter ein Zeichen, er sollte hinausblicken. Und als dieser aufsah, da erkannte er: es war der »Hase mit dem üblen Atem«, der einst vor sieben Jahren gekommen war.

»Mein Unglück und Elend!« rief er. »Hätten wir Pferde, bei Gott, wir folgten dem Hasen wieder hinaus.«

»Komm mit mir«, sprach Cathal, »und wir haben bald zwei Pferde, wie sie noch kein Mann geritten hat.«

Der Ritter folgte Cathal, und sie eilten auf dem Wege, der zur Alten führte, bis an die Pferdehürde. Der Sohn der Witwe fasste den Rücken des einen Pferdes und hieß den Ritter das andere besteigen. Er tat, wie ihm gesagt ward, und stürmte davon, gefolgt von Cathal. Sie wichen nicht vom Wege, und der Hase führte sie dieselbe Straße, die er den Ritter vor sieben Jahren geführt hatte. Als sie in der Behausung der Räuber anlangten, stießen diese ein Spottgelächter aus. Cathal sagte: »Was lacht ihr!«, griff zum Besen und fegte ihnen all den Schmutz, der sich seit sieben Jahren angesammelt hatte, in den Mund. Dann ergriff er den Eber, nahm ihn in die Hand wie ein Strohbündel und kochte ihn nicht zwei Minuten lang. Darauf gab er dem Ritter davon zu essen. Alsdann fasste er den Eisenblock, schleuderte ihn ins Feuer und riss ihn, sowie er glühend war, wieder heraus. Er stellte sich an den Block und die vierundzwanzig Räuber an das andere Ende; und so stark sie nun auch zogen und dabei außer Atem gerieten, jeder von ihnen ward zu einem Klumpen Fett gedrückt. Er packte den Anführer an und wollte mit ihm ebenso verfahren. Doch der Ritter rief ihm zu, den sollte er schonen; denn er hatte ihm damals die Erlaubnis gegeben, wieder die Behausung zu verlassen. »Und wenn du mir«, fuhr er fort, »meine Burschen, Pferde und Hunde wiedergibst, die heute vor sieben Jahren hierher kamen, lassen wir dich unbehelligt und wie du da bist zurück.«

Der Anführer war von Schrecken und Furcht befallen, er

könnte getötet werden. Da er sah, dass Cathal die Kraft von Hunderten besaß, hielt er es für das beste, alles, was zur Behausung gekommen war und was er dem Ritter entrissen hatte, wieder zu Leben und Kraft zu wecken. Er tat es so schnell wie möglich. Er schlug mit der Zaubergerte dreimal auf den Steinhaufen, der in einer Ecke der Behausung lag, und im Handumdrehen war alles, Mann, Hund und Pferd, wieder lebendig und munter wie einstmals. Cathal befahl ihm, geschwind das Tor für ihn zu öffnen. Es ward sofort aufgetan, und sie stürmten davon. Bald waren sie daheim angelangt, und als sie ankamen, sah der Ritter Schloss und Gehöfte und alles, was ihm gehörte, blühend und schön wie zuvor, ehe »der Hase mit dem üblen Atem« darübergekommen war. Sein Herz frohlockte, dass die alte Hexe tot war. Er sowohl wie alle seine Burschen und Mädel hatten die Beweglichkeit ihrer Glieder wie einst. Als er sich nun zu Hause einrichtete, tat es ihm leid, dem Volke des Landes kein Fest geben zu können. Das konnte er ja nicht mehr, denn außer denen, die unter seiner Obhut standen, lebte keiner mehr auf der Insel. So hatte die alte Hexe alles zerstört. Er dachte natürlich nicht daran, Cathal zu töten (wie er es zu Anfang vorgehabt hatte, als er zu ihm eindrang), sondern bot ihm die Hälfte seines Besitzes an. Cathal nahm nichts an. Er wusste, dass er noch reicher war als der Ritter. Unter Heil- und Segenswünschen ließ er ihn zurück und sagte ihm, wenn er am Leben bliebe, wollte er ihn einmal wieder besuchen. In seiner freudigen Stimmung gelangte er auch bald heim.

Als er in den Palast von Leámuinns Vater kam, bewillkommneten ihn alle. Sie hatten geglaubt, er wäre verloren zwischen Steinplatten und in eine Knetmulde geraten*.

---

* zu Mehl gemahlen und Teig geknetet

Da nun Leámuinn noch einen andern außer Cathal auf die Fahrt geschickt hatte, der vor diesem heimgekehrt war, und zwar mit den Schädeln der alten Hexe und der Riesenschlange, hielten sie den Mann für den besten Helden auf Erden. Er hatte ihnen auch erzählt, Cathal sei getötet, und nun waren sie gerade im Begriff, Hochzeit zu feiern. Da trat der Sohn der Witwe ein. Weil er aber nicht die Köpfe brachte, glaubte Leámuinn ihm kein Wort.

»Ich schlug ihnen die Köpfe ab«, sprach Cathal, »und als ich das getan hatte, schnitt ich ihnen die Zungenspitzen ab, und ›der Beweis dafür, dass man den Brei hat, ist, dass man ihn isst‹. Hier sind die Zungenspitzen, die ich abgeschnitten habe nach dem Sieg über die beiden!«

Der König blickte genau in die Mäuler der Köpfe und bemerkte, dass ihnen die Zungenspitzen fehlten. Sofort sagte er: »Cathal hat die Heldentat vollbracht!« Darauf erzählte dieser alles der Königstochter, was ihm der Ritter gesagt hatte, und man glaubte ihm. Leámuinn legte beide Arme um seinen Hals und zog ihn an ihr Herz.

»Sie erdrückte ihn mit Küssen,
Benetzte ihn mit Tränen
Und trocknete ihn mit feinen Seiden-
Und Atlastüchern.«

Als der andere Ritter sah, dass er sehr verachtet wurde, führte er freche Reden gegen den König. Da streckte der Sohn der Witwe seine Hand aus und versetzte ihm einen Hieb unters Kinn. Nun gab er keinen Laut mehr von sich.

Um die lange Geschichte kurz zu machen: es wurde Hochzeit gefeiert, und arm und nackt war dazu eingeladen. Nach der Hochzeit brachte der Sohn der Witwe seine Frau und seine Mutter in den Palast der alten Hexe. Ihr Gold und Silber und all ihre Schätze gehörten nach ihnen ihren Kindern und Kindeskindern.

Sie gerieten auf den Holzweg, und ich kam auf den richtigen Weg. Sie starben, und ich kam noch nicht auf die Totenbahre. Und wenn das Ganze Lügen sind, dann mag sie der Hund im Maule wegtragen.[81]

Das Märchen schildert zu Beginn einen nun wirklich über die dafür vorgesehene Zeit hinaus aufrechterhaltenen ursprünglich positiven Mutterkomplex. So rein konnte sich dieser Mutterkomplex erhalten, weil der Vater kurz nach der Hochzeit starb. »Weil sie nun so einsam war, als sie das Kind bekam, liebte sie es so innig …« Einundzwanzig Jahre lang säugte sie es an ihrer Brust. Auch wenn dieser Ausdruck metaphorisch zu verstehen ist, sagt er viel aus. Auch Einsamkeit der Beziehungsperson kann ein Grund sein, weshalb sich Kinder nicht altersgemäß in die Selbstständigkeit hineinentwickeln dürfen. Mit 21 Jahren merkte Cathal, dass seine Mutter »in das kindische Alter kam«, er fand, es sei jetzt an der Zeit, für die Mutter zu sorgen, und steigt aus dem Bett, noch etwas gegen den schwächer gewordenen Widerstand der Mutter. Ihre Frage, ob es nicht unartig sei, das »Körbchen« zu verlassen, verfängt nicht mehr. Das Mitgefühl mit seiner Mutter treibt ihn aus dem Bett, Mitgefühl und eine Hilfsbereitschaft, die zum ursprünglich positiven Mutterkomplex gehört.

Er sucht Arbeit beim Schloss und schätzt seinen Wert gleich richtig ein: Er wird für zwölf Männer arbeiten und will auch für die Arbeit von zwölf Männern bezahlt werden. Er arbeitet an den Mauern des Schlosses, an der Mauer einer neuen Behausung, die eine deutliche Abgrenzung des Innen vom Außen herstellen wird. Unter einem symbolischen Gesichtspunkt arbeitet er jetzt an der Abgrenzung seines Ich-Komplexes, er steckt dabei auch den Raum seiner eigenen Ich-Persönlichkeit ab. Was Mutters Körbchen war in seiner Begrenzung und seinem Schutz, soll jetzt ein Schloss werden, das auch ein Dach bekommen soll.

Für das Dach muss Holz auf dem Rücken der riesigen Schlange, die sich im Wald versteckt hat, herbeigeführt werden; wer es schafft, bekommt des Königs Tochter zur Frau. Cathal will sein Glück versuchen, nachdem er gezeigt hat, dass er zupacken, dass er sich Respekt verschaffen und dass er sich seinen Lebensunterhalt und den der Mutter verdienen kann, alles Ausdruck einer verantwortlichen Ich-Aktivität. Damit zeigt sich auch die Abgrenzung des Ich-Komplexes im Erleben und Zeigen von einer Wirkung in der Welt, wie sie eben jeweils nur durch die individuelle Persönlichkeit gebracht werden kann; dadurch wird dieser jeweilige Mensch als er selbst fassbar. Die Entwicklung muss aber noch weitergehen: Es geht zusätzlich darum, dass er Beziehung zu einer Frau seines Alters aufnehmen kann, oder symbolisch gesehen, dass er in Kontakt mit seiner Anima kommt, seiner faszinierenden geheimnisvollen inneren weiblichen Gestalt, die es ihm erlaubt, nicht nur die Mutter als einzige Frau in seinem Leben zu lieben. Die Mutter ist denn auch nicht gerade entzückt von seinem Vorhaben. Sie warnt: Die riesige Schlange tötete Scharen von Menschen seit der großen Flut. Er besänftigt die Mutter, indem er sie daran erinnert – und damit ihren Selbstwert hebt –, dass sie ihn 21 Jahre lang gesäugt habe; dadurch sei in seinem Mark die Kraft von hundert Menschen. Nichts könne ihn bange machen, was Kraft anbelange auf dieser Welt. Nicht mehr die Kraft von 12 Männern, jetzt die Kraft von 100 Menschen, so stark, dass er nichts zu fürchten hat auf dieser Welt. Auch wird er immer wieder als wunderschöner Mann geschildert. Er ist stark und schön und voll Zuversicht. Das ist die eine Folge dieses so im Überfluss Genährtwordenseins. Er fühlt sich im Vollbesitz seiner Kraft, überzeugt davon, alle Probleme lösen zu können. Das wird er nun beweisen müssen. Die Aufgaben, die sich ihm nun stellen, sind Aufgaben in der Auseinandersetzung mit all dem, was aus dem System Mutter und Sohn ausgeschlossen war: Er muss die große Schlange nutzen und sie dann töten, er muss herausfinden, warum der Ritter mit dem finsteren Lachen sieben Jahre lang nicht mehr gelacht hat, und er muss einen Beweis vom Tod der schrecklichen Alten mit den kalten Zähnen bringen. Entweder gelingt ihm das, oder er wird sterben. Das sind also die Persönlichkeitsbereiche, die im Dunkeln liegen, die Kehrseite dieser enormen Verwöhnung durch die Mutter. Was bedeuten die einzelnen Stationen?

Mitten im Wald, in einem großen See, haust die Riesenschlange, und wenn sie herauskommt, dann verschlingt sie, was zu verschlingen ist, damit sie nicht gleich wieder nach Nahrung zu jagen braucht. Diese Riesenschlange zu überlisten, sie zu nutzen und dann zu töten, scheint einfach zu sein. Es gelingt ihm, was man als die grandiosen Tendenzen nach Regression deuten könnte, die Verlockungen zur Faulheit aufzuspüren, außer Kraft zu setzen und mit Aggression in seine Dienste zu zwingen. Es ist eine fast manisch anmutende Abwehr in einer großen Arbeitsleistung gegen die Gefahr, in einer fast metaphysisch zu benennenden Faulheit zu verharren und ab und zu gierige Ausfälle zu machen, um sich das Lebensnotwendige zu besorgen. In dieser Schlange drückt sich die Wirkung der Schattenseite seines nährenden Mutterkomplexes aus: Er könnte faul, gierig, undifferenziert ein Schmarotzerdasein fristen, gierig nach etwas, das zu verschlingen ist. Dagegen setzt er sich zur Wehr, weil er das Versprechen hat, dass er dadurch die Königstochter gewinnen kann. Gegen diese regressiven Tendenzen setzen sich Menschen mit einem ursprünglich positiven Mutterkomplex nur dann zur Wehr, wenn ihnen etwas versprochen wird, das die Lebensqualität und vor allem die Lebensintensität entscheidend verbessern wird. Energie haben sie genug, es muss ihnen aber deutlich werden, dass diese regressiven Tendenzen, die sich auch in Träumereien äußern, die nie so nah an den Emotionen sind, dass sie auch realisiert werden können, lebensgefährlich sind. Dann nämlich können sie ihre Riesenkräfte, die sie durchaus haben, mobilisieren.

Hatte Cathal gedacht, dass damit alle seine Proben schon bestanden wären und er die Königstochter heiraten könnte, so ist diese anderer Ansicht: Sie weiß, dass er noch wichtige unbewusste Probleme angehen muss, bevor er beziehungsfähig ist. Gutmütig schifft er sich ein, nach Ostindien. Wiederum wird die Energie erfahrbar, die in diesem System ist, dabei kommt nur ein Drittel aus der »Ruderkraft«, zwei Drittel trägt der Wind bei, tragen die Elemente bei. Die gute Beziehung zur Natur, das Eingebundensein in die Natur wird dadurch deutlich. Aber es mischt sich auch ein anderes Element in dieses Toben der Elemente, in denen er sich so sehr wohl zu fühlen scheint: »Vor sich sah er das Meer blaugrün liegen, hinter sich rötlich wie Blut. Und auf der Suche nach dem Ritter mit dem finsteren Lachen kam ihm zum Bewusstsein, wie allein er war. Seine Munterkeit sank hin, als er bedachte, wie er so ohne Mutter und Weib, ohne Heim und Bleibe war. Doch er raffte seine Tatkraft zusammen und wanderte weiter.« War zuvor dieses Alleinsein noch lustvoll, spürt er nun plötzlich, dass er allein ist, keine Mutter mehr, noch kein Weib, kein Ort des Bleibens. Und obwohl sein gutes Lebensgefühl einen Einbruch erleidet, geht er weiter, »rafft seine Tatkraft zusammen«. Die rötliche Farbe des Meeres, das an Blut erinnert, und die Gefühle von Niedergeschlagenheit und Heimatlosigkeit zeigen an, dass er nun mit den gequälten, mutlosen Anteilen in sich in Verbindung kommt, wie es für den ursprünglich positiven Mutterkomplex typisch ist, wenn die Welt und das Leben sich nicht mehr als gütige, alles spendende Mutter zeigen oder wenn zumindest keine schnelle Befriedigung durch eine große heldische Tat ansteht, wie das Besiegen der Riesenschlange. Als er diese Gefühle der Niedergeschlagenheit erlebt, findet er als bildhaften Ausdruck dafür zu Gebäuden, die von dichtem Moos überwachsen sind, also wohl seit sehr langer Zeit nicht mehr bewohnt sind. Als er endlich einen Zugang zu diesem vergessenen oder verwünschten Gebäudekomplex findet, trifft er eine bejahrte, alte Frau mit kummervollem Gesicht und »einen langen, hochgewachsenen Mann, der mit unbeweglichem Antlitz auf dem Rücken, mitten auf dem Bett hingestreckt lag«. Der springt vom Bett auf und packt ihn an der Kehle. »Die zwei Riesenkerle führten einen Kampf aus, wie es auf Erden nicht seinesgleichen gab.« Cathal fühlte, dass er niemand hat, der ihm »nah- und beistand, er gedachte seiner Mutter, die er daheim allein gelassen hatte, und wütende Verzweiflung packte ihn. Er stieß den Mann aus dem Bett mit äußerster Anstrengung ins Feuer hinein.« Als dieser die Glut des Feuers spürt, verspricht er, alles zu tun, was Cathal von ihm will.

Hier wird deutlich, wie sehr der »Mann im Bett« noch eine Realität ist, mit der Cathal zu ringen hat. Er trifft hier sein Alter Ego, den Persönlichkeitsanteil, der sich nicht einfach aus dem Bett erheben kann. Typisch für den ursprünglich positiven Mutterkomplex ist, dass Cathal nicht etwa einen Mangel an Kraft bedauert, sondern dass ihm niemand nahe ist und beisteht, und das bloße Denken an die Mutter genügt, um die Kräfte der Verzweiflung zu mobilisieren, die Kräfte, die er braucht, um zu überleben.

Dieser Mann, der als Bild der Schattenidentität von Cathal gesehen werden kann, muss nun seinen Namen nennen. Er ist der gesuchte »Ritter mit dem finsteren Lachen«. Cathal bläst dem Ritter die Brandstellen heil, sie belauern sich gegenseitig, dann hört Cathal eine Frau mit lauter Stimme kreischen,

»und er meinte, dass Luft und Erde gegeneinander schlügen bei der Erschütterung, die aus den Wänden kam«. Der Ritter hat dabei ein verzerrtes Gesicht. Das Leiden des Ritters wird immer deutlicher dargestellt. Eine Störung macht sich auf eine unheimliche Weise bemerkbar. Wenn Luft und Erde gegeneinanderschlagen, die zwei Elemente, die so oft als Verkörperungen des weiblichen Prinzips – die Erde – und des männlichen Prinzips – die Luft – gesehen werden, dann haben wir hier einen Hinweis darauf, wie schwierig das Verbinden der beiden Prinzipien in den beiden Männern ist. Auch wird deutlich, dass wir uns dem Höhepunkt der Geschichte, der Konfrontation mit dem wesentlichsten Aspekt der Problematik nähern, denn jetzt werden alle vier Elemente genannt.

Cathal trifft auf einem runden Platz im Wald ein großes, altes Weib mit Schaum vor dem Mund, eine Gestalt, die ihn mit Entsetzen erfüllt. Sie zeigt sich denn auch in ihrer Gestalt als Zerstörerin, bietet ihm immerhin die Wahl an, zu kämpfen oder passiv zerstört zu werden. Und sie kämpften, wie man noch nie einen Kampf gesehen hatte, da blieb kein Stein auf dem anderen, »aus Hart machten sie Weich und aus grauen Steinen sprangen Quellen hervor«. Ein eigentümliches Bild in einer Situation des Kampfes, in der es darum geht, wer die Oberhand behält: diese Frau, die Verkörperung der Zerstörungskraft, der Gier, von der wir im nachhinein erfahren, indem sie die Insel unterjochte und sie verbrannte, so dass kein Mensch mehr hier leben konnte. Cathal könnte von dieser Zerstörungskraft übermannt werden. Durch den Kampf werden aber neue Quellen frei. Gegen Abend schwinden auch seine Kräfte, und erst als ihm einfällt, dass kein Mensch ihn beklagen werde, wuchsen ihm noch einmal neue Kräfte zu. Auch die genügten nicht. Als die Alte schon frohlocken will, kommt ein Zaunkönig, lässt sich auf dem Nasenknorpel der alten Hexe nieder und stößt seinen Schnabel in ihre Augen, da wird sie schwach, und er kann sie töten.

»Irgendwie geht es dann immer noch«, war ein Satz, den ich immer wieder in Verbindung zum ursprünglich positiven Mutterkomplex gebracht habe. Dies um so mehr, als Cathal alles menschenmögliche getan hat – und wenn das nicht genügt, dann kommt unerwartete Hilfe, der glückliche Zufall – nicht mehr so sehen wie die Hexe sieht? Nicht mehr die Optik dieser zerstörerischen Kraft haben.

»Der Ritter mit dem finsteren Lachen« hat vergeblich mit ihr gekämpft, immerhin ist er dabei nicht umgekommen. Er, der jetzt schon seit sieben Jahren nichts mehr zu lachen hat, er stand unter der Dominanz dieser destruktiven Kraft, die kein Leben zuließ, den Lebensraum zerstörte, die Menschen vertrieb oder sie gar verbrannte – so wie Cathal in seinem Bett auch 21 Jahre lang allein gewesen sein dürfte. Der Kummer dürfte also darin bestehen, dass dieses Zerstörenmüssen der eigenen Lebensgrundlage und die Macht, die daraus gewonnen wurde, stärker war als die Entschlossenheit, das Leben zu gestalten.

Das ist aber nicht alles: Es gibt auch eine Ursache für das finstere Lachen, für den drohenden Unterton im Lachen, das ja sonst eher signalisiert, dass ein Mensch sich freut, und der nun ausdrückt, dass hier die Freude mit Wut und Schmerz verbunden ist, wenn sie überhaupt nicht ausgedrückt wird. Sieben Jahre lang war es schon nicht mehr zu hören gewesen.

»Der Ritter mit dem finsteren Lachen« erzählt seine Leidensgeschichte: Er war reich, mehr als reich, es gab Menschen auf der Insel, es gab Beziehungen. Und dann lockte der »Hase mit dem üblen Atem« den Ritter und seine Begleiter in ein Tal, das sich öffnete und alle verschluckte. Plötzlich sah er sich 24 Räubern gegenüber, die Heldentaten verlangten, die der Ritter und sein Gefolge nicht leisten konnten. Und er erzählt, wie sich die Räuber lustig machten über sie, sein Gefolge und seinen Lebensraum verzauberten, außer der alten Frau, die für ihn sorgte, und ihn selbst, der sich von diesem Moment an auf seinem Bett ausstreckte und nicht mehr aufstand. Die schreckliche Alte aber habe jeden Tag ihr schreckliches Gekreisch ausgestoßen.

Cathal beruhigt den Ritter, er habe die Alte getötet. Als sie ein leckeres Mahl zu sich nehmen wollen, streicht vor dem Fenster der Hase mit dem üblen Atem vorbei. Mit den Pferden der Hexe verfolgen sie den Hasen, kommen wieder in das Tal, jetzt aber ist es Cathal mit Leichtigkeit möglich, alle die geforderten Proben zu liefern und mehr. Dem Räuberhauptmann jedenfalls wird angst und bang, und er wird nur auf Fürsprache des Ritters vom Tode verschont, weil er auch diesen verschont hatte.

Der Hase gilt einmal als ein Tier, das leicht in Angst und Panik gerät. Im übrigen verkörpert er das Prinzip der Fruchtbarkeit, er wurde der Aphrodite geopfert, ist aber auch das Tier der Artemis. Artemis gilt als die Urmutter aller Hexen[82], was wieder einmal mehr darauf hinweist, dass eine wilde, eigenständige, sinnliche Form von Weiblichkeit aus Angst wohl als Hexe deklariert wurde. Jedenfalls besteht zwischen dem angstauslösenden Hasen, der Hexe und dem Räuber ein Zusammenhang. Der Hase könnte dabei die ängstliche Seite darstellen, die verbunden ist mit einer zerstörerischen, die aktiviert wird, wenn Menschen zu lange dem ursprünglich positiven Mutterkomplex verhaftet bleiben. Die Räuber wohnen in der gleichen Gegend, also in demselben Komplexraum. Mit den Pferden, die ursprünglich der Hexe gehörten und darauf hinweisen, welche ungestüme Vitalität in dieser destruktiven Haltung gebunden war, kann »der Hase mit dem üblen Atem« leicht verfolgt werden. Die Räuberbande symbolisiert die männlich aggressiven Kräfte; sie neigen dazu, andere

Männer zu entwerten; Lebenskraft und Lebensmut kann man anderen Menschen auch wegnehmen, indem man sie lächerlich macht, ihren Selbstwert in Frage stellt. Das ist vor allem die Funktion der Räuber hier. Sie bedrohen, sie stehlen, vor allem aber bewiesen sie dem »Ritter mit dem finsteren Lachen«, dass er als Mann keineswegs genügte.

Es gehört auch zum ursprünglich positiven Mutterkomplex des Mannes, dass er sich fragt, ob er denn ein richtiger Mann ist oder nicht. Bestätigt ihm die Mutter, dass er es ist, gilt es nicht, bestätigt es ihm ein anderer Mensch, dann gilt es ebenfalls nicht, weil es nicht von der Mutter kommt. Der Mann mit dieser Komplexprägung muss, meistens in der Beziehung zu einem anderen Mann, in der die Rivalität überwunden ist und beide ein gemeinsames Ziel verfolgen, erfahren, dass er sich entwertenden Männern gegenüber behaupten kann, ihnen gewachsen ist und für sein eigenes Leben einstehen kann.

Diese Räuberbande hatte sich gegen den »Ritter mit dem finsteren Lachen« gewendet, als sie einmal nicht mehr abgespalten war, und ihn ins Bett gestreckt, ihn zur depressiven gequälten Regression verdammt, mit ständig auftauchenden Schuldgefühlen.

Zu zweit gelingt es Cathal und dem »Ritter mit dem finsteren Lachen«, durch aggressives Zupacken diese räuberischen, selbstwertzerstörenden, destruktiven Kräfte zu überwältigen.

Sehr typisch ist es für dieses Märchen und für die Auseinandersetzung mit dem ursprünglich positiven Mutterkomplex, dass die Besinnung auf die Kraft, die darin steckt, es möglich macht, dass Cathal die Schattenseite dieser Komplexprägung sieht, die gequälte, depressive, überforderte Seite mit den damit verbundenen Beziehungsproblemen. Erst dann kann mit den zerstörerischen Komplexbereichen aufgeräumt werden, es muss aber auch aufgeräumt werden. Dass Cathal so fraglos alles gelingt, lässt einen übersehen, dass es dabei immer um

Leben und Tod geht. Würde er scheitern, wäre er zum Beispiel nicht verzaubert, sondern tot. Auffällig ist, dass er, nachdem er – mit Umwegen noch – die Königstochter endlich für sich gewonnen hat, mit Frau und Mutter in das Schloss der von ihm getöteten Hexe zieht, deren Reichtümer nun seine Reichtümer sind. Ist einmal der destruktive Anteil an diesem Mutterkomplex bewältigt, kann man all die Schätze, die mit ihm verbunden sind, für sich nützen, und es steht dann einer liebenden Beziehung zur Frau und einer freundlichen Beziehung zur Mutter nichts mehr im Wege. Darauf hinzuweisen ist noch, dass im Märchen das Komplexhafte nicht einfach auf die Person der Mutter übertragen wird, sondern dass die Auseinandersetzung gerade dann beginnt, wenn die Mutter als Person und die Wirkungen aus dem jeweiligen Mutterkomplex, hier personifiziert durch Hase, Hexe und Räuberbande, voneinander getrennt gesehen werden können.

Die Gänsemagd
Die weibliche Entwicklung am Beispiel eines Märchens

Weil der ursprünglich positive Mutterkomplex bei der Frau weniger ihre Identitätsfindung als Frau beeinträchtigt, als dies beim Mann festzustellen ist, verlaufen auch die Prozesse der Ablösung, wie sie im Märchen dargestellt werden, weniger dramatisch. Anhand des bekannten Märchens »Die Gänsemagd« möchte ich kurz die wichtigsten Themen und Entwicklungsstufen der Ablösung aus dem ursprünglich positiven Mutterkomplex einer Frau beleuchten.[83]

Es lebte einmal eine alte Königin, der war ihr Gemahl schon lange Jahre gestorben und sie hatte eine schöne Tochter; wie die erwuchs, wurde sie weit über Feld auch an einen Königssohn versprochen. Als nun die Zeit kam, wo sie vermählt werden sollten, und das Kind in das fremde Reich abreisen musste, packte ihr die Alte gar viel köstliches Geräth und Geschmeide ein: Gold und Silber, Becher und Kleinode, kurz alles, was ihr zu einem königlichen Brautschatz gehörte, denn sie hatte ihr Kind von Herzen lieb. Auch gab sie ihr eine Kammerjungfer bei, welche mitreiten und die Braut in die Hände des Bräutigams überliefern sollte, und jede bekam ein Pferd zur Reise, aber das Pferd der Königstochter hieß Falada und konnte sprechen. Wie nun die Abschiedsstunde da war, begab sich die alte Mutter in ihre Schlafkammer, nahm ein Messerlein und schnitt damit in ihre Finger, dass sie bluteten; darauf hielt sie ein weißes Läppchen unter und ließ drei Tropfen Blut hineinfallen, gab sie der Tochter und sprach: »Liebes Kind, verwahr sie wohl, sie werden dir unterweges Noth thun.«

Also nahmen beide voneinander betrübten Abschied, das Läppchen steckte die Königstochter in ihren Busen vor sich, setzte sich aufs Pferd und zog nun fort zu ihrem Bräutigam. Da sie eine Stunde geritten waren, empfand sie heißen Durst und rief ihrer Kammerjungfer: »Steig ab und schöpfe mir mit meinem Becher, den du aufzuheben hast, Wasser aus dem Bach, ich möchte gern einmal trinken.« – »Ei, wenn ihr Durst habt«, sprach die Kammerjungfer, »so steigt selber ab, legt euch an's Wasser und trinkt, ich mag eure Magd nicht seyn!« Da stieg die Königstochter vor großem Durst herunter, neigte sich über das Wässerlein im Bach und trank und durfte nicht aus dem goldnen Becher trinken. Da sprach sie: »Ach Gott!« Da antworteten die drei Blutstropfen: »Wenn das deine Mutter wüsste, das Herz im Leibe thät ihr zerspringen.« Aber die Königsbraut war gar demüthig, sagte nichts und stieg wieder zu Pferd. So ritten sie etliche Meilen weiter fort und der Tag war warm, dass die Sonne stach und sie durstete bald von neuem; da sie nun an einen Wasserfluss kamen, rief sie noch einmal ihrer Kammer Jungfer: »Steig ab und gieb mir aus meinem Goldbecher zu trinken!« denn sie hatte aller bösen Worte längst vergessen. Die Kammerjungfer sprach aber noch hochmüthiger: »Wollt' ihr trinken, so trinkt allein, ich mag nicht eure Magd seyn.« Da stieg die Königstochter hernieder vor großem Durst und legte sich über das fließende Wasser, weinte und sprach: »Ach Gott!« Und die Blutstropfen antworteten wiederum: »Wenn das deine Mutter wüsste, das Herz im Leibe thät ihr zerspringen!« Und wie sie so trank und sich recht überlehnte, fiel ihr das Läppchen, worin die drei Tropfen waren, aus dem Busen, und floss mit dem Wasser fort, ohne dass sie es in ihrer großen Angst merkte. Die Kammerjungfer hatte aber zugesehen und freute sich, dass sie Macht über die Braut bekäme, denn damit, dass diese die Blutstropfen verloren hatte, war sie schwach geworden. Als sie nun wieder auf ihr Pferd steigen wollte, das da hieß Falada, sagte die Kammerfrau: »Auf Falada gehör' ich und auf meinen Gaul gehörst du«, und das musste sie sich gefallen lassen, dann hieß sie die Kammerfrau auch noch die königlichen Kleider ausziehen und ihre schlechten anlegen, und endlich musste sie sich unter freiem Himmel verschwören, dass sie am königlichen Hof keinem Menschen nichts davon sprechen wollte, und wenn sie diesen Eid nicht abgelegt hätte, wäre sie auf der Stelle umgebracht worden. Aber Falada sah das alles an und nahm's wohl in Acht.

Die Kammerfrau stieg nun auf Falada und die wahre Braut auf das schlechte Ross, und so zogen sie weiter, bis sie endlich in dem königlichen Schloss eintrafen. Da war große Freude über ihre Ankunft, und der Königssohn sprang ihnen entgegen, hob die Kammerfrau vom Pferde und meinte, sie wäre seine Gemahlin und sie wurde die Treppe hinaufgeführt, die wahre Königstochter aber musste unten stehen bleiben. Da schaute der alte König am Fenster und sah sie im Hofe halten, nun war sie fein und zart und sehr schön, ging hin ins königliche Gemach und fragte die Braut nach der, die sie bei sich hätte und da unten im Hofe stände, und wer sie wäre? »Ei, die hab' ich mir unterwegs mitgenommen zur Gesellschaft, gebt der Magd was zu arbeiten, dass sie nicht müßig steht.« Aber der alte König hatte keine Arbeit für sie und wusste nichts, als dass er sagte: »Da hab' ich so einen kleinen Jungen, der hütet die Gänse, dem mag sie helfen!« Der Junge hieß Kürdchen (Conrädchen), dem musste die wahre Braut helfen Gänse hüten.

Bald aber sprach die falsche Braut zu dem jungen König: »Liebster Gemahl, ich bitte euch, thut mir einen Gefallen!« Er antwortete: »Das will ich gerne thun.« – »Nun so lasst mir den Schinder rufen und da dem Pferd, worauf ich her geritten bin, den Hals abhauen, weil es mich unterwegs geärgert hat«; eigentlich aber fürchtete sie sich, dass das Pferd sprechen möchte, wie sie mit der Königstochter umgegangen wäre. Nun war das so weit gerathen, dass es geschehen und der treue Falada sterben sollte, da kam es auch der rechten Königstochter zu Ohr und sie versprach dem Schinder heimlich ein Stück Geld, das sie ihm bezahlen wollte, wenn er ihr einen kleinen Dienst erwiese. In der Stadt war ein großes, finsteres Thor, wo sie Abends und Morgens mit den Gänsen durch musste, unter das finstere Thor möchte er dem Falada seinen Kopf hinnageln, dass sie ihn doch noch als einmal sehen könnte. Also versprach das der Schindersknecht zu thun, hieb den Kopf ab und nagelte ihn unter das finstere Thor fest.

Des Morgens früh, als sie und Kürdchen unterm Thor hinaustrieben, sprach sie im Vorbeigehen:
»O du Falada, da du hangest«,
da antwortete der Kopf:
»O du Jungfer Königin, da du gangest,
wenn das deine Mutter wüsste,
ihr Herz thät ihr zerspringen!«
Da zog sie still weiter zur Stadt hinaus und sie trieben die Gänse aufs Feld. Und wenn sie auf der Wiese angekommen war, saß sie hier und machte ihre Haare auf, die waren eitel Silber, und Kürdchen sah sie und freute sich, wie sie glänzten, und wollte ihr ein Paar ausraufen. Da sprach sie:
»Weh'! weh'! Windchen,*
nimm Kürdchen sein Hütchen,
und lass'n sich mit jagen,
bis ich mich geflochten und geschnatzt
und wieder aufgesatzt.«
Und da kam ein so starker Wind, dass er dem Kürdchen sein Hütchen wegwehte über alle Land, dass es ihm nachlief, und bis es wiederkam, war sie mit dem Kämmen und Aufsetzen fertig und er konnte keine Haare kriegen. Da war Kürdchen bös und sprach nicht mit ihr, und so hüteten sie die Gänse bis dass es Abend wurde, dann fuhren sie nach Haus.
Den andern Morgen, wie sie unter dem finstern Thor hinaustrieben, sprach die Jungfrau:
»O du Falada, da du hangest«,
es antwortete:

---

* D. h. Windchen wehe!

»O du Jungfer Königin, da du gangest,
wenn das deine Mutter wüsste,
das Herz thät ihr zerspringen!«
Und in dem Feld setzte sie sich wieder auf die Wiese und fing an ihr Haar auszukämmen, und Kürdchen lief und wollte darnach greifen, da sprach sie schnell:
»Weh'! weh'! Windchen,
nimm dem Kürdchen sein Hütchen,
und lass'n sich mit jagen,
bis ich mich geflochten und geschnatzt
und wieder aufgesatzt.«
Da wehte der Wind und wehte ihm das Hütchen vom Kopf weit weg, dass es nachzulaufen hatte, und als es wieder kam, hatte sie längst ihr Haar zurecht und es konnte keins davon erwischen, und sie hüteten die Gänse bis es Abend wurde.

Abends aber, nachdem sie heim kamen, ging Kürdchen vor den alten König und sagte: »Mit dem Mädchen will ich nicht länger Gänse hüten.« – »Warum denn?«, sprach der alte König. »Ei, das ärgert mich den ganzen Tag.« Da befahl ihm der alte König, zu erzählen, wie's ihm denn mit ihr ginge. Da sagte Kürdchen: »Des Morgens, wenn wir unter dem finstern Thor mit der Herde durchkommen, so ist da ein Gaulskopf an der Wand, zu dem redet sie:
›Falada, da du hangest‹,
da antwortet der Kopf:
›O du Königsjungfer, da du gangest,
wenn das deine Mutter wüsste,
das Herz thät ihr zerspringen!‹«
Und so erzählte Kürdchen weiter was auf der Ganswiese geschähe und wie es da dem Hut im Wind nachlaufen müsste.

Der alte König befahl ihm aber, den nächsten Tag wie-

der hinaus zu treiben, und er selbst, wie es Morgens war, setzte sich hinter das finstere Thor und hörte da, wie sie mit dem Haupt des Falada sprach; und dann ging er ihr auch nach in das Feld und barg sich in einem Busch auf der Wiese. Da sah er nun bald mit seinen eigenen Augen, wie die Gänsemagd und der Gänsejung die Herde getrieben brachten und nach einer Weile sie sich setzte und ihre Haare losflocht, die strahlten von Glanz. Gleich sprach sie wieder:

*»Weh'! weh'! Windchen,
fass' Kürdchen sein Hütchen,
und lass' n sich mit jagen,
bis dass ich mich geflochten und geschnatzt
und wieder aufgesatzt.«*

Da kam ein Windstoß und fuhr mit Kürdchens Hut weg, dass es weit zu laufen hatte, und die Magd kämmte und flocht ihre Locken still fort, welches der alte König alles beobachtete. Darauf ging er unbemerkt zurück und als Abends die Gänsemagd heimkam, rief er sie bei Seite und fragte: Warum sie dem allem so thäte? »Das darf ich euch und keinem Menschen nicht sagen, denn so hab' ich mich unter freiem Himmel verschworen, weil ich sonst um mein Leben wäre gekommen.« Er aber drang in sie und ließ ihr keinen Frieden. »Willst du mir's nicht erzählen«, sagte der alte König endlich, »so darfst du's doch dem Kachelofen erzählen.« – »Ja, das will ich wohl«, antwortete sie. Damit musste sie in den Ofen kriechen und schüttete ihr ganzes Herz aus, wie es ihr bis dahin ergangen und wie sie von der bösen Kammerjungfer betrogen worden war. Aber der Ofen hatte oben ein Loch, da lauerte ihr der alte König zu und vernahm ihr Schicksal von Wort zu Wort. Da war's gut und Königskleider wurden ihr alsbald angethan und es schien ein Wunder, wie sie so schön war; der alte König rief seinen Sohn und offenbarte ihm, dass er die falsche Braut hätte, die wäre bloß ein Kammermädchen, die wahre aber stände hier, als die gewesene Gänsemagd. Der junge König aber war herzensfroh, als er ihre Schönheit und Tugend erblickte und ein großes Mahl wurde angestellt, zu dem alle Leute und guten Freunde gebeten wurden, obenan saß der Bräutigam, die Königstochter zur einen Seite und die Kammerjungfer zur andern, aber die Kammerjungfer war verblendet und erkannte jene nicht mehr in dem glänzenden Schmuck. Als sie nun gegessen und getrunken hatten und gutes Muths waren, gab der alte König der Kammerfrau ein Räthsel auf: was eine solche werth wäre, die den Herrn so und so betrogen hätte, erzählte damit den ganzen Verlauf und fragte: »Welches Unheils ist diese würdig?« Da sprach die falsche Braut: »Die ist nichts bessers werth, als splitternackt ausgezogen in ein Fass inwendig mit spitzen Nägeln beschlagen geworfen zu werden, und zwei weiße Pferde davor gespannt müssen sie Gass auf Gass ab zu Tode schleifen!« – »Das bist du«, sprach der alte König, »und dein eigen Unheil hast du gefunden und darnach soll dir widerfahren«, welches auch vollzogen wurde; der junge König vermählte sich aber mit seiner rechten Gemahlin und beide beherrschten ihr Reich in Frieden und Seligkeit.[84]

Das Märchen beginnt damit, dass eine alte Königin eine sehr schöne Tochter hat. Ihr Gemahl ist schon lange verstorben. Die Mutter verspricht ihre Tochter »weit über Feld« einem Königssohn. Die Mutter sorgt in diesem Märchen dafür, dass eine Trennung stattfindet. Dabei muss das Mädchen – und das ist im Märchen unüblich – selber einen weiten Weg zurücklegen, um zum Königssohn zu kommen. Sie muss also einiges erfahren, bevor sie sich auf eine Beziehung zum Königssohn einlassen kann. Dieser Weg interessiert hier.

Die Königstochter bekommt viel mit auf den Weg: Gold, Silber, Kleinode. Auch dieser Mutterkomplex birgt eine große Fülle in sich, stattet die Tochter mit Reichtum und Fülle aus. Eine Kammerjungfer wird ihr mitgegeben – noch einmal eine mütterlich sorgende Gestalt, wenn auch keine Mutter mehr – und ein sprechendes Pferd namens Falada. Zeichen der großen existenziellen Bindung zwischen Mutter und Tochter ist ein weißes Läppchen mit drei Tropfen mütterlichen Blutes, das die Mutter der Tochter mitgibt mit dem Hinweis, es wohl zu verwahren, damit es im Notfall helfe. Die Königstochter steckt das Läppchen in den Busen, dort, wo Wertvolles und Geheimes aufbewahrt wird.

In der Ausgangsszene dieses Märchens tritt uns eine junge Frau entgegen, die deutlich von einem ursprünglich positiven Mutterkomplex geprägt ist: Sie ist gut ausgestattet, reich, sie hat mehr, als sie braucht, sie hat eine gute vitale Grundlage, ausgedrückt in dem Pferd Falada. Pferde stellen als Symbole unsere gefühlsmäßige Beziehung zu unserem Körper dar, der Art, wie wir die verschiedenen Energien des Körpers aufnehmen und sie leben, aber auch, wie wir uns unseren Emotionen und unserem Unbewussten verbinden. Die Königstochter ist vital, kraftvoll, dynamisch, sie hat eine Beziehung zu ihrem Körper und wird wahrscheinlich auch in schwierigen Situationen etwas im Körper spüren, Ahnungen haben und ihnen auch nachgehen. Sie hat zudem auch eine gute Beziehung zu ihrem Unbewussten, denn dieses Pferd ist ein weises, ein sprechendes Pferd. Dieses Pferd erinnert sehr deutlich an ein gutes, »weises« Mutterfeld, das die Königstochter internalisiert hat und auf das sie sich bei Bedarf rückbeziehen kann. Im Läppchen mit den Blutstropfen zeigt sich, dass noch eine magische Verbindung zur persönlichen Mutter besteht.

Die junge Frau wird ins Leben hinausgeschickt, gut ausgestattet, und dennoch fällt sie gleich in die Hände der Kammerjungfer, die sich als Schatten der Königstochter entpuppt. Wie jede Tochter, die von einem ursprünglich positiven Mutterkomplex geprägt ist, ist die Königstochter erstaunt darüber, dass eine andere Frau so boshaft sein kann. Betrachtet man die Kammerjungfer als eine intrapsychische Instanz der Königstochter, als eine Repräsentantin von vereinigten Schattenaspekten, dann heißt das, dass die Königstochter bis jetzt vollkommen blind war für ihre eigenen Schattenseiten, vor allem für ihre Machtgelüste und für die daraus erwachsenden aggressiven Strebungen. Die Ganzheit, die erstrebt wird mit einer ursprünglich positiven Mutterkomplexprägung, hat immer auch einen deutlichen Machtaspekt in sich, denn was ist mächtiger als das Ganze? Aber da man diese Ganzheit »hat«, sie allenfalls beansprucht, weil man von Geburt an einen Anspruch darauf hatte, ist es den meisten verborgen, wie sehr sie an dieser Macht festhalten, auf ihr beharren, vor allem dann, wenn sie ihnen zu entgleiten droht. Solange den Menschen mit dieser Komplexprägung niemand dieses Lebensgefühl verdirbt, so lange sind sie auch nicht in Gefahr, Macht einzusetzen. Sehr wohl aber, wenn man es ihnen verdirbt.

Im Märchen übernimmt die Kammerjungfer den Befehl über alles, das heißt, die Königstochter wird nun dominiert von ihrem Machtschatten. Sie ist nicht mehr mit dem bewussten Ich-Komplex identifiziert, der noch in deutlicher Beziehung zum Mutterkomplex steht, sondern mit dem, was zuvor in dieser Komplexprägung ausgespart, in eine dienende Position verbannt wurde. So wird denn auch das Läppchen mit den Blutstropfen, die Verbindung zur Mutter, vom Fluss des Geschehens weggetragen.

Die Ablösung von Mutter- und Vaterkomplexen, wie sie auch gefärbt sein mögen, erfolgt generell über die Integration von Schatten, von den Anteilen, die durch die aktuelle Zeitsituation, in der sich diese Prägungen ereignen und die auch kollektive Werte setzt, ausgespart worden sind.[85] Weil bei der Prägung durch einen ursprünglich positiven Mutterkomplex die Aggression, das Trennende und damit natürlich auch das Schattenhafte, das, was von einem Ideal her nicht akzeptiert werden kann, deutlich abgespalten sind – das ist sozusagen kompleximmanent für diese Prägung –, wird bei der Ablösung gerade dieser Schattenaspekt überwältigend, und es tritt nicht selten vorübergehend eine Identifikation mit diesem Schatten ein. Diese Identifikation mit dem Schatten wird im Märchen bildhaft sichtbar: Die Königstochter darf nicht mehr auf Falada reiten: War sie zuvor instinktsicher, dann ist sie jetzt instinktlos. Sie muss ihre Kleider mit denen der Kammerjungfer tauschen, das heißt, eine deutliche Persönlichkeitsveränderung hat stattgefunden und wird auch nach außen dokumentiert. Sie muss zudem schwören, dass sie niemandem etwas von dieser Persönlichkeitsveränderung sagt. In diesem Schwur liegt auch der Beginn der Rettung: Indem sie schwört, benennt sie, was vorgefallen ist. Damit macht sie sich bewusst, dass sie nicht die Kammerjungfer ist, auch wenn es jetzt so aussieht, als wäre sie diese. Sie erkennt mit diesem Schwur, dass die Art, wie sie sich im Moment gibt, nicht ihr ganzes Wesen ausmacht, dass sie nicht nur das Biest ist, das sie im Moment zu sein vorgibt, dass sie es aber aushalten will in dieser Schattenidentität, bis der richtige Zeitpunkt gekommen ist.

Sie ist im Moment nur noch in lockerer Verbindung mit den mütterlichen Werten, immerhin reitet Falada noch mit. Was in unserem Leben durch das ursprünglich gute Mutterfeld geprägt worden ist, ist letztlich nicht verlierbar, es kann aber vorübergehend in den Hintergrund treten, und es sieht dann aus, als wäre es verloren.

Am Königshof nimmt der junge König ahnungslos die falsche Braut als die rechtmäßige in Empfang. In der ersten Begegnung mit dem Männlichen kann sich die Frau nicht in ihrer wahren Gestalt zeigen, und dem jungen Mann fällt das nicht weiter auf. Der alte König allerdings sieht, dass »die Magd« zart und schön ist, er fragt nach ihr. Der väterliche Mann sieht ganzheitlicher als sein Sohn, und das bedeutet wiederum, dass die Persönlichkeit, die im Mutterhaus geprägt worden ist, nicht ganz verlorengegangen ist.

Äußerlich scheint in der Beziehung zwischen Königssohn und der falschen Braut alles zu stimmen, aber in dieser Beziehung können Werte, die den Reichtum der Königstochter ausmachen, nicht mitleben.

Die rechtmäßige Braut wird zur Gänsehirtin, sie muss eine besonders gewöhnliche Arbeit tun. Nun ist es für Menschen mit einem ursprünglich positiven Mutterkomplex immer wichtig, sich auch als »gewöhnlich« zu erleben, denn »außergewöhnlich« kann niemand ein ganzes Leben lang sein. Die Tiere, die gehütet werden – und während des Hütens macht man sich mit ihnen vertraut –, sagen etwas darüber aus, welche Lebensbereiche noch besser kennengelernt werden müssen. Die Gänse sind die Tiere der Aphrodite, und sie werden deshalb in einem Zusammenhang mit erotischer und sexueller Liebe und mit Fruchtbarkeit gesehen. Da Gänse aber auch im Schmutz »herumguseln«, dürften sie auch mit den schattenhaften Aspekten der sexuellen Liebe zu tun haben. Auch hier wird nun wohl ein Aspekt im erotisch-sexuellen Bereich kennengelernt und »gehütet«, der der Mutter eher fremd gewesen sein dürfte, eher in den Zustandsbereich der Kammermädchen fiel.

Es geht aber nicht einfach um ein fröhliches Hüten: Die Königstochter leidet unter ihrem Verkanntsein. Jeden Morgen geht sie zum dunklen Tor hinaus, auf eine freie Wiese. Das dunkle Tor suggeriert die Trauer über die aktuelle Situation, weckt aber zugleich die Hoffnung, dass diese Situation eine Durchgangssituation ist. Als die Kammerjungfrau auch noch Falada töten lässt, unter einem fadenscheinigen Vorwand, den der Königssohn als solchen nicht erkennt, da erinnert sich die rechtmäßige Frau an Falada und greift aktiv ein. Sie erinnert sich an Persönlichkeitsanteile, die einmal fraglos wesentlich und hilfreich waren in ihrem Leben, und indem sie sich zurückbindet, ist der Tiefpunkt ihrer Schattenidentifikation bereits überwunden, auch wenn sich im konkreten Leben noch nichts verändert hat. Während sie die Situation von Falada bedauert, bedauert Falada sie und erinnert sie gleichzeitig daran, wie sehr diese Situation ihrer Mutter zu Herzen gehen würde. Die Gänsehirtin entwickelt Empathie für ihre schwierige Situation, und dadurch gewinnt sie eine Rückverbindung zu ihren unverschatteten Seiten. Sie ist dennoch nicht die alte Königstochter, sie flieht auch nicht einfach in die mutterkomplexige Atmosphäre, sie kann jetzt auch gewöhnliche Tätigkeiten ausführen, sie kann sich unterordnen, und sie hat eine Ahnung von Eros und Sexualität. Denn faktisch hütet sie nicht nur Gänse, sie setzt sich dabei auch noch mit Kürdchen und dem alten König auseinander. Ist eine junge Frau so sehr an die Mutter gebunden, fehlt der Vater und sind auch keine Brüder vorhanden, dann wird die Beziehung zum gleichaltrigen Mann – wenn überhaupt – eine Schattenbeziehung sein, wie sie dieses Märchen in der Beziehung Kammerjungfer – Königssohn ausdrückt. Um zu einer Beziehung zum Mann zu finden, muss auf der einen Seite die spielerische Auseinandersetzung mit dem Knabenhaften eingeübt und auf der anderen Seite eine väterliche Gestalt gesucht werden, oft in einem Mann beides zugleich. Mit Kürdchen hat sie eine lustige erotische Verführungs- und Foppsituation. Zuerst lockt sie ihn an, indem sie ihre langen Haare kämmt, dann lässt sie den

Wind sein Hütchen wegtragen. Der beschwert sich beim alten König.

Betrachten wir diese Entwicklung subjektstufig, dann werden zwei Animusgestalten in der Psyche der Königstochter belebt: der Knabe und der König. Der König stellt eine Animusgestalt dar, die noch deutlich mit dem Vaterkomplex verbunden ist. Kürdchen hingegen steht für eine Instanz, die neue aufbrechende schöpferische Impulse in ihrer Psyche verkörpert, die Faszination des Anfangs einer erotischen Beziehung mit der Bewegung des Anlockens und Wegschickens. Der alte König steht eher für das Verlässliche, Hergebrachte: Er wird dafür sorgen, dass diese »Sprunghaftigkeit« in eine Ordnung kommt. Beide aber verkörpern Persönlichkeitsanteile, die im alten System nicht belebt waren. Der alte König bringt denn auch die Gänsemagd dazu, ihr Leid – wenigstens dem Ofen – zu klagen. Sie muss in einer Situation der größten Geborgenheit bewusst formulieren, was ihr geschehen ist, und sie muss das Leid darüber ausdrücken. Dabei könnte sie im Ofen auch noch endgültig gebacken werden. Der Ofen gilt ja auch als ein Symbol für den mütterlichen Leib, in dem die Kinder heranreifen. Jetzt stellt sie selbst verbal die Beziehung zu ihrer Mutter her, der das Herz im Leibe zerreißen würde.

Im Vergleich zu Cathal steht sie zu ihrem Leid zu einem viel späteren Zeitpunkt der Entwicklung, und sie klagt. Durch das Klagen wird die Schattenidentifikation aufgehoben, sie wird rechtmäßige Frau des Königssohns, von dessen Ablösung aus einem positiven Vaterkomplex wir leider nichts hören.

Verdeutlichen wir uns noch einmal diesen Entwicklungsprozess aus einem ursprünglich positiven Mutterkomplex:

Die Mutter leitet in diesem Falle die Trennung ein, ermutigt die Tochter, ins Leben hinauszugehen, und stattet sie für diesen Weg gut aus. Es handelt sich hier um eine Form der positiven Ausstoßung, die auch zu einer guten Mutter gehört. Sie wird von ihrem Schatten überwältigt, was mit dem Lebensgefühl verbunden sein dürfte, dass alles, was bei der Mutter war, gar nicht das richtige Leben ist, dass die Welt so, wie sie war, plötzlich nicht mehr ist. Die Komplexerwartung in dem Sinne, dass die Welt sich wie eine gütige Mutter zeigen soll, wird enttäuscht. Die Tochter reagiert einerseits mit großen Machtgesten, die aber keinen wirklichen Hintergrund von Gemachtem im Leben haben, andererseits mit einer Depression. Die ursprüngliche Komplexprägung gerät weitgehend in die Vergessenheit. Wo sie depressiv reagiert, tut sie, was getan werden muss; sie wird gewöhnlich, und entwickelt auch bei der Auseinandersetzung mit Eros und Sexualität gewöhnliche Seiten sowie einen Animus, der noch nah beim Vaterkomplex anzusiedeln ist. Wo sie mit Machtgesten kompensiert, entwickelt sie sich nicht weiter. Trotz des Erlebens, dass sie verschattet lebt, kommt das alte Lebensgefühl der Geborgenheit und des Reichtums in die Erinnerung zurück. Jetzt hat sie die Möglichkeit, sich mit einem Mann zu verbinden oder mit Animusseiten, die ihr helfen, ihre eigene Persönlichkeit im realen Leben besser einzubringen und ihre Potenzen auch zu verwirklichen. Frauen mit einem ausgeprägten ursprünglich positiven Mutterkomplex neigen dazu, entweder Männer etwas zu idealisieren oder aber, dominiert die Schattenseite, sie zu entwerten. Eine Animusentwicklung ist auf jeden Fall notwendig. Allerdings sucht dieser Frauentyp gar nicht so oft einen Mann, sondern sie werden von einem Mann eher gefunden und ausgesucht.

»Stolzer Vater – wunderbarer Sohn«

Der ursprünglich positive Vaterkomplex des Sohnes

Ebenso wie der Mutterkomplex so sehr betont sein kann, dass der Vaterkomplex fast vollständig in den Hintergrund tritt, kann auch der Vaterkomplex so sehr im Vordergrund stehen, dass der Mutterkomplex sehr wenig betont wird.

»Es ist gut, ein Mann zu sein«
Frank

Frank ist 49 Jahre und zeichnet sich durch einen ursprünglich positiven Vaterkomplex aus bei wenig betontem Mutterkomplex. Er ist nicht in therapeutischer Behandlung, und er würde eine solche auch nie für sich in Erwägung ziehen. Auf einen ursprünglich positiven Vaterkomplex schließe ich, weil er fast jederzeit eine Geschichte von sich als kleinem Jungen und seinem Vater erzählt. Dabei glüht er noch in der Erzählung vor Stolz. Er ist in seiner Arbeit von verschiedenen Vätern umgeben und probt nicht etwa den Aufstand, sondern hält diese Situation für optimal. Ich kenne ihn, weil er sich gelegentlich im Rahmen seiner Arbeit wünscht, bei mir ein Brainstorming zu machen. Er ruft jeweils an und bittet um 45 Minuten für ein Brainstorming. Er braucht dafür nie weniger und nie mehr. Als ich ihn um ein Interview bat zum Thema Vaterkomplex, tat er mir gern diesen Gefallen, einmal, weil »man von seinem Vaterkomplex bestimmt etwas lernen könne«, zum anderen, weil ich einen Gefallen gut hatte. Es gehört wesensmäßig zu ihm, dass er weiß, wer einen Gefallen »gut« hat. Während 45 Minuten durfte ich ihn befragen.

Frank wirkt ausgesprochen freudig und zuverlässig in der Erledigung von Dingen des äußeren Lebens. Er ist tüchtig, aktiv, zupackend, dynamisch, und er weiß viel. Er hält es für sinnvoll, möglichst viel Herrschaftswissen zu sammeln und im richtigen Moment auch zu zeigen, dass er es »drauf« hat. Über Fragen nachzudenken, für die es keine richtige Antwort oder vielleicht überhaupt keine Antwort gibt, überlässt er den Philosophen und den Psychologen. Er ist begabt, weiß es und genießt es, und er ist ausgesprochen wortgewaltig. Er spricht gern, laut und mit vielen Wörtern. Ein bestimmter Typ von Frauen hört ihm gebannt zu, auch wenn es gar nicht so bedeutsam ist, was er gerade von sich gibt, weil es immer bedeutsam klingt, wenn er spricht. Er ist fortschrittsgläubig, im Sinne von »bloß keine unvernünftigen Experimente«, und das heißt meistens, in etwa so weiterfahren wie bisher, vielleicht mit etwas mehr Einsatz oder mit einer etwas anderen Betonung. Er weiß sehr genau, was richtig und was falsch ist, er erschließt das, indem er sich in Situationen hineindenkt und sie vergleicht mit schon Dagewesenem. Er packt Dinge an, handelt, er gibt Anstöße und bringt auch andere Menschen dazu, zu handeln. Er kann inspirierend wirken, vor allem auf der Tatebene. Er selber ist nicht sehr kreativ und weiß das auch, aber er hat eine große Fähigkeit, kreative Ideen von anderen Menschen, wenn sie ihm nicht zu riskant erscheinen, in die Tat umzusetzen: »Ich kann kreative Ansätze von anderen ausgesprochen gut verwursten und verkaufen.« Er ist überzeugt davon, dass man kann, was man will. Er hat für sich eine fraglos sichere Identität. Er weiß von sich, dass er ein richtiger Mann ist, und es ist gut, ein Mann zu sein. Wird diese Überzeugung von außen in Frage gestellt, etwa durch gesellschaftspolitische Diskussionen, werden die Anliegen dieser Menschen von Frank zwar als grundsätzlich richtig dargestellt (»Alle Menschen haben das Recht auf gleiche Rechte. Frauen sind selbstverständlich auch Menschen«), aber kritisiert wird das »unverhältnismäßige« Vorgehen dieser Gruppierungen und die »unverhältnismäßigen« Forderungen: »Es ist doch bis jetzt auch gegangen.« Im Gespräch fällt auf, dass er oft von Männern erzählt, die ihn gefördert haben. Noch jetzt scheint er ständig von bedeutsamen Männern umgeben zu sein, die ihn in irgendeiner Weise fördern. Seine Berufswelt ist – glaubt man seinen Erzählungen – eine reine Männerwelt. Diese Darstellung entspricht nicht der Realität. Es ist die von ihm durch die Vaterkomplexbrille gesehene, verzerrte Realität, immerhin blendet er 30 % der Beschäftigten, die Frauen, in seinem Arbeitsbereich einfach aus. Er erzählt gerne über seinen Berufsalltag, der in seinen Erzählungen sehr spannend zu sein scheint; man fragt sich beim Zuhören, wieviel Idealisierung damit verbunden ist, vor allem Idealisierung der Führungskräfte seiner Firma, zu denen er auch gehört. Er streicht aber keinesfalls seine eigenen Verdienste mehr heraus als die der anderen. Er ist einfach ein unheimlich begabter und effizienter Mann unter lauter solchen Ausnahmemännern. Er spricht gerne von seinem beruflichen Aufstieg, der kontinuierlich und rasch verlief. Seine Sorge ist, dass er zumindest in den nächsten Jahren nicht mehr aufsteigen kann. Wo ist die nächste Herausforderung? Schreibt er Aufsätze, dann erweist er sich als Meister des Zitierens. Ein Drittel einer Seite ist Text, zwei Drittel sind Fußnoten. Das ist zwar mühsam zu lesen, das gibt er auch zu, er findet es aber schade, wenn er einen Querverweis, den er doch kennt, nicht anfügen würde. Es wäre auch nicht korrekt.

Er kritisiert zwar gelegentlich das Patriarchat, aber nicht in dem Maße, dass er auch seine eigene Haltung hinterfragen müsste. Er kritisiert gerade so viel daran, dass man merkt, dass er weiß, worüber heute diskutiert wird, und so wenig, dass er sich mit niemandem, außer mit Feministinnen, anlegt. Aber die trifft er sowieso kaum. Er spricht sehr wenig von seiner Frau und seinen beiden Töchtern. Sie bleiben farblos in seinen Erzählungen. Er hat das schlechte Gewissen, das »man« eben hat, wenn man in einer Führungsposition ist und notgedrungen zu wenig Zeit für die Familie hat.

»Ich und der Vater, wir sind eins«
Die Prägung dieses Komplexes

Wie Frank war sein Vater Akademiker. Er erinnert sich daran, dass sein Vater zunächst jeweils unwillig über die Störung das Buch weggelegt hatte, wenn er in Vaters Studierzimmer stürzte, dann aber zu strahlen begann, wenn er feststellte, dass es sein Sohn war, der ihn störte. Der Vater sprach früh mit ihm über das, was er gerade gelesen hatte, auch als der Sohn noch gar nicht verstand, worum es ging. Es schien Frank aber nichts auszumachen, er fühlte sich vom Vater ernst genommen. Sehr früh scheinen sie miteinander über ethische Probleme diskutiert zu haben, und der kleine Sohn wurde im sokratischen Dialog geschult. Die beiden sagten dann: »Wir haben ein Männergespräch geführt.« Dieser akademische Vater ist sehr deutlich mit kulturellen und geistigen Aspekten identifiziert. Frank durfte gelegentlich auch mit auf den »Männerbummel«. Da erinnert er sich vor allem daran, wie sein Vater Feuer gemacht hatte. »Ich wusste, ich war der Sohn eines Vaters, vor dem die anderen Männer Respekt hatten. Zuhause dachte ich: ›Vater ist die wichtigste Person im Haushalt, und ich bin sein einziger Sohn.‹« Ich fragte ihn nach der Mutter und nach den beiden Schwestern: »Die Mutter hat hervorragend den Haushalt versorgt, und meine beiden Schwestern sind auch in Ordnung. Aber die Mutter und die Schwestern, die hatten ihre eigene Welt, und Vater und ich hatten unsere Welt. Wenn ich krank war, dann lebte ich in der Mutterwelt, aber sonst war sie nicht wichtig. Der Vater war der Mann mit der Ausstrahlung im Haus. Die Mutter achtete darauf, dass er nicht gestört wurde. Nur ich durfte ihn stören, aber auch nicht immer, versteht sich ja von selbst.« Nachdenklich sagte er: »Wenn ich so an Vaters Hand ging, dachte ich, ich und der Vater, wir sind eins, wir gehören untrennbar zueinander.« Dieser Ausspruch erinnert an ein Jesuswort.[86]

Ich fragte ihn nach den Folgegefühlen von diesem Gefühl, des Einsseins. Es waren Gefühle wie: »Ich bin jemand, und ich werde zeigen, dass ich auch werden kann wie der Vater, vielleicht dachte ich auch, ich möchte mich dieses Vaters würdig erweisen.«

Ich habe ihn vorsichtig nach der Möglichkeit von einem Gefühl der großen Geborgenheit und des Aufgehobenseins gefragt, das diesen Ausspruch auch begleiten könnte. Es war aber viel eher ein Gefühl des Stolzes, ein Gefühl »Rückgrat« zu haben, ein Gefühl, bedeutsam und damit auch unantastbar zu sein.

Dieser ursprünglich positive Vaterkomplex wurde von einem den Sohn deutlich bevorzugenden Vater, der ein Repräsentant der kollektiven Normen ist, geprägt, einer Autorität, die Verbindungen zum Gedankengut der Menschheit, zum Kulturellen und zum Sozialen anregte, einem Vater, der durchaus Anstöße gab und bedeutsam war.

Ich fragte nach Konflikten, nach Komplexsätzen im engeren Sinne also. Frank erzählt, er habe in der Adoleszenz vorübergehend eine andere politische Einstellung favorisiert als sein Vater. Er habe eine sehr extreme Einstellung einnehmen müssen, denn sein Vater sei überhaupt nicht einseitig konservativ gewesen, sondern er habe viel Sinn für Gerechtigkeit gehabt, er sei sensibel gewesen für die Rechte der Unterdrückten. Einmal hatte er klar gegen den Vater Position bezogen, weiß aber nicht mehr, in welcher Sache. Er weiß nur noch, dass er ein Flugblatt mit unterschrieben hatte. Er erinnert sich weiter, dass Vater ihn »an die Wand diskutiert habe« und die Diskussion mit dem Satz beendete: »Du hast die Pflicht, eigenständig zu denken! Wenn du aber dabei gewisse Werte aufgibst, dann kann ich nicht mehr stolz sein auf dich.«

Während es beim ursprünglich positiven Mutterkomplex hieß: »Du darfst mich nicht verlassen«, heißt es beim ursprünglich positiven Vaterkomplex: »Du darfst meine Anschauungen, Werte, Ideen nicht verlassen, sonst kann ich nicht mehr stolz auf dich sein.«

Eine der Schwierigkeiten zeigt sich in der gegenwärtigen Beziehung zu seinem nun knapp 80-jährigen Vater. »Mein Vater ist zwar immer noch stolz auf mich, hat aber schon verschiedentlich gesagt, er habe es langsam satt, mir immer wieder sagen zu müssen, was für ein wunderbarer Sohn ich sei.« Aktuell gebe es leider auch nicht mehr sehr viel zu bewundern am Vater, er sei alt, geistig nicht mehr so präsent wie früher, fast etwas rührselig. Er schreibe Texte, die keine Schärfe und keinen Biss mehr hätten und die er auch noch in der ganzen Verwandtschaft herumschicke. Diese »mystischen« Texte gefallen dem Sohn nicht mehr. »Leider kann ich den Vater nicht mehr bewundern, zum Glück gibt es andere Männer, die ich bewundern kann.«

Die Beziehung zum Vater war auf gegenseitige Bewunderung hin angelegt. Die versagt ihm sein persönlicher Vater heute, und Frank versagt sie im Gegenzug ihm auch. Die Grunderfahrung dieses Vaterkomplexes kann leicht übertragen werden auf andere Männer. Dabei bleibt Frank deutlich in der Rolle des Sohnes, der auf die Bewunderung der Väter angewiesen bleibt. Er benimmt sich so, dass die Väter stolz sein können auf ihn und sich nicht bedroht fühlen. Er hilft den »Vätern«, stützt deren und im Gegenzug auch seinen eigenen Selbstwert und übernimmt Verantwortung. Der Umgang mit jüngeren Männern, z. B. die Nachwuchsförderung, interessiert ihn nicht. Noch ist er auf die älteren Männer hin orientiert. Ein Problem wird auch da für ihn sichtbar: »Was macht man, wenn man zuoberst ist, wenn man auf Steigen hin angelegt ist? Da kann man eigentlich nur noch abstürzen. Oder man muss umsteigen, aber wohin?«

Eine weitere Problematik besteht darin, dass er mit den Vätern nicht rivalisiert. Er akzeptiert sie als Autoritäten und passt sich an. Das nehmen ihm nur Alterskollegen übel, die finden, er würde sich immer ins beste Licht rücken und dabei nicht sehen, dass gewisse Dinge wirklich verändert werden müssten. Diese Kollegen findet er »neidisch« und »unreif«. Er rivalisiert auch nicht mit den jüngeren Männern, er ist sicher, dass ihm niemand seine Position streitig machen kann. In dieser Fixierung auf die Sohnrolle ist viel Energie gebunden, was ihm aber noch nicht auffällt. Problematisch könnte auch seine Einstellung zum Alter sein, kann er doch den Veränderungen, die sich bei seinem Vater abzeichnen, nichts, aber auch gar nichts Gutes abgewinnen.

Problematisch erscheint mir auch seine Beziehung zu den Frauen. Es ist erstaunlich, dass auch diese Schwierigkeit ihm nicht bewusst ist. Die Beziehung zu den Frauen pflegt bei ursprünglich positiv vaterkomplexigen Männern dann zu einem Problem zu werden, wenn die Frauen ihren Platz als »Inventar« des Lebens verlassen und rebellieren.

Er sieht die Problematik seiner jetzigen Lebenssituation darin, dass er sie als »sehr anstrengend« empfindet. Er bekommt »zwar immer noch verhältnismäßig viel Anerkennung«, aber er findet, er müsse dafür immer mehr leisten. Die Erfahrung, dass man für Liebe und Anerkennung sehr viel tun muss, ist typisch für Männer und Frauen, die vom Vaterkomplex dominiert sind. Und trotz aller Anstrengung und auch trotz aller Anerkennung wird ihnen nie ein ozeanisches Lebensgefühl zuteil. Denn dieses gehört in der Regel nicht zu dieser Komplexerfahrung. Die irrige Idee ist, dass, je mehr man sich anstrengt, um so eher dieses Gefühl der Geborgenheit und des Mitschwingens zu bekommen ist. Dieses Gefühl ist auf diesem Wege nicht zu finden, viel eher in der Muße und im Sich-Hinwenden zur Welt der Phantasie, die bei dieser

Komplexprägung aber nur eine Chance hat, wenn sie etwas nützt. Auch Frank müsste man anraten, mehr weibliche Anteile mitleben zu lassen, diese aus der Entwertung zu entlassen und sie auch für sein Leben in Betracht zu ziehen. Auch für ihn wäre es wichtig, Schattenaspekte nicht nur auf die anderen zu projizieren, sondern sie auch bei sich selbst zu sehen. Möglicherweise wird ihm seine Existenz als Sohn zu anstrengend, das wäre dann eine Möglichkeit, dass er sich darüber bewusst würde, wie sehr er in einer Vaterkomplexbefangenheit lebt. Es ist für Männer wie Frank schwierig zu akzeptieren, dass sie einen Entwicklungsschritt nicht gemacht haben, denn sie haben ja Erfolg, sind geschätzt, meistern gewisse Aspekte des Lebens hervorragend – und die, die sie nicht hervorragend meistern, die werden als weniger wichtig deklariert, auch von der Gesellschaft her. Wie bei jeder Komplexkonstellation ist es auch bei dieser möglich, dass sich ein Mann weniger mit der Sohnseite und mehr mit der Vaterseite identifiziert. Von außen ist oft schwer festzustellen, ob eine altersgemäße Ablösung erfolgt ist und der Sohn seinem Vater in Begabung und Wesen einfach sehr ähnlich ist, oder ob eine Identifikation im Sinne des Komplexes stattgefunden hat.

»Grundsolide Leute«
Bruno

Bruno ist ein 45-jähriger Handwerker. Er hat gerade das Geschäft seines Vaters übernommen. Er strahlt eine große Zuverlässigkeit aus, ist stolz auf seinen Betrieb und seine Arbeit. Er spricht immer wieder davon, was er alles seinem Vater verdankt, was er alles von ihm übernommen hat. Er ist auch stolz darauf, wenn seine Kunden ihm sagen, dass es ihnen gefalle, dass er wie sein Vater sei, zuverlässig, effizient, kein Schwätzer. Das alles erzählt Bruno, obwohl es bei der Konsultation gar nicht um ihn geht, sondern um seine Tochter, die »außer Rand und Band« ist, die Schule nicht mehr zu Ende machen will, überhaupt nichts »machen« will und den Eltern vorwirft, bei ihnen sei alles so furchtbar altmodisch, und am liebsten würde sie weglaufen. »Mit ihrem Getue« würde sie ihnen noch die kleineren Kinder (sie haben noch drei) verderben. »Der Himmel weiß, was in die gefahren ist, wir sind doch grundsolide Leute, wir arbeiten und sind anständig.« Darauf sagt die 17-jährige Tochter erschöpfend: »Eben.« Sie ist sichtlich zufrieden, dass sie ihre beiden Eltern dazu gebracht hat, mit ihr eine Beratungssituation aufzusuchen, und es ist auch deutlich zu sehen, dass sie dieses Verhaftetsein im Vaterkomplex sprengen wird. Kein Wunder, dass sich der Vater bemüßigt fühlt, noch einmal aufzuzählen, was alles gut ist an dieser Komplexkonstellation. Die Tochter zeigt ihm im Laufe der Beratung auf, dass er sich keinen einzigen »eigenen Wunsch« erfüllt hatte, vielleicht überhaupt keinen hatte, dafür die Wünsche des Vaters erfüllte.

Auch dieser Mann zeichnet sich durch eine große Zuverlässigkeit aus, durch einen Sinn für Konstanz im Leben, er sorgt dafür, dass nichts über Bord geworfen wird, was nicht auch über Bord geworfen werden muss. Er wirkt konservativ im besten Sinne, ohne stur zu sein. Aber seine Tochter trifft den problematischen Punkt sehr genau, wenn sie ihm vorwirft, das eigene Leben versäumt zu haben, ja sogar davon spricht, er sei eine Imitation des Großvaters, den die Tochter allerdings sehr zu achten und zu lieben scheint. Die Mutter sitzt bei dieser Auseinandersetzung still dabei und verstärkt die Meinung ihres Mannes, spreche ich sie direkt an. Auch sie kann nicht verstehen, wie in einer Familie, in der die Frauen bisher alle »ruhig und umgänglich« gewesen seien, plötzlich eine so »aufmüpfig« werden kann. Sie kann dem Gedanken, dass es wohl langsam an der Zeit sei, dass eine Frau sich deutlicher artikuliert, wenig abgewinnen, schiebt es darauf, dass die Tochter eben ins Gymnasium geht, und auf die heutige Zeit ganz allgemein.

»Was man will, das kann man«
Gemeinsamkeiten und Unterschiede der Söhne mit ursprünglich positivem Vaterkomplex

Ob die Prägung nun mehr durch einen vaterkomplexigen oder mehr durch einen mutterkomplexigen Vater erfolgt, beiden Söhnen ist gemeinsam, dass eine Ablösung vordergründig nicht als notwendig erscheint. Beide erscheinen in ihrer männlichen Identität sicher – wenn auch etwas wenig flexibel. Ihr Ich-Komplex wirkt kohärent, da dieser so deutlich mit dem Vaterkomplex identifiziert ist und dieser Vaterkomplex bei uns ja auch kollektiv weitgehend bestimmt, was normal und wünschbar ist. Auch sie haben eine von ihrem Vater verliehene Identität, die nicht mit ihrer originären Identität übereinzustimmen braucht, und auch sie dürfen nicht sie selbst werden, denn die Komplexsätze heißen in etwa: »Du bist mein ganzer Stolz, und du bleibst auch erfolgreich, wenn du meine Werte teilst und sie weiterhin ins Leben hineinträgst.«

Beide wirken sie angepasst, anpassungsfähig und anpassungswillig in der Welt der Männer. Sie sind erfolgreich, pragmatisch, tüchtig, effizient. Ihr Wahlspruch ist: »Was man will, das kann man.« Das heißt aber auch, dass sie unbewusst einer Ideologie der Kontrolle huldigen, z. B. auch viele Ideen haben, wie sich Gefahren kontrollieren lassen, wie man diese durch das Einführen von Gesetzen vermeintlich minimieren kann. Allenfalls können sie sich sogar sich selber und andere davon überzeugen, dass die Welt immer »sicherer« wird, dass »alles unter Kontrolle, alles im Griff ist«.

Von ihrer eigenen Angst wissen sie wenig. Einbrüche in

ihrem Lebensgefühl erfolgen, wenn der Wahlspruch »Was man will, das kann man« nicht mehr gilt, etwa wenn Krankheiten auftreten oder wenn sich Beziehungsprobleme ergeben, die nicht einfach »vernünftig« zu lösen sind, oder wenn sie sich mit dem Problem des Altwerdens beschäftigen müssen. Dann müssen sie sich der entwerteten Welt des Weiblichen zuwenden, was dem Mann mit dem mutterkomplexigen Vater sehr viel leichter fällt, da er immer schon auch ein wenig in dieser Welt ist. Dann brechen auch Sinnkrisen ein, depressive Verstimmungen lassen nach dem suchen, was trägt im Leben und was für diesen Typus, oft weit von seinen echten Gefühlen entfernt, schwer zu finden ist. Die Angst, die natürlich vorhanden ist, zu der man aber nicht stehen kann, wird durch Kontrolle und eine gewisse Zwanghaftigkeit abgewehrt. Darunter leidet die Kreativität.

Unterschwellig ist ein ständiger Leistungsdruck zu spüren, denn für die Anerkennung muss dieser Mann etwas tun, er weiß aber, dass er sie auch immer wieder erringen wird. Unterschwellig spürt dieser Typus, dass er zwar ein »sehr gutes Leben« hat, dass aber ein grundlegendes Bedürfnis – das der Teilhabe – nur unvollständig, wenn überhaupt, befriedigt wird. Der von einem mutterkomplexigen Vater geprägte Mann lebt glücklicher. Auch er ist in Gefahr, ein Leben lang mit einer vom Vater und vom Vaterkomplex abgeleiteten Identität zu leben, aber er ist näher an den Werten des Gefühls, kann sich auch besser auf seine weiblichen Seiten einlassen, sollte das sich als notwendig erweisen. Er erweist sich als weniger brüchig, ereilen ihn die Schicksalsschläge.

Aufmerksame Töchter

Der ursprünglich positive Vaterkomplex bei Frauen

Je nachdem, ob der Vater selber mehr vom Mutter- oder vom Vaterkomplex geprägt ist, wirkt sich das natürlich auch auf die Komplexatmosphäre bei der Tochter anders aus. Es scheint mir, dass die persönliche Bindung an den Vater, der selber einen positiven Mutterkomplex hat, länger anhält, weil diese erotisch gefärbt ist. Ich werde zwei Beispiele anfügen, die einmal deutlich machen, dass der ursprünglich positive Vaterkomplex sich sehr unterschiedlich zeigen kann, zum ändern möchte ich auch zeigen, dass der Vaterkomplex sich entweder in der Beziehung zu konkreten Männern zeigt oder mehr in der Beziehung zu dem, was in unserer Kultur als männlich definiert wird, wie Normen, Werte, intellektuelle Interessen usw.

»Männer sind einfach interessanter«
Nora

Nora ist 34. Die Anspielung auf Ibsens »Nora oder Ein Puppenheim« in der Wahl dieses Decknamens ist nicht zufällig.

Sie hat sich mit 19 Jahren verheiratet, hat drei Kinder und arbeitet zehn Stunden in der Woche in ihrem ursprünglichen Beruf. Sie sieht sehr jung aus; es fällt schwer, in ihr die Mutter von drei schon recht großen Kindern zu sehen. Sie ist sehr modisch gekleidet, und sie trägt, was gerade nicht der Mode entspricht, hochhackige Schuhe. Sie knickt damit auf der Naturstraße vor meiner Praxis ein. Wir lächeln beide, und sie sagt: »Was tut man nicht alles den Männern zuliebe.« Es ist weit und breit kein Mann zu sehen.

Nora sucht eine Klärung in einer Beziehungskrise. Sie hat sich in einen älteren Lehrer verliebt, der »hinreißende Vorträge« halten kann. Sie ist beunruhigt, weil sie nicht weiß, was das für ihre Ehe bedeutet. Weder der Lehrer noch ihr Mann wissen etwas von dieser Verliebtheit. Nora fühlt sich aber

»aufgescheucht«. Im Gespräch häufen sich Sätze wie: »Mein Mann sagt auch, mein Mann will, mein Mann hat sich entschlossen«, aber auch, »mein Vater würde sagen, mein Vater denkt...«. Sie sagt, sie hätte sich extra eine Frau als Therapeutin ausgewählt, »bei Männern werde ich automatisch dumm, passe mich an, bin zunehmend ohne eigenen Willen, flirte dann und habe meistens Erfolg damit«. Diese Frau ist fähig, über ihre Beziehung zu Männern recht kühl zu reflektieren, dennoch kann sie ihr Verhalten nicht verändern. Sie hat sich einige Fragen aufgeschrieben, über die sie mit mir sprechen will. »Ich bin immer wieder von älteren Männern fasziniert. Ist das Ausdruck für einen Vaterkomplex? Wenn ja, was ist zu tun?«

Nora wirkt lebendig, einverstanden mit der Welt und mit sich selbst. Sie zeigt sich als lebenspraktische Frau, interessiert, wach, im Gespräch sehr strukturierend. So sehr strukturierend, dass das Gespräch nicht mehr ein Gespräch ist, in dem sich auch etwas Kreatives, Unvorhergesehenes ereignen könnte, sondern eher zu einem Frage- und Antwortspiel wird. Dabei ist sie geneigt, meine Antworten als die einer Autorität zunächst einmal zu archivieren, schreibt sie gelegentlich auch wörtlich auf. Nicht selten konfrontiert sie mich in der nächsten Beratungsstunde mit der Reaktion ihres Vaters oder eines ihrer »Lehrer« zu einer meiner Aussagen. Nachdem diese mich mehrheitlich ganz »vernünftig« finden (»für eine Frau«, war ich innerlich versucht, beizufügen), entspannte sie sich mehr bei mir. Es ist kaum herauszufinden, was sie selbst findet, was sie selber denkt. Originell ist ihr Sich-Verlieben, was nicht zu ihrem Lebenskonzept gehört.

Sie ist freundlich, aber es bleibt eine gewisse kühle Distanz; das hängt damit zusammen, dass ich eine Frau bin. Mit einem Mann würde sie anders umgehen, das sagt sie selber. Bei Männern sei es leichter herauszufinden, was sie gerne hören wollten. Bei Männern sei es auch klar, dass sie die Autoritäten seien und dass sie, Nora, da sei, etwas zu lernen. Sie behandle mich jetzt einfach wegen meiner Ausbildung auch ein wenig wie einen Mann. Meine Frage, ob man denn von Frauen nichts lernen könne, irritiert sie sehr. Theoretisch natürlich, aber praktisch? Sie habe halt immer von Männern gelernt. Mit Männern könne man eben auch ein wenig flirten, das mache alles etwas angenehmer, es laufe dann etwas »geschmierter«.

»Was tut man nicht alles den Männern zuliebe«
Die Prägung und Wirkung dieses Vaterkomplexes

Nora stellt fest: »Ich bin die einzige Tochter meines Vaters.« Die etwas sonderbar anmutende, wenn auch diagnostisch aussagestarke Redewendung findet sie korrekt und »normal«. Der Vater hatte sie immer sehr bewundert und sie ihn. Er zeigte gerne auch in der Öffentlichkeit, wie stolz er auf sie war, und sie verschaffte ihm jede Möglichkeit, stolz auf sie zu sein. Nora konkurrierte einschlägig mit der Mutter und war nur zufrieden, wenn sie überzeugt war, mehr Rechte beim Vater zu haben als diese. Sie probiere es aus: »Ich denke, ich habe das wohl immer gemacht, aber bewusst erinnern kann ich es aus der Zeit, als ich etwa zehnjährig war. Wenn ich das Gefühl hatte, dass zwischen Vater und Mutter irgend etwas lief, dann begann ich zu schreien oder zu wimmern, mitleiderregend, und dann stürzte sich der Vater in mein Zimmer, beruhigte mich, schlief dann auch gelegentlich bei mir. Das erfüllte mich mit Stolz.« Es wird eine enge Vater-Tochter-Bindung beschrieben, deren großes Ziel die gegenseitige Bewunderung ist. Die Beziehung zur Mutter trat neben der Beziehung zu einem idealisierten Vater ganz in den Hintergrund. Die Erfahrungen, die sie erinnert, sind deutlich eher »spätere«

Erfahrungen, es gibt allerdings viele Fotos aus der Zeit des Kleinkindes, auf denen ihr Vater und sie sich freudig anstrahlen, die Mutter ist jeweils etwas im Hintergrund.

Als sie 16 war, ging sie öfter mit Vater tanzen, die Mutter tanzte nicht gut und nicht gern. Sie erinnerte sich, dass sie bei Lehrern, die ihr gefielen, immer viel besser war als bei Lehrern, die nicht »auf mich eingingen«. »Männer konnten mich schulisch immer ankicken oder abstellen.« Das findet sie heute erstaunlich und auch etwas besorgniserregend. Sie erinnert sich auch, dass der Vater jeweils eifersüchtig war auf die Lehrer, die sie so sehr fördern konnten. Ein Komplexsatz im engeren Sinne könnte lauten: »Du darfst niemanden mehr bewundern als mich.«

Männer sind sehr wichtig für sie. Sie sind anregend, steuernd und kontrollierend, erlauben dadurch auch eine gewisse Kindlichkeit, sie fordern Charme heraus, mit dem sich recht viel erreichen lässt. Sie heiratete 19-jährig.

Es gehört zum ursprünglich positiven Vaterkomplex, dass Konventionen und konventionelle Rollenbilder erfüllt werden. Der Vaterkomplex wird übertragen auf das, was »man« tut. Auch ihre modische Kleidung entspricht nicht primär der Freude über gerade diese Mode oder diese Stoffe, sondern es ist, was »man« im Moment trägt; sie muss sich sogar zuerst noch daran gewöhnen. »Aber alle tragen doch…« Alle, die zählen, zumindest.

Ihr Mann war ein Student, der im Geschäft ihres Vaters mitarbeitete und von dem der Vater immer einmal gesagt hatte, einen solchen Sohn hätte er gerne – neben der geliebten Tochter natürlich – gehabt. Anlässlich der Hochzeitsfeier habe sie mehr mit ihrem Vater als mit ihrem »neuen Mann« getanzt. Das ist auffällig. Herrscht allerdings zwischen Vater und Tochter eine dermaßen erotisch aufgeladene Atmosphäre, dann sind beide froh, wenn durch geregelte Verhältnisse die

Gefahr einer Verführung etwas mehr gebannt ist. Der Vater war sehr zufrieden mit ihrer Wahl, und sie selbst auch.

Sie erwies sich als äußerst anpassungsfähig in ihrer Ehe. Das habe sie vom Vater gelernt: eine gute Frau sei anpassungsfähig. Zuerst hatte sie ihrem Mann geholfen, das Chaos in seinem Leben »aufzuräumen«, und in diesem Zusammenhang habe sie ihn dazu gebracht, seine Dissertation abzuschließen.

Sie erzählt: »Mein Mann hat sein Frauenbild oft gewechselt. Zuerst brauchte er eine Kameradin. Dann ging es ihm aus verschiedenen Gründen nicht so gut, da brauchte er eine Mutter. Darauf ging es ihm besser, und er suchte so etwas wie den ›sexuellen Vamp‹ in mir. Das habe ich alles mitgemacht.« Stolz schwingt in ihrer Stimme mit, es ist, als sagte sie mir: »Schau einmal, wie vielseitig ich bin.« Es freut Nora, dass ihr Mann von ihr sagt, sie sei »wie Wachs in seinen Händen«. Auf meine Frage, in welcher Rolle sie sich denn besonders wohl oder unwohl gefühlt hatte, weiß sie keine Antwort: Es war alles recht, es machte alles irgendwie Spaß. Sie ist stolz darauf, dass sie und ihr Mann eine gute Beziehung haben. An ihrem Arbeitsplatz, unter lauter Frauen, sei sie allerdings selbstständiger, entschlussfreudiger, kritischer und interessierter als zu Hause. Sobald Männer auftauchten, würde sie mit jeder Frau rivalisieren. Zuhause, da reagiere sie im wesentlichen auf die Wünsche ihres Mannes. Das ist ebenfalls typisch für den ursprünglich positiven Vaterkomplex: Außerhalb dieses Komplexbereiches können diese Frauen selbstständig und innovativ sein. Sie können durchaus auch politisch eine Rolle spielen; da sie die Männer wirklich gut kennen, wissen sie auch, wie sie sich bewegen müssen, um Erfolg zu haben. In der persönlichen Beziehung zu einem Mann wird die Frau wieder zu einem anpassungswilligen Mädchen. (Es gäbe ja auch noch die rebellischen Mädchen.)

Einmal in der Woche geht sie mit ihrem Vater allein aus zum Essen. Ihre Mutter spielte und spielt »einfach keine Rolle«. Sie erinnert sich aber auch an keine ausgesprochen schwierigen Situationen mit der Mutter. Es war nur »von Anfang an klar, dass der Vater der Wichtigere ist«. Ihre Mutter kritisiert in letzter Zeit an ihr herum und findet, sie sei eine so »altmodische« Frau. Freundinnen, die ihr allerdings nicht besonders wichtig sind, finden dasselbe. Problematisch für sie ist – und das ist ein deutliches Zeichen, dass es Zeit ist, sich aus diesem ursprünglich positiven Vaterkomplex herauszuentwickeln –, dass sie zunehmend Angst vor Entscheidungen hat, nicht so sehr vor Entscheidungen im Berufsbereich, die zu treffen sind, sondern vor solchen im privaten Bereich. Diese Angst hängt damit zusammen, dass sie sich mehrmals in ältere Männer verliebt hat und dabei Gefühle erlebte, die sie mit ihrem Mann zusammen nicht erlebt hat und nicht erlebt. Gerade in diesen »nicht vorhergesehenen Verliebtheiten« zeigt es sich, dass sich in ihrer Psyche eine Wandlung im Bereich des Vaterkomplexes anbahnt. Die Männer, in die sie sich verliebt, sind Männer des Wortes, der Vater ist eher ein Mann der Tat. Das ist auch ihr Ehemann. Ihre Faszination gilt möglicherweise gar nicht so sehr diesen älteren Männern als solchen, auf die sie natürlich leicht ihren Vaterkomplex übertragen kann – und zu bewundern und bewundert zu werden, dürfte zunächst dann auch die Sehnsucht lauten –, sondern ihre Faszination gilt einem Aspekt des Vaterkomplexes, den sie bis jetzt nicht oder wenig erlebt hat: dem intellektuellen, geistigen Aspekt. Es besteht nun aber eine Schwierigkeit: Sie darf – bezogen auf den einen, allerdings auch wieder typischen Komplexsatz ihrer Komplexkonstellation – niemanden mehr bewundern als ihren Vater. Möglicherweise hat sie dieses Verbot auch auf die Beziehung zu ihrem Mann übertragen, denn ihre Sorge gilt ja der Beziehung zu ihrem Mann. Diese Sorge könnte durchaus gerechtfertigt sein; auf jeden Fall wird eine Entwicklung aus dem Vaterkomplex die Beziehung zu ihrem Ehemann darauf befragen, was an Zuneigung jenseits der Übertragung des Vaterkomplexes bleibt, was trägt, wenn die Komplexübertragung nicht mehr stattfindet. Auf jeden Fall muss eine Entwicklung stattfinden, denn die Angstproblematik ist für Nora auf eine beunruhigende Art gegenwärtig und zeigt auch an, dass sie in Gefahr ist, etwas Wesentliches in ihrem Leben zu verpassen. Noras Vater ist selber mit großer Wahrscheinlichkeit von einem ursprünglich positiven Mutterkomplex geprägt. Wie weit er sich altersgemäß daraus herausentwickelt hat, entzieht sich meiner Kenntnis. Väter, die eine positiv mutterkomplexige Komplexfärbung haben, sind sinnenfreudige, erotische, das Leben und selbstverständlich auch die Tochter genießende Männer. Bewunderung ist ihnen wichtig, und die Bewunderung der Tochter ist wohl leichter zu erhalten und sich zu erhalten als die der Ehefrau. Identifiziert sich die Tochter nun mit der Tochterseite dieser Komplexkonstellation als attraktive Tochter eines Vaters, den man vergöttern kann und der zudem »savoir vivre« hat – auf einer bestimmten Ebene jeweils –, dann werden diese Töchter Frauen, die für Männer viel Eros ausstrahlen, diesen auch einsetzen, auch viel Verfügbarkeit versprechen und auch einbringen. Sie sind oft intellektuell begabt, unterschätzen diese Begabung aber oder haben gelernt, sie zu »verstecken« und nur bei Bedarf davon Gebrauch zu machen. Sie haben viel Bewunderung vom Vater erhalten und dadurch auch einen vermeintlichen guten Selbstwert. Die Mutter ist unbeachtet, weder die Solidarität noch die Auseinandersetzung mit ihr ist erprobt. Sie wird entwertet. Das würden diese Frauen aber nie zugeben. Sie sagen: »Ich finde Männer einfach interessanter, anregender, zuverlässiger...« Dass sie sich auf die Frauen noch gar nicht wirklich eingelassen haben in ihrem Leben, fällt ihnen nicht auf.

Das gute Selbstwertgefühl hängt von der Bewunderung durch die Männer ab. Und da steckt das große Problem für Frauen mit dieser Komplexprägung: Wenn jemand uns den Selbstwert garantiert, dann sind wir diesem Menschen ausgeliefert. Verlieren wir diesen Menschen, dann verlieren wir auch den Selbstwert. Männer werden weiter als anregend, als ordnend erlebt, auch als »steuernd«, sie entscheiden jedenfalls, was zu geschehen hat. Je ausgeprägter ein Mensch sich aber von einem anderen Menschen steuern lässt, um so größer ist die Möglichkeit, dass er ins Abseits gesteuert wird, dorthin nämlich, wo es zwar der steuernden Person richtig erscheint und auch gefällt, aber nicht notwendigerweise dorthin, wo die Entwicklungsnotwendigkeiten hin tendieren. Zum anderen besteht die Gefahr, dass Menschen mit Angst reagieren, wenn dieses »Steuern«[87], dieses Sich-Entscheiden eines anderen Menschen über das eigene Leben aufhört, denn sie haben ja nicht gelernt, sich selbst zu steuern. Das wird spätestens in der Lebensmitte problematisch. Plötzlich fühlen sich diese Frauen »leer«, wissen nicht, was ihre eigenen Wünsche und Bedürfnisse sind, fühlen sich »außengesteuert«, manipuliert, ohne dem positiv etwas entgegensetzen zu können. Sie entwickeln Angst vor dem Leben, aber auch Angst vor dem Treffen von verhältnismäßig unbedeutenden Entscheidungen. Diese Angstprobleme hängen damit zusammen, dass sie nicht gelernt haben, Verantwortung für sich selbst zu übernehmen, auch die Konsequenzen von falschen Entscheidungen zu tragen und damit zu leben. Letztlich hängt die Angst damit zusammen, dass ihr eigenstes Wesen vom Leben wie ausgeschlossen ist, sie keinesfalls sie selbst sind. Diese Angst wird oft somatisiert, denn eigentlich hat eine Vaterstochter keine Angst. Zeigt sich die Angst, braucht diese Frau erst recht einen Menschen, der sie »steuert«, und damit wird verhindert, dass die Besinnung auf sich selbst einsetzt. Es ist aber für eine

Frau mit dieser Komplexprägung auch schwierig, sich ihre Angst einzugestehen. Identifiziert mit der Vaterseite ihres Vaterkomplexes, wirkt sie ja oft wie eine Frau mit einem außergewöhnlich gut strukturierten Ich-Komplex, vernünftig, belastbar. Und das ist sie meistens auch im Umgang mit dem »äußeren« Leben, aber nicht im Umgang mit der eigenen Entwicklung. Die Ich-Stärke, die zunächst durchaus imponierend sein kann, ist eine geliehene, ihre Identität ist eine vom Vater und vom Vaterkomplex »abgeleitete« Identität[88], keine originäre. Es ist aber eine unserer unabdingbaren Entwicklungsaufgaben, im Laufe des Lebens immer mehr unsere je eigene Identität zu finden.

An dieser Komplexprägung wird auch der Einfluss des Kollektivs deutlich. Bis vor einigen Jahren hätte Nora als eine Frau gegolten, die die Rolle der Frau auf ideale Weise verkörpert. Heute ist das nicht mehr unbedingt der Fall. Bedenken wir, dass ihre Mutter ihr schon vorwirft, eine »altmodische« Frau zu sein. So sehr verschwunden ist allerdings dieses Bild einer möglichen Frauenrolle auch wieder noch nicht. Alarmierend daran ist, dass eine Entwicklung, die die eigene Selbstwerdung der Frau fast völlig außer acht lässt, als wünschbar, ja vielleicht sogar als Ideal hingestellt wurde. Damit wurde weder den Frauen noch den Männern, weder den Kindern noch der Ehe etwas Gutes getan, auch wenn es auf den ersten Blick aussieht, als gäbe es klare Profiteure dieses Arrangements.

»Fehlende Menschlichkeit«
Anne

Die persönliche Abhängigkeit der Tochter vom Vater tritt bei Vätern, die eher von einem Vaterkomplex geprägt sind, in den Hintergrund. Die Identifikation findet eher mit der Vaterkomplexatmosphäre statt, wobei der persönliche Vater und die bedeutsamen Interaktionen mit ihm dann diesem Komplex wiederum eine persönliche Färbung zu geben vermögen.

Anne ist 34 Jahre alt. Sie ist Akademikerin, als solche steht sie in leitender Position einer therapeutischen Institution vor. Von ihrem Team bekommt sie die Rückmeldung, sie sei sehr zuverlässig, fair, kompetent, aber zu wenig »menschlich«, zu kontrolliert, und auch letztlich zu ängstlich, man werde nicht wirklich warm mit ihr, sie beharre auf ihrer Autorität.

Anne sortiert für sich diese Rückmeldungen, denn auch Rückmeldungen sind nicht einfach Beschreibungen des Wesens eines Menschen, sondern sie sind Ergebnisse eines interaktionellen Prozesses, sagen oft auch viel aus über Erwartungen, die nicht erfüllt werden, oder über die verschiedenen Vorstellungen, wie eine solche Führungsposition auszufüllen ist. Der Vorwurf, zu sehr kontrolliert, zu wenig »menschlich« zu sein, trifft Anne. Sie möchte in analytischen Sitzungen diesem Vorwurf nachgehen, weil sie sich auch im Privatleben als kontrolliert erlebt, sich dort allerdings auch durchsetzt mit Emotionsdurchbrüchen. Sie lebt allein, hat ein Beziehungsnetz zu verschiedenen »nicht ganz nahen Freunden und Freundinnen«. Sie ist zudem noch deutlich ihrer Herkunftsfamilie verbunden, verbringt gerne ihre Freizeit mit ihren zahlreichen Geschwistern. Anne wirkt im persönlichen Kontakt abgegrenzt, etwas spröd, sie formuliert klar und deutlich, worum es ihr geht. Im Ergründen von sich selbst ist sie schonungslos und auch schonungslos ehrlich. Hat sie etwas an sich erkannt, was sie für nicht optimal hält, dann soll es auch sofort ausgemerzt werden. Sie ist von großer Zuverlässigkeit und eine sehr verantwortungsbewusste Berufsfrau. Sie ist intelligent, muss aber alles immer ganz genau ergründen. In der Tat wirkt sie ängstlich, zunächst imponiert aber diese Ängstlichkeit als Genauigkeit. Sie ist sehr gebildet und stolz auf ihr

Wissen und ihr Können. Sie sagt selber von sich, sie sei dann überfordert, wenn man rasch eine ungewohnte Lösung brauche. Auch sie wirkt auf mich zunächst wie eine Frau mit einem ausgesprochen kohärenten Ich-Komplex, sie wirkt sehr ich-stark.

Auffällig ist, dass sie ausgesprochen rigide Normen erfüllen muss; kann sie das nicht, dann wird sie von Selbstzweifeln heimgesucht und reagiert mit Angst, die sie wiederum dadurch abwehrt, dass sie noch mehr kontrolliert, noch eine Meinung mehr beizieht, den ganzen Fall noch einmal aufrollt. Diesen inneren rigiden Normen entspricht, dass sie autoritätsgläubig ist – auf den ersten Blick nicht sichtbar – und selber auch deutlich als Autorität auftritt. Dass sie als Autorität auftritt, weiß sie allerdings nicht, sie weiß aber, dass sie autoritätsgläubig ist; sie schämt sich, wenn sie plötzlich ihre eigenen Ideen über Bord wirft – zumindest vorübergehend – und am Mund von irgendeiner Autorität hängt. Sie kennt die Ängstlichkeit, die mit dieser Autoritätsgläubigkeit verbunden ist. Sie ist aber in ihrem beruflichen Feld durchaus eine Autorität. Ihre Arbeit wird von außen als wesentlich besser bewertet, als sie selber diese sieht, sie ist auch durchaus innovativ. Aber offenbar hat sie an sich selbst sehr hohe Ansprüche, denen sie nicht genügen kann. Ihre Mitarbeiterinnen und Mitarbeiter anerkennen diese positiven Seiten durchaus, ihnen fehlt aber »Menschlichkeit«. Anne geht wenig empathisch mit sich um: Was sie als falsch erkannt hat, muss sie verändern. »Das muss man können, wenn nicht, dann fehlt es am guten Willen, an der Konzentration…« usw., »Man kann, wenn man will!«

Sie ist überzeugt, dass man Zuneigung nur bekommt, wenn man etwas gibt, und sie wundert sich, dass sie noch keinen Liebespartner gefunden hat, denn sie ist überzeugt davon, durchaus etwas zu geben zu haben. Sie trifft auch immer wieder Männer, diese verlieren allerdings rasch das Interesse an ihr. »Es funkt einfach nicht«, bekommt sie auf ihre Frage – die sie durchaus stellt – nach deren emotionalem Rückzug zu hören. Und ehrlich, wie sie ist, muss sie zugeben, dass es bei ihr auch nicht funkt, dass sie aber gelegentlich gern mehr Zeit hätte, vielleicht würde es mit der Zeit funken. Die Zeit bringt ihr in der Regel nicht die Liebe, sondern meistens sehr tragfähige Kameradschaften. Anne ist ideal als Kumpel, bei der ein Mann sich ausweint, Rat holt, sie wird rasch eine unkomplizierte Frau als Begleitung, aber mehr nicht.

»Wer das nicht einsieht, ist lebensuntauglich«
Prägung und Wirkung dieses Vaterkomplexes

Anne ist die älteste von vier Kindern. Ihr Vater hätte gerne einen Sohn gehabt, erst das letzte Kind wurde dann ein Sohn. Trotz dieses unerfüllten Wunsches war er sehr entzückt von seiner klugen Tochter, für die er allerdings nicht allzu viel Zeit aufwendete. Er war Jurist, am Tisch wurde oft von Recht gesprochen, und überhaupt erinnert sich Anne, dass Recht, Ordnung, Gerechtigkeit, aber auch Mäßigung und Fragen nach dem richtigen Maß wichtig waren. Anne fühlte sich sehr bedeutsam, wenn sie mit dem Vater allein Spazierengehen durfte und er sie befragte, was denn in der Schule so lief, und die Tochter durch seine Fragen dazu brachte, sich zu entscheiden, ob das, was war, vertretbar war, gut oder schlecht. Sie übernahm dabei eine männliche Argumentation: Es gibt Regeln, und die haben zu gelten. Die Idee, dass Regeln, je nach Form der Beziehung, verändert werden müssten, ließ der Vater nicht gelten. Anne erinnerte sich, dass eine ihrer Mitschülerinnen gelogen hatte und dabei ertappt wurde; gelogen hatte sie, um ihre nicht so begabte Freundin zu schützen, die, nach Ansicht der Mädchen, vom Lehrer immer etwas gequält wurde. Anne wollte dem Vater nachweisen, dass dieses Lügen doch anders zu bewerten sei als ein eigennütziges Lügen. Der Vater beharrte darauf: Lügen ist schlecht. Anne ließ sich überzeugen. Heutige psychologische Forschungen zeigen deutlich, dass Anne eine typisch weibliche Form der Argumentation vertrat, eine Argumentation, bei der die Beziehungssituation, in der etwas getan oder unterlassen wird, deutlich beachtet wird.[89] Sie übernahm in der Folge das Denken des Vaters in diesem ethischen Diskurs.

Sie bezog ihren Selbstwert weitgehend aus der eher spärlichen Wertschätzung, die ihr der Vater entgegenbrachte. Die Mutter war an sich zwar viel bestätigender als der Vater, aber diese Bestätigung war ihr weniger wert. Die Mutter war auch viel zärtlicher, aber Anne wollte die Zärtlichkeit des Vaters. Anne hat den Vater selber als überanstrengten Mann in Erinnerung, der sehr viel von sich abforderte, sich selber hart kritisierte, wenn er seine Anforderungen nicht erfüllte. Heute sei er milder geworden, auch mit sich selbst und mit seiner Familie. Internalisiert aber hat Anne den Vaterkomplex, in dem der Part des Vaters in unerbittlichen, strengen Anforderungen besteht, die sie weitgehend erfüllt, die ihrem Leben aber, trotz der Tüchtigkeit, etwas Freudloses geben. Anne ist nicht so sehr die Tochter ihres Vaters mehr, sie ist – äußerlich gesehen – recht abgelöst von ihm. In der Komplexatmosphäre ist sie aber mehrheitlich von diesem ursprünglich positiven Vaterkomplex geprägt, der bewirkt, dass ihr gewisse Lebensbereiche, etwa der Bereich der warmen Emotionen, Gefühle des fraglosen zu anderen Menschen Gehörens, ohne dass sie etwas dafür leisten müsste, verstellt sind.

Anne hat vor allem ein Bild, das einen persönlichen Aspekt ihres Vaterkomplexes beleuchten dürfte. Sie sieht sich mit dem Vater an einem steinernen Tisch sitzen. Sie weiß genau, dass es ein steinerner Tisch war, weil ihr Vater mit ihr über die längere Lebensdauer dieses Tisches gesprochen hatte, obwohl sie, das Kind, es unangenehm fand, diesen Tisch zu berühren. Sie erinnert sich, wie der Vater plötzlich für seine Verhältnisse – er war ein sehr kontrollierter Mann – aufgebracht war und sagte: »Wer das nicht einsieht, der ist einfach lebensuntauglich.« Anne sah sich als Kind in diesem Moment sehr klein an diesem Tisch sitzen und wusste, wenn es nun darauf beharrte, lieber an einem Holztisch sitzen zu wollen, dann war es in den Augen des Vaters »lebensuntauglich«. Was das bedeutete, wusste das Kind; es hörte oft davon, dass der Vater verschiedene Menschen der Lebensuntauglichkeit verdächtigte. Lebenstauglich zu sein war ein hoher Wert. Der Vater sprach nicht das Kind an in seinem Wunsch, es möge doch auch seine Vorliebe für den dauerhaften Stein teilen – falls das für ihn absolut nötig war –, sondern er argumentierte auf einer kollektiven Ebene, verließ also die Ebene der Beziehung. Mit dieser Argumentation war Anne aus dem trauten Verhältnis mit dem Vater ausgestoßen, auch wenn sie sich entschloss, ihre Sehnsucht nach dem Holz zu opfern.

Die »vernünftigen« Ansichten des Vaters mussten also auf jeden Fall geteilt werden, sonst riskierte Anne die doppelte Ausstoßung: Sie wurde als lebensuntauglich bezeichnet, und sie wurde nicht mehr persönlich angesprochen, beides Erfahrungen, die sie in eine große Einsamkeit zurückstießen und sie in ihrem Selbstwerterleben massiv beeinträchtigten. Was blieb ihr anderes übrig, als die Maximen ihres Vaters zu übernehmen, wobei sie als Kind nie sicher war, ob sie diese auch uneingeschränkt genug übernommen hatte, denn der Vater gab keine bestätigenden Rückmeldungen. So blieb bei Anne immer ein latentes Lebensgefühl des doch noch ein wenig zu wenig Gemachthabens, des nie ganz zufrieden sein Könnens mit sich selbst.

Sie vermutet selbst, sie sei mit dem Vateranteil ihres Vaterkomplexes identifiziert, deshalb hätten Mitarbeiterinnen und

Mitarbeiter so leicht das Gefühl, ihr nie ganz genügen zu können. Sie selbst erlebt sich allerdings viel deutlicher noch immer in der Kindposition der Komplexkonstellation. Sie lernt eher mühsam, ihren Kolleginnen und Kollegen Rückmeldungen zu geben, wenn sie findet, dass diese etwas gut genug gemacht haben. Sie sieht die Notwendigkeit ein, aber bei der Realisierung fällt ihr plötzlich auf, wie sehr sie ihrem Vater in den Verhaltensmustern der fehlenden oder zu nüchternen Rückmeldungen gleicht.

Im Umgang mit den Äußerungen ihres Unbewussten fiel auf, dass sie immer wieder versuchte, alles, was auftauchte, unter »Kontrolle« zu bringen, zu verstehen, einzuordnen, zu benennen. Tauchten Gestalten auf, wie etwa Animusgestalten vom Typus des faszinierenden geheimnisvollen Fremden, die sie dringend brauchte, um brachliegende Aspekte ihrer Psyche bewusst werden zu lassen, so war es für sie äußerst schwierig, diese einfach einmal auf sich wirken zu lassen, die Phantasien aufzunehmen, die sich einstellten, und die Emotionen, die damit verbunden waren, so richtig sich breitmachen zu lassen in ihrem Empfinden. Sie hatte vielmehr die Tendenz, abzuhaken. Erst nach und nach spürte sie, dass sie mit diesem Abhaken immer eine Fülle, die ihr in ihren Träumen entgegenkam, eng fasste und in ein »nichts als« verwandelte, was sie wieder ungenährt zurückbleiben ließ mit dem leisen Gefühl, es wieder nicht gut genug gemacht zu haben. Dieses Gefühl stimmte sogar einerseits, sie machte es zwar mehr als gut, aber sie wandte eine falsche Methode an. Als sie lernte, mehr in die Bilder ihres Unbewussten einzutauchen, lernte sie für sich eine »andere Welt« kennen, eine Welt, in der sie sich niederlassen konnte, in der Leistung nicht mehr so wichtig war. Parallel mit dieser für sie neuen Fähigkeit wurde ihr ihre Mutter interessanter, sie begann, sich mit ihrer Mutter zu unterhalten, und erinnerte sich auch an Situationen aus ihrer Kindheit mit ihrer Mutter, die ihr zuvor verstellt gewesen waren.

Gelehrige Schülerinnen
Gemeinsamkeiten der Frauen mit einem ursprünglich positiven Vaterkomplex

Für Frauen mit beiden Sozialisationsformen sind ältere Männer attraktiv, bei den einen ist es eher der erotische ältere Mann, bei den anderen eher der geistvolle ältere Mann. Am attraktivsten ist die Mischung von erotisch und geistvoll. Für die Frau, die durch einen Vater mit einem eher positiven Mutterkomplex geprägt ist, steht die erotische Verbindung im Vordergrund, für die, die durch einen vaterkomplexigen Vater geprägt ist, eher die platonische Beziehung. Beide Frauentypen sprechen wenig von sich selbst, sie beschäftigen sich wenig mit ihrem eigenen Selbst, auch wenn es den Anschein hat, sie würden es tun. Sagt die eine: »Mein Mann sagt«, so spricht die andere eloquent meist über Forschungsergebnisse von Männern. Beide sind meistens gelehrige Schülerinnen. Sind sie wenig kreativ begabt, dann können sie extrem schulmeisterlich werden. Beide haben, wenn nicht doch noch ein recht tragfähiger – wenn auch meist »entwerteter« – Mutterkomplex im Hintergrund ist, die Überzeugung, dass man sich für alles anstrengen muss auf dieser Welt, nichts umsonst bekommt, schon gar nicht die Liebe. Und es soll anderen auch nicht besser gehen als ihnen. Das Problem der Idealisierung der Männer und des Männlichen bei gleichzeitiger, fast unmerklicher Entwertung von sich selbst als Frau, der Frauen und des Weiblichen, ist ein Hauptproblem. Väter werden idealisiert, Männer, Freunde, Theorien, Wissen. Aussagen werden leicht zu unumstößlichen Lehrsätzen, die gelegentlich fast etwas Heiliges bekommen.

Durch die Idealisierung der Männer und des Männlichen sind diese Frauen leicht in einer wesentlich unselbstständigeren Position, als sie es ihrem Wesen nach sein müssten. Das zeigt sich gelegentlich auch daran, dass sie, handeln sie in eigener Regie, durchaus kompetent sind und fähig, ihr Leben in die Hand zu nehmen. Sind sie mit Männern zusammen, werden dieselben Frauen zu aufmerksamen Töchtern. Das scheint allerdings vielen Männern ganz gut zu gefallen, ein Anreiz weniger – für die Frauen –, sich aus dieser Position herauszuentwickeln. Die Frau gibt sich dann etwas dümmer, als sie ist, sie lebt unter ihren Möglichkeiten. Die Tochter des vaterkomplexigen Vaters kann das etwas weniger gut mit ihrem Selbstbild vereinen; sie versucht, Situationen, in der sie zur Tochter werden könnte, zu vermeiden.

Die Frau, die sich nicht genug von ihrem ursprünglich positiven Vaterkomplex ablösen konnte, definiert sich durch den Mann, lässt sich ihre Identität durch einen Mann oder durch Beziehung zu Autoritäten, zum Intellekt etc. verschreiben. Der Mann bekommt so eine sehr große Bedeutung, weil vermeintlich die eigene Identität von ihm, von seiner Bestätigung, von seiner Wertschätzung abhängt. Die benötigte Wertschätzung kann der Vater aber letztlich gar nicht geben. Die Identität der Frau muss in der Auseinandersetzung mit sich als Frau, mit anderen Frauen, mit denen dieser Frauentyp rivalisiert, und in der Auseinandersetzung mit dem Mütterlichen und der Mutter erreicht werden.

Ordnung und gütige Anwendung der Gesetze
Die Vatergötter: ein Exkurs

Nicht nur die individuellen Väter mit ihren Vaterkomplexen und ihren Vatersätzen spielen bei der Komplexprägung eine Rolle, wir haben auch ein kollektives Vaterbild, das heute mehrheitlich immer noch den Vater als Aktualisierung des »Heros in tausend Gestalten«[90] sehen will. Auch die Bedeutung des Vaters für das einzelne Kind steht oft in einem seltsamen Widerspruch zur Realität: Selten zur Verfügung stehend, nimmt er – vor allem dank des Patriarchats und dank der Idealisierung durch die Frauen – eine weit bedeutsamere Rolle ein, als ihm kraft seiner Beziehungsarbeit zu den Kindern zustehen würde. Auch wenn es jetzt eine Generation »neuer Väter« gibt, werden sie an diesem kollektiven Vaterbild nicht so rasch etwas ändern können, möglicherweise schaffen sie es aber, im Raum des Vaterverständnisses Unruhe zu schaffen und dadurch einen Aufbruch zu ermöglichen. Für ihre eigenen Kinder werden sie einen interessanten Vaterkomplex setzen, da die Erfahrung mit dem persönlichen Vater und die Erfahrungen, die man sonst mit Vätern machen könnte, weit auseinanderklaffen. (Ein Gespräch zwischen zwei Fünfjährigen: »Mein Vater kann flicken.« Ein anderer darauf: »Fahrräder?« – »Nein, alles: Socken, Jeans, Hemden…« – »Dann ist es kein richtiger Vater…«) Es gibt in der Kulturgeschichte viele Vatergötter, die auch hinter dem Vaterbild stehen, den archetypischen Aspekt davon ausmachen. Es scheint mir allerdings wichtig zu sein, dass wir den gesellschaftlichen Aspekt über diesem archetypischen Aspekt nicht vergessen. Nur allzu leicht könnte es sein, dass wir das, was gesellschaftlich – auch als Ausdruck eines gewissen Zeitgeistes – als »väterlich« definiert wird, archetypisch »begründen« und es dabei in einer vollkommen unzulässigen Art und Weise festschreiben als etwas, das schon immer so war – typisch menschlich ist –, damit aber würden wir notwendige Veränderungen in der Rolle des Vaters und im Vaterbild zusätzlich erschweren.

Dennoch: Drei Vatergötter, die sich, so verschieden sie sind, auch gleichen, könnten etwas aussagen über Archetypisches, Gleichbleibendes in den Vaterbildern – wobei auch Archetypisches durch gelebtes Leben etwas beigefügt bekommt und sich dadurch ändern könnte und müsste.[91]

Zeus wird von Homer immer wieder als »mild und gütig wie ein Vater« beschrieben. Zeus ist der Beherrscher und Lenker des göttlichen und des menschlichen Lebens. Über die Moiren, die Schicksalsgöttinnen, die letztlich auch über Tod und Leben befinden, kann er jedoch nicht gebieten. Es geht also um das Lenken und um das Beherrschen des diesseitigen Lebens, des Lebens des bewussten Handelns. Beim Herrschen spricht Zeus auch Strafen aus, bei Bedarf schleudert er Blitze. Er ist nicht emotionslos, wie alle Vatergötter nicht emotionslos sind, zumindest entlädt er immer wieder seine Emotionen in einem Donnerwetter über Sterbliche und Unsterbliche. Zeus ist aber auch ein rechter Freigeist, vor allem, was seine sexuellen Abenteuer betrifft. Homer überliefert uns, dass Zeus die vaterrechtliche Ordnung, das heißt mehr Ethos, mehr Struktur, mehr Vergeistigung des Lebens bringt. Ethos scheint er vor allem von den anderen zu fordern. Allerdings ist Zeus wohl auch ein ursprünglich positiv mutterkomplexiger Gott, falls so etwas von einem Gott überhaupt zu sagen ist, bedenken wir doch, dass Gaia in minoischer Zeit Zeus vor seinem Vater Kronos verstecken musste, weil dieser seine Rinder jeweils verschluckte. In dieser Zeit auch verführte Hera Zeus – nach dem Stil der Großen Göttin und ihres Sohngeliebten.[92]

Aus der nordischen Mythologie kennen wir Odin oder Wotan. Er wird Allvater genannt. Auch er hat einige typische Wesenszüge: Er ist ein Gott des Krieges, nimmt aber am Krieg nicht teil. Er ist ein Gott der Ekstase, daher stammt auch sein Name Wotan, der eine Verbindung ausweist zu Wut, Wut, die sehr ekstatisch sein kann. Wotan ist auch ein Gott der Weisheit und der Dichtkunst. Es wird beschrieben, dass er mit Schlapphut und sternbesätem Mantel immer wieder durch die Welt zieht, um sie zu ordnen. Dabei kontrolliert er z.B., ob die

Menschen die Gastfreundschaft ernst nehmen. Ab und zu sitzt er auf seinem Thron und verschafft sich einen Überblick, dabei lässt er sich von seinen beiden Raben erzählen, was in der Welt so vor sich geht. Auch er ist nicht unsterblich. Das heißt, die Ordnung, die er vertritt und um die er sich redlich müht, auch mit seiner ganzen Kreativität, gilt nur für eine gewisse Zeit.

Veränderungen im Bild des Vatergottes werden dann auch im Christentum sichtbar: In den Schriften des Neuen Testaments wird Gott durch seine Beziehung zu Jesus zu einem Vatergott. Jesus ist der Sohn; die Beziehung von Gott zu den Menschen, symbolisiert in Jesus, wird also familiärer. Jesus hätte einen ursprünglich positiven Vaterkomplex, wäre er ein Mensch. Die Ablösung erfolgt am Kreuz, als er sagt: »Mein Gott, warum hast du mich verlassen?« Der Verrat durch Vater oder Mutter führt dazu, dass man auf den eigenen Ich-Komplex zurückgeworfen wird, sich als einzelner Mensch zu verstehen lernt, das wirklich je eigene Schicksal immer mehr auf sich nimmt. Betrachtet man den neutestamentlichen Vatergott, kann man eine gewisse Veränderung feststellen:

Nicht primär das Gesetz gilt wie im Alten Testament, sondern das Gesetz wird durch die Auslegung Jesu freier und gütiger angewandt.

Versuchen wir, das Gemeinsame zu fassen, dann fällt auf, dass alle diese Vatergötter durch Energieschübe gekennzeichnet sind. Weiter geht es beim archetypisch Väterlichen um den Versuch des Überblicks, um eine gewisse Ordnung, die allerdings immer wieder neu erschaffen und auch definiert werden muss. Es geht darum, das Zufällige, das wir so leicht den Emotionen zuordnen, einzubinden in eine verstehbare Ordnung und diese im Leben des einzelnen zu kontrollieren. Es ginge aber nicht um die harte Durchsetzung des Gesetzes, es ginge um seine gütige Anwendung. In unseren Vatersehnsüchten steckt etwas davon: die Sehnsucht, jemand möge den Überblick haben und behalten, jemand möge das Leben verstehen oder nicht aufhören, es verstehen zu wollen, jemand möge die Gesetze finden, die gütig angewendet dem Leben eine gewisse Vorhersagbarkeit geben. Recht viel von dieser Sehnsucht ist auf die patriarchale Wissenschaft projiziert, ein anderer großer Teil auf die Politiker, außerdem noch auf einzelne Männer. Von ihnen erhoffen wir den Überblick, die Prognosen für eine möglichst gute Zukunft oder die Gesetze, die das Leben so ändern, dass es diesen guten Zukunftshoffnungen entspricht. Das ist der Grund, warum Männer, die autoritär auftreten, so leicht auch eine Gefolgschaft bekommen: Sie versprechen, eine Sehnsucht zu erfüllen, die der persönliche Vater in den seltensten Fällen erfüllt hat, auch nicht erfüllen kann. Und den wenigsten Menschen fällt ein, dass – da dieses Väterliche ja »archetypisch« ist, also in der Psyche von allen Menschen erlebbar und aktivierbar sein müsste, vielleicht etwas anders gefärbt bei Männern und bei Frauen – jeder und jede für sich selbst diese väterlichen Fähigkeiten im je eigenen Lebensbereich so gut als möglich einbringen sollte. Allerdings meine ich, wäre dann eine Verbindung zum Mütterlichen dringend ratsam, denn dieses Väterliche bleibt zu sehr abstrakt, zu sehr in dem, was »man« zu denken und zu tun hätte, es müsste dringend durch Beziehung und Bezogenheit ergänzt werden.

Der Vater als der Andere
Seine Rolle in der Entwicklungspsychologie

Der Vater hat nach der klassischen Entwicklungspsychologie[93] die Funktion, dem Kind eine Öffnung zur Welt aus der engen Mutter-Kind-Symbiose zu ermöglichen. Bovensiepen, der sich gegen die patriarchalen Zuordnungen von Normen,

Autorität, Ordnung und Geist zur Person des Vaters wehrt, spricht von der Fähigkeit des Vaters, »Entwicklungsprozesse zu initiieren, anzustoßen, Veränderungen in der Vater-Mutter-Kind-Beziehung zu katalysieren«.[94] Der Vater bekommt also die initiierende Funktion zugesprochen, die mit der einschießenden Energie der Vater-Götter in Zusammenhang gebracht werden könnte.

Allerdings ist zu bedenken, dass in der klassischen Entwicklungspsychologie und in der Entwicklungspsychologie der Psychoanalyse hintergründig zwei Bilder dominieren: Die Mutter hält zurück, wird dadurch zur »Todesmutter«, der Vater gibt Anstöße, wird dadurch ein Repräsentant des Lebenstriebes.[95] Diese Aufteilung verwundert etwas – und deckt sich weder mit der Realität noch mit der Mythologie, aber sie steht im Dienste der Idealisierung des Vaters und der Entwertung der Mutter. Anstöße müssten von der Mutter und vom Vater aus möglich sein. Wenn allerdings das Anstößegeben von der Mutter an den Vater delegiert wird, weil »es so zu sein hat«, dann werden die Väter die Anstöße auch geben müssen. Es ist natürlich zu erwarten, dass Väter ihre Anstöße etwas anders geben als Mütter. Die Funktion des Vaters, dem Kind die Öffnung zur Welt zu verschaffen, stammt aus der Theorie der Symbiose, die »geöffnet« werden muss, oder z. B. tiefenpsychologisch der des »Einbruchs des Vaterarchetyps«, der dem Kind die Möglichkeit gibt, sich aus der Mutterwelt mehr der Realität zuzuwenden.[96]

Nun gibt es nach den Forschungen der modernen Säuglingsbeobachtung die symbiotische Phase nicht, zumindest nicht am Anfang des Lebens, auch der Vater tritt von der Geburt an mit dem Kind in Beziehung. Dennoch: Auch ohne dieses theoretische Konstrukt könnte man sich vorstellen, dass eine zweite wichtige, anwesende Beziehungsperson es dem Säugling ermöglicht, zumindest in eine anders getönte Beziehung im Vergleich zur Mutter einzutreten, was wiederum bewirkt, dass ein Kind verschiedene Muster und Erwartungen an Beziehungen aufbauen kann. Komplextheoretisch hieße das, dass nicht ein einzelner Komplex allein die Oberhand hätte und damit das psychische Geschehen dominieren würde. Damit hätte es das Kind leichter, sich auf neue Situationen einzulassen, wäre flexibler, hätte mehr Reaktionsmöglichkeiten – wäre einer Komplexkonstellation nicht so ausschließlich ausgeliefert. Dadurch wäre eine altersgerechte Ablösung aus dem Mutterkomplex einfacher. Dabei müsste der Vater nicht kollektive Normen und Autorität usw. vertreten[97], er müsste nur einfach eine »andere« Beziehung als die Mutter zum Kind haben. Im späteren Leben des Kindes müsste der Vater dann seine Form der Orientierung in der Welt neben die der Mutter stellen.

Der faszinierende Fremde
Die Animus-Entwicklung

Ich habe gesagt, dass für die altersgemäße Entwicklung aus dem Mutterkomplex nicht nur der Ich-Komplex, sondern auch die Anima entwickelt werden muss. Die Anima, verstanden als das faszinierende geheimnisvolle Weibliche in der Psyche des Menschen, ist zunächst mit dem Mutterkomplex verschmolzen und auch noch deutlich von ihm geprägt, hat aber immer Anteile des Geheimnisvollen, die, geht man ihnen nach, den Weg aus der Komplexgebundenheit weisen und sich dann auch in neuen Gestaltungen niederschlagen, die wesentlich weniger von den ursprünglichen Komplexprägungen beeinflusst sind.[98] In der Anima phantasiert sich der Mutterkomplex aus, da ist deutlich die Entwicklungsdimension dieses Komplexes zu sehen. Das gleiche gilt nun auch für den Animus, Animus verstanden als Bilder des Männlichen in unserer Psyche, die deutlich die Qualitäten des geheimnisvollen Faszinierenden haben und dadurch unsere Phantasien anregen und in Bewegung setzen. Auch der Animus ist zunächst mit dem Vaterkomplex verbunden und deutlich durch dessen spezielle Erfahrung in der Lebensgeschichte eingefärbt. Auch hier gilt: Gelingt es, die Antcile, die jeweils nicht vaterkomplexig sind, sondern das faszinierende Fremde ausdrücken, zu erleben und die damit verbundenen Phantasien zuzulassen, dann werden solche Gestalten entweder in Träumen und Phantasien erlebt, oder sie werden in den Projektionen auf reale Menschen wahrgenommen, die eine Entwicklung aus dem Vaterkomplex heraus ermöglichen. Die Animusgestalten sind dann auch nicht mehr primär väterlich, sondern werden brüderlich durch Knaben, durch alte Weise oder eben durch Gestalten des geheimnisvollen faszinierenden Fremden per se dargestellt.[99] Das existentielle Erleben von Animus wird nun in ähnlichen Kategorien beschrieben, wie ich zuvor archetypisch Väterliches beschrieben habe. Nun mag das damit zu tun haben, dass der Animus natürlich auch durch unsere patriarchalen Erfahrungsgewohnheiten rezipiert wird, besonders da, wo er noch nah beim Vaterkomplex ist. Und erst der Animus in der Gestalt des geheimnisvollen, faszinierenden Fremden gäbe eine gewisse Möglichkeit, das Patriarchale zu transzendieren. Die Gestalt des Animus bringt eine Liebesfaszination oder die Faszination von einer Idee, mit ihm verknüpft sind Ideen, das Leben geistig zu durchdringen oder gar das Feuer aus dem Stein zu schlagen, zu einer großen erotischen oder spirituellen Leidenschaftlichkeit zu finden. Geistiges Inspiriertsein, Höhenflüge werden ebenso sehr mit Animus assoziiert als die Qualitäten, sich konzentriert und aggressiv auf etwas zu stürzen. Vaterkomplex und Animus differenzieren sich aus, und je deutlicher die verschiedenen Animuskonfigurationen nicht mehr vom Vaterkomplex – dem persönlichen und dem kollektiven – beeinflusst sind, um so kreativer werden Menschen. Allerdings: Ist der Animus konstelliert, so haben wir »steile Ideen«, sind in Gefahr, zu sehr zu abstrahieren, in einem Energieschub abzuheben und zu sehr zu idealisieren, mehr einem Gesetz zu gehorchen als einem Gefühl. Das gütige Gesetz, der Übergang zu immer neuen Ordnungen wird erlebbar, wenn die Anima mitentwickelt ist. Ohne die Anima, ohne das Verweilen im Gefühlsmäßigen, ohne das Grundgefühl der Teilhabe und der Vernetzung von allem mit allem fehlt die horizontale Dimension des Lebens, fehlt das Gemütvolle.

olation
»Ein schlechter Mensch
in einer schlechten Welt«

Der ursprünglich negative Mutterkomplex bei Frauen

Typisch für den ursprünglich negativen Mutterkomplex ist das Lebensgefühl, dass man um alles kämpfen muss, was man ganz notwendigerweise braucht. Anstelle von nicht fordernder Liebe, Geborgenheit, Nahrung, Schutz, Interesse und Beachtung, wie sie beim ursprünglich positiven Mutterkomplex erlebt wird, steht das Lebensgefühl der Einsamkeit, des Ausgeliefertseins, das Gefühl, nicht genug zum Leben zu bekommen, aber doch zu viel, um zu sterben.

»Keine Daseinsberechtigung«
Helma

Eine 44-jährige Frau, ich nenne sie Helma, ist als Akademikerin in einem helfenden Beruf tätig. Sie hat acht Geschwister, sie war die Zweitälteste in der Geschwisterreihe. Sie beschreibt die Atmosphäre zu Hause folgendermaßen – es ist die Atmosphäre eines ursprünglich negativen Mutterkomplexes: »Es war eine Atmosphäre wie auf einem Bahnhof, und so fühlte ich mich auch. Da rennen viele Menschen durcheinander, alle sind sie allein. Es ist zugig und kalt, da friert man doch immer, nicht? Ich war ständig erkältet, hatte Bauchschmerzen, verklebte Augen am Morgen, die man mit Kamille waschen musste, damit sie überhaupt aufgingen. Das Essen kaut jeder in sich rein, es gibt wenig zu essen, schlechtes Essen. Der Vater fährt jeweils zur Arbeit weg, für Wochen. Ich wäre gerne mit ihm gefahren, ich bin überzeugt, er geht weg, weil es bei uns so furchtbar ist. Ab 18 Uhr werden wir in ein Zimmer eingeschlossen. Da erinnere ich mich an volle Nachttöpfe: Da werden die Hinterbacken nass, wenn man sich drauf setzt. Wir bohrten stundenlang Löcher in die Wand über den Betten. Wir hatten oft Streit, wir Geschwister. Wir hatten überhaupt viel Streit. Irgendwie kämpfte man ums Überleben.«

Komplexsätze im engeren Sinn sind ihr noch im Ohr, sie hat sie von früher Kindheit an gehört: »Fass mich nicht an! Geh weg! Lass die anderen in Ruh! Ich schlage dich tot! Von dir kann man nichts anderes erwarten. Du bist gar nicht unser Kind, dich haben sie im Krankenhaus vertauscht.« Es sind alles Sätze des Ausgestoßen-Werdens.

Helma hatte bei diesen Aussprüchen das Gefühl, sich auflösen zu müssen, das Lebensgefühl, dass sie eigentlich nicht existieren darf, dass sie keine Daseinsberechtigung hat. Diese Sätze waren »Standardsätze«.

Eine spätere Erinnerung aus der Schulzeit: »Da bin ich auf die Lehrerin abgefahren, obwohl die auch ganz gemein war. Die schrieb so gemeine Dinge in die Hefte wie: ›Du könntest besser, wenn du wolltest. Da sieht man, dass du es besser kannst. Ist unkonzentriert.‹

Wenigstens hat sie mich nicht geschlagen. Die Mutter mochte es gar nicht, dass mir diese Lehrerin so sehr gefiel. Sie sagte: ›Du bist viel zu gutgläubig. Die Leute sagen dir doch gar nicht, was sie über dich denken.‹« Wenn Helma sich an eine Schulkameradin oder an einen Schulkameraden etwas näher anschließen wollte, sagte die Mutter: »Du brauchst keine Freunde, du hast genug Geschwister und viel Arbeit im Haus.« Früh in ihrem Leben wurde Helma immer wieder für unbestimmte Zeit – zumindest schien das dem Kind so – zur Schwester der Mutter »weggegeben«. Mit der Zeit wusste sie nicht mehr, wo sie hingehörte. Später wehrte sie sich, sie wollte da nicht mehr hin, weil »Onkel und Tante mich immer an der Scheide untersuchten«. Sie erzählte das der Mutter, die reagierte mit der Bemerkung: »Das kann nur an dir liegen, aus dir wird später bestimmt eine Nutte.« Als sie fünf Jahre alt war, wurde sie vom Vater missbraucht. Sie fand es zunächst sehr schön, zu ihrem Vater ins Bett kriechen zu sollen, einmal allein mit ihm zu sein, Zärtlichkeiten zu bekommen. Und dann »tat es plötzlich so weh«, die Wende, die das Ganze nahm, erschreckte sie zutiefst. Wieder wollte Helma mit der Mutter darüber sprechen. Diese sagte: »Über solche Dinge spricht man nicht, du wirst bestimmt eine Nutte.« Das Lebensgefühl, das durch diesen ursprünglich negativen Mutterkomplex ausgelöst wurde, beschreibt Helma so: »Ich fühlte mich immer als schlechter Mensch, der besser nicht existieren sollte. Ich war gefühlsmäßig dem Leben gegenüber total ausgeliefert, hilflos, ganz allein. Ich durfte keine Beziehungen zu Menschen außerhalb der Familie aufnehmen, obwohl ich große Sehnsucht danach hatte. Nahm ich dennoch eine Beziehung auf, machte die Mutter diesen Menschen schlecht.«

Vermittelt der ursprünglich positive Mutterkomplex Urvertrauen und ein Lebensgefühl der selbstverständlichen Daseinsberechtigung, wenn nicht sogar mehr, dann bewirkt der ursprünglich negative Mutterkomplex Urmisstrauen, damit verbunden Lebensangst und das unabweisbare Gefühl, keine Daseinsberechtigung zu haben. Helma sagte: »Ich habe das nicht als Urmisstrauen verstanden, als ich ein Kind war, ich dachte einfach, das Leben sei so mühsam, so kalt und es werde immer so bleiben. Und ich würde immer irgendwie ein schlechter Mensch sein.« Das ist nichts anderes als das erlebnishafte Beschreiben von Urmisstrauen, einer gewissen Hoffnungslosigkeit und dem Gefühl, keine Daseinsberechtigung zu haben. Anstelle des Lebensgefühls der möglichen Teilhabe, der Zusammengehörigkeit in einer Familie, die sich dann auch auf das Leben überträgt und dem Kind das Gefühl gibt, in einer Gemeinschaft eingebunden zu sein, prägt hier das Eingeschlossensein der Geschwister miteinander und das Abgeschlossensein gegen die Außenwelt. Selbstverständlich löst das keine ozeanischen Lebensgefühle aus, keine Gefühle des immer wieder miteinander Verschmelzen-Könnens, sondern das Gefühl der gestörten Vereinzelung, einer ängstlichen

Einsamkeit. Das ist entwicklungspsychologisch besonders kritisch, denn das Kleinkind entwickelt sich wesentlich in der Identifikation mit den Eltern. Das wird in diesen Familien aber unmöglich; es ist nicht nur unmöglich, mit jemandem zu verschmelzen, auch das »Wir« wird dem Kind versagt, das Erleben der Teilhabe an den Eltern, an einzelnen Elternteilen oder an Eltern und Geschwistern. Es ist eine Form der permanenten Ausstoßung, ohne dass wirklich aktiv ausgestoßen würde. Übrig bleibt deshalb der Kampf, die Rivalität. Die Sehnsucht nach einem ozeanischen Lebensgefühl, das deutlich mit dem Gefühl der Teilhabe verbunden ist, ist groß, und gemäß der Prägung durch den Grundkomplex meint ein solcher Mensch, man müsse dafür kämpfen. Gefühle, Interaktionen, die ozeanische Lebensgefühle geben, sind aber nicht herzustellen, sie ereignen sich.

Zuwendung auf der körperlichen Ebene gibt es nicht, aber Krankheiten, Erkältungen – kein Wunder in dieser kalten Atmosphäre. Die Atmosphäre ist zudem sexualisiert, als wäre die Sexualität die letzte Bastion, wo die Körper überhaupt noch vorkommen. Als Helma mit 16 Jahren – verhältnismäßig spät – die Menarche hatte, sagte die Mutter dazu: »Auch das noch!« In der Folge bestanden dann immer wieder Probleme mit der Menstruation, was nicht selten ist bei Frauen mit einem ursprünglich negativen Mutterkomplex.

»Die Welt ist kalt«
Strategien des Überlebens

Wer einen ursprünglich negativen Mutterkomplex hat, ist davon überzeugt, kein gutes Selbst zu sein und in einer schlechten Welt zu leben. Besser, man würde nicht existieren. Die Welt ist, wie sie ist, also ist man selbst schuld an seinem Unglück. Dieses Gefühl eines primären Schuldgefühls[100] wurzelt tief. Therapien, in denen mit Schuldzuweisungen gearbeitet werden, können deshalb von diesen Menschen akzeptiert werden, auch wenn die Schuldzuweisung unzulässig ist. Wenn ein Kind den Eindruck hat, keine Daseinsberechtigung zu haben, und damit verbunden das Gefühl, selbst daran schuld zu sein, dann wird es – eine gewisse Vitalität vorausgesetzt – alles dafür tun, um sich diese Daseinsberechtigung zu erhalten.

Welche Strategien eignen sich dafür?

Helma hatte eine ältere Schwester, die unter verschiedenen Ängsten litt. Sie wagte es nicht, zu fremden Menschen zu gehen. Sie hielt die Angst durch Zwänge in Schach, vor allem mit einem Sammelzwang. So hatte sie unter den Geschwistern vieles zusammengeklaut und es zudem auch noch verstanden, auf Kosten der anderen Geschwister gut dazustehen. Um diese Schwester herum konstellierten sich meistens Aggressionen. Die Schwester half der Mutter mit den kleinen Kindern, die in sehr kurzen Abständen geboren wurden, und holte sich so ihre Daseinsberechtigung. Sie heiratete früh, gebar Kinder, nicht ganz so viele wie ihre Mutter, und ist dann mit 38 Jahren an einem Krebsleiden gestorben. Die Erstgeborene war also geprägt vom Gefühl der Angst und der damit verbundenen Angstabwehr. Helma nun, die zweite, hat kontraphobisch gelebt. Sie benahm sich, als würde sie den Teufel nicht fürchten. Auch das ist eine Form, mit Angst umzugehen: Man ist zwar ängstlich, aber man gibt sich betont forsch und überspielt so die Angst. Die Angst spüren wir aber im Leib, und der lässt sich nicht austricksen, es bleiben, trotz des nach außen hin mutigen Verhaltens, tiefe Körperspannungen bestehen. Helma entwickelte früh eine beachtliche Selbstständigkeit, eine forcierte, lebenspraktische Autonomie. Auch sie wurde der Mutter bald nützlich: So ging sie jeweils zum Standesamt und meldete die »neuen Kinder« an. Später führte sie auch die Gespräche mit den Lehrern über ihre Geschwister, regelte Angelegenheiten auf der Bank und bei den Behörden. Sie übernahm teilweise die Rolle des Vaters. Noch heute ist sie ein Organisationstalent und hat viele gute Ideen, wie die praktischen Dinge des Alltags geregelt werden könnten. Diese Selbstständigkeit, auch wenn sie in einer forcierten Weise entwickelt worden ist, bleibt in sich ein Wert, ebenso Helmas Fähigkeit zu einer, wenn auch forcierten, Autonomie. Es wäre therapeutisch fatal, würde man Menschen ihre Überlebensstrategien, die in sich hervorragende Fähigkeiten zur Bewältigung des Lebens sein können, entwerten. Damit nähme man ihnen einen für sie ganz zentralen Wert.

Nun gibt es auch in der schlimmsten Lebenssituation Oasen, Situationen, in denen es sich doch auch gut leben lässt. Und gerade wenig verwöhnte Menschen können diese Oasen in besonderer Weise wahrnehmen und genießen. Helma erzählt, ihre Mutter sei normalerweise unnahbar gewesen, irgendwie abgekapselt, in einer eigenen Welt. Wenn die Mutter aber Klavier gespielt habe, dann habe sich die ganze Atmosphäre verändert. »Es war dann, wie wenn es jedes Mal Weihnachten gewesen wäre.« Musik war denn auch eine wichtige Oase im Leben von Helma. Mit 12 Jahren fand sie Aufnahme in einem berühmten Jugendorchester, das Auftritte in der ganzen Welt hatte. Selbstständig hatte sie sich um Aufnahme beworben, als eine Mitschülerin ihr davon erzählte. Auch hier opponierte die Mutter zunächst: »Wenn du dir unbedingt eine Blamage holen willst, dann geh vorspielen!« Helma ging trotzdem vorspielen, wurde aufgenommen, und sie reiste mit diesem Orchester um die ganze Welt. »Es war endlich ein Ort, wo ich sein durfte, wo ich sogar sein musste, wo ich wichtig war.« So hatte sie zum ersten Mal das Lebensgefühl des Dazugehörens, der Daseinsberechtigung, das Gefühl auch, selbst gemeint zu sein. Natürlich war diese Situation auch verbunden mit einer großen narzisstischen Aufwertung. In diesem

Orchester spielte sie dann für die jüngeren Geschwister, die nach und nach auch aufgenommen wurden, die Mutter. Das überforderte sie. Menschen mit einem ursprünglich negativen Mutterkomplex können ihre Daseinsberechtigung auch dadurch nachweisen, dass sie andere bemuttern, ihnen geben, was sie selber nicht bekommen haben. Es ist keine schlechte Strategie, weil dadurch im System immerhin »Mütterliches« entwickelt wird. Die Gefahr besteht darin, dass sich diese Menschen dabei leicht übernehmen. Sie haben kein Gefühl für sich selbst entwickelt, sie wissen nicht, wann es genug ist. Und weil sie sich ja dadurch die Daseinsberechtigung verdienen müssen, die Rückmeldungen diese aber selten oder nie geben, muss noch mehr getan werden, in der irrigen Annahme, dann – wäre das Bemuttern oder das Verwöhnen nur gut genug – würde sich die Daseinsberechtigung einstellen.

Mit 21 Jahren musste man aus diesem Jugendorchester spätestens austreten. Das tat Helma. Für sie begann das Studium – und sie erlitt einen Zusammenbruch. Ohne das Orchester war sie wieder nichts mehr, hatte sie keine Identität. Der Zusammenbruch äußerte sich in vielfältigen funktionellen Beschwerden, in vielen Infekten, Nierenbeckenentzündungen, Stirnhöhlenentzündungen, Durchfällen, die nicht mehr unter Kontrolle zu bringen waren. In einer psychosomatischen Klinik wurde sie behandelt, suchte dann auch ambulant weiter Psychotherapie auf, schloss in der Folge ihr Studium ab. Kontraphobisch blieb sie trotz aller Therapien. Erst als sie, 40-jährig, sich noch einmal einer analytischen Behandlung unterzog, konnte sie sich eingestehen, wie viel Angst sie hatte und wie wichtig das Zulassen der Angst für ihre Identität war. »Seit ich Angst habe, bin ich wirklich Ich.« »Seit ich Angst habe, spüre ich, dass ich einen Körper habe.« Sie musste sich möglicherweise ein halbes Leben lang bewiesen haben, dass sie dem Leben einigermaßen gewachsen war, bis sie ihre Überkompensationsstrategien aufgeben und dabei auch noch einmal ein neues Verständnis für sich selbst und für ihr Gewordensein durch die Kindheit gewinnen konnte.

Helma unterschied deutlich zwischen dem Lebensgefühl vor dreißig, als sie ihre verschiedenen Therapien hatte, und dem Leben nach dreißig, als sie zumindest beruflich einen Platz hatte in der Welt. Das Lebensgefühl blieb dennoch zunächst ein Gefühl des Eingeschlossenseins: »Ich habe lang immer das Gefühl gehabt, ich sei innerlich eingeschlossen, wie jemand, der einen Panzer um sich hat. Den muss man auch haben, denn das Leben ist ja kalt. Das Leben bleibt kalt. Ich habe mich damit arrangiert.« Als Beispiel für diese Aussage fügt sie an, sie habe erst mit 42 Jahren gelernt, dass man, wenn es kalt sei im Bett, eine Bettflasche brauchen oder sich eine zusätzliche Decke holen könne. Diesen Vorschlag machte ihr eine Kollegin. Sie ist überzeugt davon, dass man für Liebe etwas tun muss, sie in der Regel aber doch nicht bekommt.

»Eigentlich gehört man nie dazu.« Die vom ursprünglich positiven Vaterkomplex Geprägten haben auch die Überzeugung, für Liebe etwas tun zu müssen, sie haben aber die Hoffnung, sie zu erlangen. Beim ursprünglich negativen Mutterkomplex sind die Anforderungen, die ein von ihm geprägter Mensch an sich stellt, um dann endlich einmal liebenswert zu sein, ungeheuer hoch, nicht zu erreichen. Dennoch versuchte Helma, anderen Menschen nützlich zu sein, nach dem Motto: »Entschuldigen Sie, dass es mich gibt, kann ich etwas für Sie tun?« Sie hatte den Eindruck, immer sehr viel zu geben, die Mitmenschen meldeten ihr zurück, sie wolle »immer zu viel«. Diese Art von Interaktion kann letztlich nicht funktionieren: Die von ihr Bemutterten oder Übermutterten spürten letztlich, dass es nicht darum ging; die Daseinsberechtigung, die sie hätte bekommen müssen, kann ihr nicht von außen gegeben werden.

Bis weit über 30 hatte Helma wenig Beziehung zu ihrem Körper, kleidete sich aber immer sehr ästhetisch. Sie hatte den Eindruck, ihr Leben und damit auch ihr Körper seien so beschämend, dass sie es zudecken müsse, am besten mit schönen Kleidern. Helma machte außergewöhnlich viele sexuelle Erfahrungen, hatte aber nur wenig Beziehungen, die über eine gewisse Zeit andauerten. Als in der Kindheit sexuell missbrauchtes Kind wandte sie sich nicht von den Männern ab, sondern gab ihnen, was sie wollten: »Nehmt doch, was ihr haben wollt, dann gebt Ruhe!« Im übrigen fand sie, man müsse doch sexuelle Erfahrungen haben, sonst sei man nicht normal. Möglicherweise war dabei doch ein wenig Wärme erlebbar, die sie so sehr vermisste. Vielleicht reagierte sie auch darauf, dass ein Mensch ihr ein gewisses Interesse entgegenbrachte. Große Freude hatte sie an der Macht über die Männer, das wurde ihr zunehmend bewusst, Freude darüber, die Männer verführen zu können. Die sexuelle Begegnung wirklich genießen konnte sie nicht.

Noch immer ist sie außerordentlich gewandt im Überleben, lässt andere Menschen auch von ihrem diesbezüglichen Wissen profitieren, daran teilhaben. Sie betrachtet sich selbst als großzügig, »wenn die Menschen es ehrlich mit mir meinen«. Der Komplexsatz im engeren Sinne: »Du musst nicht meinen, dass die Menschen es ehrlich mit dir meinen«, ist immer noch wirksam. Helma kann keine Aussagen darüber machen, was sie unter »ehrlich mit mir meinen« versteht. Nach längerer Therapie versteht sie ihren Satz: Wenn sie die Menschen und eine gewisse Bindung an sie gefühlsmäßig wahr- und aufnehmen kann, dann hat sie das Gefühl, dass sie es ehrlich meinen mit ihr.

Von außen wird Helma als »misstrauisch« bezeichnet. Sie

kontrolliert die Umgebung, fragt genau nach, wie man jetzt einen Satz gemeint habe. Sie sieht sich nicht als misstrauisch, sondern als realistisch. Mit diesem Komplexhintergrund ist verständlich, dass sie ein großes Bedürfnis hat, die Situationen zu überblicken, zu kontrollieren. Sie selber nennt das – kompleximmanent – realistisch, von außen kann das misstrauisch wirken. Zu ihrer konkreten Mutter hat sie eine große Distanz. Frauen mit einem ursprünglich negativen Mutterkomplex bleiben oft sehr gebunden an die Mutter, lassen sich tyrannisieren, spielen gegenseitig Machtspiele – immer in der Hoffnung, letztlich doch noch den Segen der Mutter, wenn auch verspätet, zu bekommen. Diese »Hoffnung« nährt Helma nicht.

Wie kann eine Frau mit einem so schwierigen negativen Mutterkomplex und mit einem so ambivalenten Vaterkomplex leben? Helma entwickelte eine forcierte Autonomie und hat die Oasen innerhalb des Komplexbereichs, die Musik, voll ausgeschöpft. Gerade die Selbstständigkeit, die sie sich abgefordert hat, um ihre Daseinsberechtigung zu erweisen, ermöglichte es ihr, aus dieser Oase heraus ein paar Jahre des Lebens zu gestalten, die ihr neue Perspektiven eröffneten, ihr Lebensmut gaben. Als diese Kompensationsmöglichkeit zu Ende ging, war sie allerdings dadurch nicht so genährt, dass sie sich in Ruhe auf andere Gebiete ihres Lebens konzentrieren konnte, sie wurde zunächst auf sich selbst zurückgeworfen, machte eine Therapie, in der sie vermutlich ein erstes Mal mit ihrer Geschichte konfrontiert wurde und in einer gewissen Empathie mit sich selbst etwas mehr zu sich finden konnte, das heißt, mehr Persönlichkeitsanteile finden konnte, die wirklich ihrem eigenen Selbst entsprachen.

Eine weitere Oase in ihrer Kindheit war die Literatur. Helma las viel als Kind, obwohl auch dies der Mutter nicht gefiel: »Lies nicht immer, tu lieber etwas!« Sie las vor allem

Biografien, die ein glückliches Ende hatten, sie suchte sich über die Phantasie glückende Lebensentwürfe. Es gab also, wenn auch verdeckt, immer auch die Hoffnung auf ein geglücktes Leben. An sich hatte sich Helma von Anfang an einen Platz in der Vaterwelt gesucht und ihn auch in ihrem Studium weiter ausgebaut. Obwohl sie sehr begabt war, musste sie sich immer »große Mühe« geben, weil sie sonst den Eindruck hatte, keine Daseinsberechtigung zu haben. Mit einer Prägung des ursprünglich negativen Mutterkomplexes geht es bei allen Leistungen, aber auch bei allem Tun in der Welt nicht einfach um diese Leistung oder um dieses Tun, es geht immer darum, sich die Daseinsberechtigung geben zu lassen.

Überforderte Mütter
Wie ein negativer Mutterkomplex entsteht

Der ursprünglich negative Mutterkomplex hängt nicht nur von der Interaktion des Kindes mit der persönlichen Mutter ab, sondern vom ganzen Mutterfeld. Mütter, die keine Kinder haben wollten und sich auch nachträglich nicht mit ihnen einverstanden erklären können, lassen dem Kind wenig Chance für eine gute Interaktion.

Überforderte Mütter, weil die Partner ihren Part nicht übernehmen oder die Mütter und ihre Beziehungsarbeit unbewusst entwerten, sind in der Interaktion mit dem Kind oft wenig einfühlend. Überfordernde Mütter, die sich selber sehen, nicht aber das Kind, haben ebenfalls Schwierigkeiten, das Kind sich seinem Wesen gemäß entwickeln zu lassen. Frauen, die selber einen ursprünglich negativen Mutterkomplex haben und sich nicht daraus herausentwickelt haben, haben oft Mühe, dem Kind wirklich ein genuines Interesse entgegenzubringen. Es entsteht auch ein ursprünglich negativer Mutterkomplex, wenn die Erziehungsperson und das Kind nicht zusammenpassen: Es gibt genuine Unverträglichkeiten zwischen Elternteilen und Kindern. Ist in der Familie nur eine Beziehungsperson zugänglich, ist das schwierig, besonders dann, wenn sich die schwierigen Interaktionen immer mehr aufschaukeln, der Komplex immer affektiver besetzt wird und beide Beteiligten immer mehr allergisiert werden. Es ist auch daran zu denken, wie schwer es der Frau noch immer gemacht wird, ihre Identität zu finden. Wird sie Mutter, sollte sie plötzlich eine sichere Identität als Mutter gefunden haben, von einem Moment auf den anderen dieses weibliche Feld positiv besetzen. Das kann die Frau mit einem hinreichend positiven Mutterkomplex. Es ist aber schon bedenklich, dass in einem gesellschaftlichen System die Frau immer wieder schleichend entwertet wird und dass sie dann als idealisierte Mutter plötzlich zu ihrer vollen Identität finden soll.

»Wie gelähmt«

Der ursprünglich negative Mutterkomplex beim Mann

Da die meisten Männer mit dieser Komplexprägung in die Welt der Leistung flüchten, die bei uns ja auch immer noch eine Vaterwelt ist, in der sie sich fordern und überfordern, ist diese Komplexprägung, so schwierig sie ist, für Männer etwas leichter zu handhaben, besonders wenn sie begabt sind und in der Vaterwelt zu ihren Erfolgen kommen können. Frauen mit dieser Komplexprägung haben eine schwere Identitätsproblematik zu bewältigen. Wenn sie erfolgreich in die Welt der Väter flüchten, sind sie besonders gefährdet, weil sie eine von diesen abgeleitete Identität entwickeln. Frauen, die weniger erfolgreich in der Welt der Väter sind, müssen sich mit ihrem Identitätsproblem auseinandersetzen.

Von Bauchschmerzen zu Herzensangst
Helmut

Ein 46-jähriger Mann, Helmut, suchte wegen herzphobischer Symptome die Therapie auf. Er erinnert ein Bild aus seinem Leben, das Bild einer Erfahrung, die er immer wieder gemacht zu haben meint: Die Mutter schaut zum Fenster hinaus und weint. Es schneit. Helmut denkt, er habe etwas kaputtgemacht und sei schuld an den Tränen der Mutter. Er kann auch (deshalb?) nicht zu ihr hinlaufen und sie trösten. Er ist wie gelähmt. Diese Erfahrung machte er immer wieder, erstmals meint er, sie mit etwa drei oder vier Jahren bewusst erlebt zu haben. Später, so sagte er, hätte er noch deutlicher gespürt, dass er etwas zur Mutter sagen müsste, sie vielleicht auch berühren möchte, er habe aber immer ein Schuldgefühl gehabt, das er überall und doch nirgends festmachen konnte, und das hinderte ihn daran, sich der Mutter zu nähern. Beide seien sie dann sehr unglücklich gewesen.

Ein anderes Bild: »Ich bin kurz vor der Einschulung, ich habe schon den Haarschnitt, den ich auf dem Foto meines ersten Schultages habe. Ich habe Bauchschmerzen, wie oft, diesmal aber sehr heftige Bauchschmerzen. Die Mutter steht am Bett und sagt: ›Wenn ich nur etwas tun könnte, wenn ich nur etwas tun könnte.‹ Ich fühlte mich auch hilflos und hatte zudem noch den Eindruck, mit meinen Bauchschmerzen auch noch meine Mutter zu quälen. Es waren Gefühle der Qual, der totalen Hilflosigkeit.« Ein anderes Bild: »Ich sitze stundenlang auf dem WC. Ich weiß, ich darf erst wieder zu den anderen gehen, wenn ich etwas gemacht habe.« Die anderen hatten ihn ausgeschlossen, mit seiner schwierigen Verdauung allein gelassen. Er fühlte sich auf dem WC allein, bemüßigt, »etwas zu machen«, konzentriert auf seine Bauchschmerzen und das Gefühl, nicht auf Befehl etwas produzieren zu können. Ein anderes Bild: Die Schwester spielt am Tisch und macht keine Probleme, die Schwester isst freudig, die Schwester ist immer weiß angezogen. Er bewunderte und liebte seine Schwester, die ihm aber immer etwas entrückt war, die drei Jahre älter war als er und so viel unproblematischer.

Den Vater durfte man nicht stören, weil er hart arbeitete. Helmut hatte kaum Erinnerungen daran, dass der Vater ihn in seiner früheren Kindheit angesprochen hätte. Er hatte den Eindruck, mit seinen körperlichen Problemen und mit seiner Unfähigkeit, die eigene Mutter zu trösten, ganz allein mit der Mutter gewesen zu sein; die Schwester als leuchtender, aber nicht sehr wirklicher Stern war am Rande seines Daseins. Der Vater war abwesend, später hörte er, dass er verzweifelt versuchte, einen kleinen Betrieb über Wasser zu halten. Helmut erinnert sich an einen Satz, den der Vater am ersten Schultag zu ihm sagte: »Hoffentlich wirst du jetzt etwas stabiler, du hast ja immer etwas.« Helmut verstand das Wort »stabil« nicht, wagte aber nicht zu fragen und fragte dann einige Wochen später seine Lehrerin nach der Bedeutung des Wortes. Er hörte aus dem Satz des Vaters eine Kritik heraus und eine kleine Hoffnung, fand es aber schon erstaunlich, dass sein Vater ihn überhaupt direkt angesprochen hatte.

Helmut schildert seine Mutter als liebevolle, selbstunsichere, depressive Frau, die für ihre Kinder lebte. Die Schwester von Helmut scheint eine unauffällige, eigenständige Frau zu sein, ohne jede psychosomatische Beschwerden.

Die Mutter erzählte Helmut später, er habe schon als Baby sehr viel Bauchbeschwerden gehabt. Sie hätte Ärzte deswegen konsultiert, Hebammen, niemand habe eine Lösung gewusst. Seine Bauchbeschwerden hätten ihr das Gefühl gegeben, diesem Kind überhaupt nicht gerecht werden zu können.

Seine Mutter, »die nur für ihre Kinder lebte« – in der Interaktion mit ihrem Baby, das Verdauungsbeschwerden hat –, wurde immer hilfloser angesichts dieser Situation. Diese Hilflosigkeit schien einherzugehen mit depressiven Verstimmungen, die wiederum im Knaben das Gefühl der Hilflosigkeit weckt. So entwickelte sich ein Zirkel der Hilflosigkeit, und beide, Mutter und Kind, waren überzeugt davon, dass Menschen einander nicht beistehen können und dass sie beide erst recht nichts bewirken können, wenn es einem anderen Menschen schlecht geht. Helmut wurde auf jeden Fall in seinen Bedürfnissen nicht gesehen, obwohl seine Mutter möglicherweise nur ihn im Blick hatte. Er bekam nicht den Eindruck, trotz seiner Bauchschmerzen eine fraglose Daseinsberechtigung zu haben, schon sehr früh sollte er dafür sühnen, indem er die Mutter aufheitern sollte, die offenbar nicht aufzuheitern war. Der Vater war von der Außenwelt beansprucht, ihn konnte man nicht einsetzen, und wenn er nicht so beansprucht gewesen wäre, wäre immer noch abzuklären, ob er nicht enttäuscht war über seinen »wenig stabilen« Sohn. Helmut war ein ausgezeichneter Schüler, doch sein Vater sagte später immer wieder: »Wenigstens bist du ein guter Schüler.« Helmut hörte das Wort »wenigstens« und war traurig. Auch er hätte gerne seinem Vater gefallen.

Das Gefühl des Leids, das in Helmut zumindest in seinen ersten zehn Lebensjahren vorherrschend war, ist noch heute sein Daseinsgefühl: »Seit ich mich zurückerinnern kann, kneift es mich irgendwo im Bauch. Das gibt mir das Gefühl, dass ich kein Vertrauen haben kann in diese Welt, da tut dir immer etwas weh. Ob das nun leiblich oder seelisch ist, das spielt keine große Rolle: Es tut einfach weh.« Immer mehr gab er sich als Knabe auch die Schuld daran, dass seine Mutter so depressiv war, er dachte, er habe sie enttäuscht. Noch heute, sagt Helmut, muss er sich angesichts von verzagten und mutlosen Menschen sehr bewusst sagen, dass das nicht sein Fehler sein kann, oder zumindest nicht ausschließlich. Erst als Helmut 25 Jahre alt war und eine Frau geheiratet hatte, die wegen Depressionen immer wieder einmal hospitalisiert werden musste, tröstete ihn seine Mutter: Sie habe als junge Frau auch schwere Depressionen gehabt und die seien im Laufe des Lebens doch besser geworden. Hätte sie – oder sein Vater – Helmut diese Information früher gegeben, sie hätten dem Heranwachsenden einige Gefühle des Versagens erspart. Helmut wurde als Kind nicht gesehen, obwohl ihn seine Mutter minutiös beobachtete. So hat Helmut immer noch »zur Erinnerung« Fieberkurven, die seine Mutter über drei Jahre lang führte. Er durfte nicht ins Freie, wenn nicht ganz moderates Wetter war. Das vermittelte ihm das Gefühl, auch bei den anderen Kindern ein Außenseiter zu sein, nicht dazuzugehören. Auch die Familie gab ihm wenig das Gefühl des emotionalen Zusammenhalts, immerhin das Gefühl des sozialen Zusammenhalts. Alle mussten sie zusammenhalten, die Schwester, so erinnerte er sich, spielte oft mit ihm, obwohl sie lieber mit Kindern ihres Alters spielte. Emotional nahmen alle in der Familie wenig Anteil aneinander. Anstelle von einem »ozeanischen Lebensgefühl« stand »Bauchkneifen und Durchfall«; Mutter und Vater hatten zudem vermittelt, dass man sich beherrschen muss, dass Kontrolle wichtig ist in jeder Situation, dass man »eine Linie haben muss«. Auch in diesem Komplex gab es Oasen: Helmut war ein ausgezeichneter Schüler, er las gerne Abenteuerromane und hatte ein sehr gutes räumliches Vorstellungsvermögen: Er konnte kunstvoll bauen und erinnert sich, dass er dafür zumindest von seinem Großvater bewundert wurde. Dann war die Beziehung zur Schwester für ihn attraktiv, er tat, was sie von ihm wünschte, er bewunderte sie und beneidete sie heimlich.

Allerdings war auch die Oase der Schule für ihn keine ungetrübte: Weil er verzärtelt war, verspotteten ihn Mitschüler und Mitschülerinnen, infolgedessen versuchte er, ein noch besserer Schüler zu werden. Er schrieb jede Seite so lange ab, bis sie fehlerfrei war, bzw. geriet in Panik, weil er mit zunehmender Ermüdung immer neue Patzer machte. Helmut zeigte bereits hier Züge von Zwanghaftigkeit. Er studierte dann erfolgreich und durchlief eine äußerst erfolgreiche Karriere.

Er heiratete, wie schon erwähnt, eine – wie sich später herausstellte – depressive Frau. Mit ihr hat er drei Kinder, zwei Söhne und eine Tochter, zu denen er eine gute, warme Beziehung hat. Alles schien im Lot zu sein, in der Beziehung zu seiner Frau erlebte er, dass er durchaus gelegentlich fähig war, sie aufzuheitern, und dass sie, durch seine Zuverlässigkeit, eine Geborgenheit erlebte in ihrem Leben, die sie zuvor nicht gekannt hatte. Er fühlte sich ihr gegenüber lange nicht mehr so hilflos wie als Knabe seiner Mutter gegenüber. Dann aber traf er eine Frau, die ihm zu verstehen gab, dass sie ihn attraktiv finde. Er reagierte darauf mit einem zunächst verstärkten Arbeitseinsatz über Wochen hinweg und versuchte, die Verführungssituation, der er noch »glücklich entflohen« war, zu verdrängen. Er hat, im Zusammenhang mit seiner Zwangsstruktur, den Abwehrmechanismus von noch mehr Ordnung im Leben, noch mehr Kontrolle, gewählt. Das ging aber nur ein paar Monate gut, es gab immer mehr Verführungssituationen, immer mehr Frauen, die Interesse an ihm zeigten, und es stellten sich bei Helmut »erotische Phantasien« ein. Die erotischen Versuchungen, von wem sie auch ausgegangen sein mögen, wurden immer bedrohlicher.

Sieht man diese Verführungssituationen nicht nur als Störungen, sondern auch als Ausdruck von einer Entwicklung, als Anruf des Lebens an diesen Mann, dann könnte man sie sehen als das Wachwerden einer neuen Animaqualität in seiner Psyche, die er auf »verführerische Frauen« projiziert, eine Animaqualität, die zunächst erotisch-sexuelle Leidenschaft bringen könnte. Diese Anima scheint etwas lockerer zu sein, als es das Bild war, das er auf seine Schwester projizierte und wohl auch andere Lebensqualitäten belebte, als seine Ehefrau es tat.

Auf diese immer drängender werdende Verführungssituation reagierte er mit einer herzneurotischen Erkrankung, verbunden mit einer großen Angst, einen Herzinfarkt zu bekommen und daran zu sterben. Aus dieser Angst heraus konsultierte er verschiedene Ärzte.

Den ersten Anfall hatte er an einem Sonntagmorgen, als er nicht wusste, ob er bei seiner Frau bleiben oder zum Golf spielen gehen sollte, wo, wie er wusste, »eine der erotischen Versuchungen« auf ihn wartete. Plötzlich litt er unter Herzklopfen, Beklemmung, Atemnot, hatte Schweißausbrüche, das Gefühl, das Herz stehe still, er müsse sterben. Der Notarzt wurde gerufen.

Psychodynamisch steht hinter dieser herzneurotischen Erkrankung das Thema der Trennungsangst. Helmut hat sich nicht wirklich getrennt, seine unsichere Mutter hat ihn auch zu lange in einer Bindung behalten, nicht aber in einer Symbiose, die Lebensfülle vermittelte, sondern in einer Symbiose, die ängstlichen Rückzug und kontrollierenden Umgang mit der Angst erforderte und eine deutliche Projektion des Ängstigenden auf den Leib provozierte, der immer beobachtet werden musste. Diese einengende Schutzsymbiose – nicht weil man sich etwas Gutes erhalten will, sondern weil man das Schlechte ängstlich ausschließen möchte, damit aber die Welt ausschließen möchte und sie damit auch für gefährlich erklärt – bietet wenig Spielraum für eine Entwicklung zur Eigenständigkeit. Zudem wurde die Mutterimago des Mutterkomplexes unbewusst ziemlich nahtlos auf die Ehefrau übertragen, es fand also keine wirkliche Trennung statt. Eine erotische Versuchung ist nun natürlich ein Trennungsgeschehen, das in die große Ungewissheit hinausführt und zudem belastet ist, weil »man so etwas doch einfach nicht tut«. Der Verlust des Haltes, durch das gewohnte, fast kontrollierbare Leben, wird als Todesangst erlebt, in diesem Fall projiziert auf den möglichen Herzstillstand. Diese Todesangst hätte auch eine gewisse Bedeutung, denn letztlich würde Helmut, gäbe er dieser Versuchung nach, sich deutlich wandeln, der alte Helmut wäre dann »tot«.

Mit dieser Angst suchte er auf Anraten eines seiner Ärzte Therapie auf, mit der Bitte, diese Angst aufzulösen.

Helmut machte den Eindruck eines depressiven Menschen, der seine depressiven Verstimmungen mit sozial sehr akzeptiertem, sehr kontrolliertem, zwanghaft anmutendem Verhalten in Schach hielt. Wonach er sich sehnte, war der ursprünglich positive Mutterkomplex. So sagte er: »Ich kann mich anstrengen, soviel ich will, ich fühle mich nicht wirklich lebendig an. Die Lebensfülle, die ich erleben möchte, die gibt es einfach nicht.«

Urmisstrauen und Angst
Zusammenfassung zum ursprünglich negativen Mutterkomplex

Gemeinsam ist den Menschen mit einem ursprünglich negativen Mutterkomplex, dass sie den Eindruck haben, ein schlechtes Selbst in einer schlechten Welt zu sein, keine fraglose Daseinsberechtigung zu haben und letztlich selber daran schuld zu sein. Sie bleiben dann auch oft in der Beziehung zur Mutter oder zu Menschen, auf die sie ihren Mutterkomplex übertragen können, sehr anhänglich, fast »klebrig«, auch wenn sie weiterhin nicht so behandelt werden, wie sie es sich wünschen. Sie harren aus, weil sie unbewusst immer noch auf den »Segen der Mutter« warten, darauf warten, dass die Mutter »ihren Irrtum in der Entwertung« einsieht. Diese Menschen haben auch das Gefühl, nie wirklich zu anderen zu gehören, obwohl sie sich sehr anstrengen, um unentbehrlich zu werden, erreichen sie trotz ihres großen Einsatzes nicht das Gefühl des fraglosen Dazugehörens, das sie anstreben. Dadurch verstärkt sich aber auch die zu ihrem Komplex gehörende Erwartungshaltung, von den anderen Menschen immer wieder abgelehnt und zurückgestoßen zu werden, schlecht gesehen, schlecht behandelt zu werden. Daraus, und mit der damit verbundenen Überzeugung, ein isoliertes Ich zu sein, entstehen große Beziehungsschwierigkeiten. Anstelle von Urvertrauen und damit verbunden einem guten Lebensgefühl herrschen Urmisstrauen und Angst, was bewirkt, dass alles, was kontrollierbar ist, auch kontrolliert werden muss. Diese Kompensationshaltung wird von außen oft als »Machtkomplex« gedeutet und erlebt, es ist aber der verzweifelte Versuch eines sich ohnmächtig fühlenden Menschen, nicht unterzugehen. Das Urmisstrauen, verbunden mit der Erfahrung in der Kindheit, die Situation zu Hause minutiös übersehen zu müssen, um allzu gefährlichen Situationen aus dem Weg gehen zu können oder einmal etwas günstigere Situationen zum Wohl ausnützen zu können, bewirkt, dass diesen Menschen jede emotionale Äußerung der Mitmenschen, jede kleinste emotionale Veränderung auffällt und im Sinne des dominierenden Komplexes, meistens im Sinne des Zurückgestoßenwerdens oder als Ablehnung, als Kränkung, interpretiert wird. Darauf reagieren sie mit großer Wut, die aber immerhin ihren emotionalen Kern freilegt, zeigt, wo sie noch lebendig sind, oder auch mit unterdrückter Wut, mit passiven Aggressionen. Der Umgang mit Aggressionen ist auch in diesem System meistens nicht gut gelernt.

Verbunden mit dem Urmisstrauen ist auch ein Gefühl der Hoffnungslosigkeit. Statt des Gefühls der fraglosen Teilhabe an der Welt, an dem, was die Welt alles bietet, an anderen Menschen, dominiert das Gefühl des Ausgestoßenseins, das einen unerhörten Kampf darum auslöst, doch dazuzugehören. Meistens ist das Rivalisieren stark ausgebildet, das aktive Lieben eher wenig, auch wenn sich diese Menschen im Beziehungsbereich oft sehr viel an Arbeit für andere abfordern. Die Sehnsucht nach einem ozeanischen Lebensgefühl, die Sehnsucht auch, sich dem Leben vertrauensvoll übergeben zu können, ist groß, aber nicht zu realisieren. Die Überzeugung, man müsse kämpfen für das, was fehlt – bei einer besseren Vitalität und mehr guten Oasen innerhalb der Komplexprägung –, oder der permanente Vorwurf an die Welt, dass etwas fehlt, dass man nie wirklich gut behandelt wird – bei einer etwas schlechteren Vitalität und weniger Oasen im ursprünglich negativen Komplex –, bringen nicht die Gefühle der Liebe, der Akzeptanz und des guten Selbstwerts, die man ersehnt.

Recht oft wird dann der Weg über den Vaterkomplex gesucht: Man versucht, sich den Selbstwert und das Gefühl, liebenswert zu sein, über die Leistung zu holen. Über die Leistung im weitesten Sinn versuchen diese Menschen, sich ein Recht auf Dasein im sozialen Raum zu verdienen.

Bei den so genannten narzisstischen Störungen ist immer ein ursprünglich negativer Mutterkomplex zu finden, verbunden mit einem wenig betonten Vaterkomplex.[101] Außer den deutlichen Selbstwertproblemen, verbunden mit vielen Formen der Angstproblematik, fällt beim ursprünglich negativen Mutterkomplex auch auf, wie oft die dadurch entstehenden Lebensprobleme sich im Körper zeigen, wie häufig psychosomatische Störungen im weitesten Sinne anzutreffen sind.

Menschen mit dieser Komplexprägung werden oft Therapie aufsuchen müssen, besonders dann, wenn es ihnen nicht gelingt, das, was auch ihnen an Lebensförderndem begegnet, anzunehmen und nicht zu entwerten. Haben sie einmal eingesehen, wie deutlich auch sie mit dem Bild der sie nicht akzeptierenden Mutter identifiziert sind, wie sehr auch sie diese Rolle anderen Menschen gegenüber einnehmen können, dann können sie aggressiv gegen die destruktiven Tendenzen in sich vorgehen, und sie können äußerst dankbar werden für Zuwendung oder einfach für den Reichtum der Welt, den sie jetzt spüren. Bis dahin ist es aber ein weiter Weg, und da sich Menschen mit dieser Komplexprägung primär schuldig fühlen, in einer diffusen Weise, ist es für sie sehr schwierig, diese problematische Identifikation zu sehen, zu akzeptieren und auch dagegen anzukämpfen. Sie können das meistens erst dann, wenn es gelungen ist, ihnen ihre schwierige Situation als Kind einfühlbar zu machen, Empathie mit ihnen als Kinder in einer sehr schwierigen Lebenssituation zu vermitteln und ihnen das Gefühl zu geben, dass sie nicht selber schuld daran waren. Erst dann ist es möglich, aber auch notwendig, herauszufinden, wo sie identifiziert mit dem Mutterpart ihres Mutterkomplexes handeln, oder wo sie die Mutterimago ihres

Mutterkomplexes auf die Welt und auf die Mitmenschen projizieren. Im übrigen ist es außerordentlich wichtig im Rahmen von Therapie, dass diese Menschen gesehen werden, dass sie wahrgenommen werden, dass man ihnen Interesse entgegenbringt und dass sie zum Ausdruck von vielfältigen Gefühlen ermutigt werden, um so überhaupt herauszufinden, wer sie selbst sind und was sie können. Es ist auch unabdingbar wichtig, dass die Überlebensstrategien, die sie entwickelt haben, in ihrem Wert anerkannt und nicht nur als Kompensationen aufgefasst werden. Diese Komplexprägung hat die Tendenz, »alles«, das ganze Leben, die ganze Selbstwahrnehmung zu beeinträchtigen, der Blick auf die Oasen, der Blick auch auf andere Komplexe ist deshalb sehr hilfreich.[102]

An sich wäre die Beziehung zu Frauen eine Möglichkeit, auch andere weibliche Bilder in der eigenen Psyche zu beleben; ist die Komplexprägung aber zu ausgeprägt, ist dieser Weg zunächst verstellt, und es wird von den anderen Frauen nur Böses erwartet. Ob da ein Weg offen ist oder wann er sich öffnen lässt, hängt auch davon ab, welche Frauen in der Kindheit in welcher Weise andere Modelle der Interaktion, als mit der Mutter möglich waren, erlaubt haben, womit aber andere Komplexprägungen erlebbar waren – von einem mehr tragenden Mutterkomplex her. Freundliche Beziehungen zu Frauen ermöglichen es, dass die Hoffnung auf tragendes Mütterliches doch auch vorhanden ist, dass ein anderes Modell des Selbst und der Welt zumindest auch für möglich gehalten wird, und sei es »nur« aufgrund der Phantasie, der Literatur. Hier wird deutlich, dass in der Psyche des Menschen immer auch selbstregulierende Kräfte am Werk sind und dass die Phantasie und damit auch archetypische Möglichkeiten des tragenden Mütterlichen auch beim Korrigieren von Komplexprägungen eine nicht zu unterschätzende Rolle spielen.

Unabdingbar wichtig ist es bei dieser Komplexkonstellation, dass die Menschen nicht darauf warten, dass ihnen jemand die Daseinsberechtigung gibt, sondern dass sie sich entschließen, sich selbst, da sie ja schon einmal existieren, die Daseinsberechtigung zu geben.

»Niedergestampft zum Nichts«

Der ursprünglich negative Vaterkomplex des Mannes

Der negative Vaterkomplex des Mannes wurde atmosphärisch ausgezeichnet von Franz Kafka in seinem »Brief an den Vater« beschrieben.[103] Diesen Brief, anhand dessen ich die typischen Aspekte des negativen Vaterkomplexes des Mannes herausarbeiten möchte, schrieb Kafka mit 36 Jahren, fünf Jahre vor seinem Tod, auf der Höhe seines Schaffens. Dieser Brief wurde geschrieben, als wieder einer der vielen Heiratsversuche von Kafka gescheitert war. Der Brief war vermutlich ein Versuch, sich vom Vater abzulösen, nachdem ihm diese Ablösung durch eine Hochzeit nicht gelungen war.

Franz Kafka
Brief an den Vater

> *»Jedenfalls waren wir so verschieden und in dieser Verschiedenheit einander so gefährlich, dass, wenn man es hätte etwa im voraus ausrechnen wollen, wie ich, das langsam sich entwickelnde Kind, und Du, der fertige Mann, sich zueinander verhalten werden, man hätte annehmen können, dass du mich einfach niederstampfen wirst, dass nichts von mir übrigbleibt. Das ist nun nicht geschehen, das Lebendige lässt sich nicht ausrechnen, aber vielleicht ist Ärgeres geschehen. Wobei ich Dich aber immerfort bitte, nicht zu vergessen, dass ich niemals im entferntesten an eine Schuld Deinerseits glaube. Du wirktest so auf mich, wie Du wirken musstest, nur sollst Du aufhören, es für eine besondere Bosheit meinerseits zu halten, dass ich dieser Wirkung erlegen bin.«[104]*

In diesem Abschnitt wird die Komplexatmosphäre geschildert: dieses Lebensgefühl, dass der kleine Bub jederzeit von dem großen Vater zerstampft werden könnte, also in der Daseinsberechtigung ganz und gar von diesem abhängig ist und jederzeit ausgelöscht werden könnte. Was ist »Ärgeres« geschehen? Es ist wohl ein Hinweis darauf, dass Leben mit der Befürchtung, jederzeit zerstampft werden zu können, schlimmer sein kann, als wenn das Befürchtete endlich einmal eintritt. Aber bevor dieses »Ärgere« beschrieben wird, wird der Vater besänftigt. Der Sohn will ihm nicht die Schuld für dieses Verhängnis anlasten, will aber selber zumindest auch aus der Schuld daran entlassen werden. »Wir waren so verschieden...« – ein versöhnliches Denken für eine so schmerzhafte Erfahrung.

Kafka beschreibt dann auch etwas, das man Komplexerinnerung nennen könnte:

»Direkt erinnere ich mich nur an einen Vorfall aus den ersten Jahren. Du erinnerst Dich vielleicht auch daran. Ich winselte einmal in der Nacht immerfort um Wasser, gewiss nicht aus Durst, sondern wahrscheinlich teils um zu ärgern, teils um mich zu unterhalten. Nachdem einige starke Drohungen nicht geholfen hatten, nahmst Du mich aus dem Bett, trugst mich auf die Pawlatsche und ließest mich dort allein vor der geschlossenen Tür ein Weilchen im Hemd stehn. Ich will nicht sagen, dass das unrichtig war, vielleicht war damals die Nachtruhe auf andere Weise wirklich nicht zu verschaffen, ich will aber damit Deine Erziehungsmittel und ihre Wirkung auf mich charakterisieren. Ich war damals nachher wohl schon folgsam, aber ich hatte einen inneren Schaden davon. Das für mich Selbstverständliche des sinnlosen Um-Wasser-Bittens und das außerordentlich Schreckliche des Hinausgetragenwerdens konnte ich meiner Natur nach niemals in die richtige Verbindung bringen. Noch nach Jahren litt ich unter der quälenden Vorstellung, dass der riesige Mann, mein Vater, die letzte Instanz, fast ohne Grund

kommen und mich in der Nacht aus dem Bett auf die Pawlatsche tragen konnte und dass ich also ein solches Nichts für ihn war.

Das war damals ein kleiner Anfang nur, aber dieses mich oft beherrschende Gefühl der Nichtigkeit stammt vielfach von Deinem Einfluss. Ich hätte ein wenig Aufmunterung, ein wenig Freundlichkeit, ein wenig Offenhalten meines Wegs gebraucht, statt dessen verstelltest Du mir ihn, in der guten Absicht freilich, dass ich einen anderen Weg gehen sollte. Aber dazu taugte ich nicht.«[105]

Diese Erinnerung, die möglicherweise auch stellvertretend steht für andere Erfahrungen, die Kafka mit seinem Vater gemacht hat, bildet einen wesentlichen Aspekt seines Vaterkomplexes ab. Der kleine Bub, der es immerhin wagt, die Nachtruhe zu stören und damit also auf seine Person und seine Bedürfnisse hinzuweisen, wird vom Vater vor die Türe gesetzt, schutzlos im Hemd, ausgestoßen. Ein harmloser Ausdruck von Eigenleben bringt es also mit sich, dass er entfernt wird, dass er nicht mehr bei den anderen Mitgliedern der Familie sein darf. Ein Zusammenhang zwischen den beiden Ereignissen ist für das Kind nicht herzustellen, die übertriebene Reaktion des Vaters muss ihm als Willkür erscheinen. Die Folge: Der Vater wird erlebt als die »letzte Instanz«, die es jederzeit in der Hand hat, aus dem Kind ein »Nichts« zu machen, es zu vernichten – oder zumindest einer abgrundtiefen Scham auszusetzen. Deutlich beschreibt Kafka auch, wie sich diese Komplexerfahrung im Laufe der Jahre immer wieder konstelliert hat und wohl auch noch auf »Väterliches«« übertragen hat, auch auf die letzte Instanz als Vatergott: Immer wieder kämpft er mit der Vorstellung, dass »fast ohne Grund« so eine letzte Instanz kommen und ihn ausstoßen kann, ihn der Einsamkeit und der Scham aussetzen kann, dem Gefühl der Nichtigkeit. Im Anschluss an diese Komplexerinnerung formuliert Kafka, was er gebraucht hätte: Aufmunterung, Freundlichkeit, ein Offenhalten des Weges. Aber es galten die Gesetze der »letzten Instanz«, des Vaters.

Es ist ein wesentlicher Aspekt des negativen Vaterkomplexes des Sohnes, dass die Gesetze des Vaters gelten, und wenn diese gelten, dann gelten die Gesetze des Sohnes eben nicht. Wenn der Sohn nicht dagegen rebellieren kann – und tut er das, dann verliert er den Segen des Vaters –, dann verfällt er im Extrem in Gefühle der Nichtigkeit. Diese sind verbunden mit Scham und Schuld. Dieses immer wieder Bestraft-Werden muss mit einer Schuld verbunden sein, von der das Opfer nichts weiß und die deshalb um so quälender und überall zu vermuten ist: Daraus resultiert der vergebliche Versuch, der in seiner Vergeblichkeit aber auch wieder nicht eingesehen wird, es den »letzten Instanzen« recht machen zu wollen, man wird manipulierbar. Gelingt es den »letzten Instanzen« – und diese strafende »letzte Instanz« kann sehr leicht auf verschiedene Autoritätsfiguren übertragen werden –, den Sohn auszustoßen, dann fühlt er sich vernichtet, beschämt. Besonders niederdrückend war für Kafka zusätzlich die Erfahrung, dass die Gesetze, die der Vater für ihn aufstellte, für den Vater nicht galten.

»Knochen durfte man nicht zerbeißen, Du ja. Essig durfte man nicht schlürfen, Du ja. Die Hauptsache war, dass man das Brot gerade schnitt; dass Du das aber mit einem von Sauce triefenden Messer tatest, war gleichgültig. Man musste achtgeben, dass keine Speisereste auf den Boden fielen, unter Dir lag schließlich am meisten. Bei Tisch durfte man sich nur mit Essen beschäftigen, Du aber putztest und schnittest Dir die Nägel, spitztest Bleistifte, reinigtest mit dem Zahnstocher die Ohren. Bitte, Vater, verstehe mich recht, das wären an sich vollständig

unbedeutende Einzelheiten gewesen, niederdrückend wurden sie für mich erst dadurch, dass Du, der für mich so ungeheuer maßgebende Mensch, Dich selbst an die Gebote nicht hieltest, die Du mir auferlegtest. Dadurch wurde die Welt für mich in drei Teile geteilt, in einen, wo ich, der Sklave, lebte, unter Gesetzen, die nur für mich erfunden waren und denen ich überdies, ich wusste nicht warum, niemals völlig entsprechen konnte, dann in eine zweite Welt, die unendlich von meiner entfernt war, in der Du lebtest, beschäftigt mit der Regierung, mit dem Ausgeben der Befehle und mit dem Ärger wegen deren Nichtbefolgung, und schließlich in eine dritte Welt, wo die übrigen Leute glücklich und frei von Befehlen und Gehorchen lebten.«[106]

Der Vater wird erlebt als das Maß aller Dinge, der einzig und allein für den Sohn Gesetze erfindet, damit diesen Sohn zwar in einen Stand der Einzigartigkeit erhebt, die allerdings teuer bezahlt ist, denn der Sohn, Sklave dieser Gesetze, kann diese Gesetze nie erfüllen. Damit ist der Sohn in die Einsamkeit gestoßen, in eine andere Welt als die des Vaters, und überzeugt davon, den Anforderungen des Vaters und der Vaterwelt nicht genügen zu können. Immerhin besteht noch die Phantasie, dass es freie Menschen geben könnte, jenseits von Befehlen und Gehorchen.

Ein zweiter Aspekt des negativen Vaterkomplexes des Sohnes besteht darin, dass der Sohn nicht zum eigenen Weg ermutigt wird, sondern dass er den Weg gehen soll, den der Vater für ihn vorgesehen hat. Erkennt ein Vater das Wesen seines Sohnes, dann mag das weniger verhängnisvoll sein. Je mehr der Vater aber sich selber im Blick hat, je mehr ihm der Blick auf seinen Sohn damit verstellt ist, um so fataler wirkt sich diese scheinbare »Fürsorge« aus.

Ein dritter Aspekt des negativen Vaterkomplexes des Sohnes – und das scheint mir überhaupt das Wesen der ursprünglich negativen Komplexe zu sein – besteht darin, dass der Sohn mit dem Vater nicht in ein »Wir-Verhältnis« treten kann, weder im Sinne einer glücklichen Interaktion, bei der beide das Gefühl haben, dass durch ihr Miteinandersein etwas entsteht, was jeder für sich allein nicht entstehen lassen könnte, noch als Identifizierung.

Auch dafür gibt es eine Textstelle im Brief an den Vater:

> *»Damals und damals überall hätte ich die Aufmunterung gebraucht. Ich war ja schon niedergedrückt durch Deine bloße Körperlichkeit. Ich erinnere mich zum Beispiel daran, wie wir uns öfters zusammen in einer Kabine auszogen. Ich mager, schwach, schmal, Du stark, groß, breit. Schon in der Kabine kam ich mir jämmerlich vor, und zwar nicht nur vor Dir, sondern vor der ganzen Welt, denn Du warst für mich das Maß aller Dinge. Traten wir dann aber aus der Kabine vor die Leute hinaus, ich an Deiner Hand, ein kleines Gerippe, unsicher, bloßfüßig auf den Planken, in Angst vor dem Wasser, unfähig Deine Schwimmbewegungen nachzumachen, die Du mir in guter Absicht, aber tatsächlich zu meiner tiefen Beschämung immerfort vormachtest, dann war ich sehr verzweifelt, und alle meine schlimmen Erfahrungen auf allen Gebieten stimmten in solchen Augenblicken großartig zusammen.«*[107]

Ein Erlebnis, das normalerweise das »Wir-Erleben« stützt: sich gemeinsam mit dem Vater ausziehen, an Vaters Hand dann unter die Menschen gehen. Die Körperlichkeit des Erwachsenen wird bei hinreichend positiven Komplexen nicht als erdrückend erlebt, das Kind identifiziert sich eher damit, zumindest für die Zukunft. Kafka aber vergleicht sich mit dem Vater, müsste sein wie dieser und kommt sich wiederum, ganz im Sinne der vorherrschenden Komplexsituation, als »nichtig« vor, und das Vormachen der Schwimmbewegungen durch den Vater, das ja auch als liebevoll gesehen werden könnte, wird zum Symbol für die Unfähigkeit des Sohnes. In einer Situation, in der durchaus ein gewisses »Wir-Erleben« von der Situation aus möglich wäre, wird vom Sohn die Distanz erlebt. An dieser Stelle zeigt sich auch die Überforderung des Sohnes, die hier wohl bereits von ihm internalisiert ist und als eigener Anspruch erlebt wird. Auch das ist ein typischer Aspekt des ursprünglich negativen Vaterkomplexes des Sohnes.

Kafkas Vater wird von diesem als sehr unempathisch erlebt, als »letzte Instanz«, die hemmungslos Macht ausübt.

»Unverständlich war mir immer Deine vollständige Empfindungslosigkeit dafür, was für Leid und Schande Du mit Deinen Worten und Urteilen mir zufügen konntest, es war, als hättest Du keine Ahnung von Deiner Macht ... Du aber schlugst mit Deinen Worten ohne weiters los, niemand tat Dir Leid, nicht währenddessen, nicht nachher, man war gegen Dich vollständig wehrlos.«

Ein weiterer, vierter Aspekt des ursprünglich negativen Vaterkomplexes ist das Thema der Überforderung des Sohnes.

»Ich war immerfort in Schande, entweder befolgte ich Deine Befehle, das war Schande, denn sie galten ja nur für mich; oder ich war trotzig, das war auch Schande, denn wie durfte ich Dir gegenüber trotzig sein, oder ich konnte nicht folgen, weil ich zum Beispiel nicht Deine Kraft, nicht Deinen Appetit, nicht Deine Geschicklichkeit hatte, trotzdem Du es als etwas Selbstverständliches von mir verlangtest; das war allerdings die größte Schande.«[108]

Hier wird die Überforderung in einer komplexen Weise gezeichnet: Einmal ist der Sohn psychologisch überfordert: Befolgt er die Gesetze, dann ist das Schande, weil er sich dabei als einer ausweist, der sich immer noch den Gesetzen des Vaters unterzieht, nicht fähig ist, sich eigene Gesetze zu geben. Rebelliert er, was er zur Selbstverwirklichung müsste, dann ist das wiederum Schande, weil das vom Vater aus nicht erlaubt ist. (»Kein Wort der Widerrede!«[109]) Er ist gefangen in sich widersprechenden Gesetzen, die es ihm nicht ermöglichen, das eigene Lebensgesetz zu finden. Neben dieser psychologischen Überforderung ist eine ganz handfeste, alltägliche zu finden: nicht die Kraft des Vaters, nicht den Appetit des Vaters, nicht die Geschicklichkeit des Vaters zu haben … Diese Aufzählung lässt darauf schließen, dass dem Vater wichtig war, dem Sohn überlegen zu sein, und dass der Sohn sich von diesen lächerlichen Forderungen nicht distanzieren konnte. Auch das ist typisch für den ursprünglich negativen Vaterkomplex: Man müsste immer schon auf dem Stand der Autoritäten sein, ist man das nicht, ist das eine Ursache, sich nichtig vorzukommen. Denn nur, wenn man wäre wie diese »letzte Instanz«, hätte man eine Möglichkeit, nicht mehr Opfer dieser Instanz zu werden. Aus diesem unbewussten Befreiungsversuch, so zu werden wie die letzte Instanz, was allerdings nicht die wirkliche Freiheit brächte, aber immerhin die Möglichkeit, sich aus der Opferposition zu entwickeln, entsteht eine unheilvolle Haltung der Überforderung, die dann bewirkt, dass diese sich überfordernden Menschen an ihren unerreichbaren Zielen scheitern müssen und sich dann einmal mehr vernichtet fühlen. Hinter dieser Überforderung steckt zusätzlich auch der Wunsch, so zu sein wie der Vater, ein Wir-Erlebnis herstellen zu können und damit endlich den Segen des Vaters zu bekommen. Dieser Wunsch wird um so drängender, je mehr der Sohn das Gefühl hat, nicht der Sohn zu sein, den der Vater sich gewünscht hat.

Beim ursprünglich negativen Vaterkomplex erlebt der Sohn zunächst die Dominanz des Vaters, die mit einer Unterdrückung des Sohnes einher geht. Dadurch wird unter anderem auch das Vertrauen in das eigene Tun untergraben. Folgerichtig ist es dem Sohn versagt, seinen eigenen Weg zu gehen, der »Vater« oder »ein Vater« weiß dafür, wo der richtige Weg ist. Und dennoch gibt es kein Wir-Gefühl, der Sohn ist im wesentlichen als Mensch ausgestoßen, als Befehlsempfänger möglicherweise gebunden. Und dazu kommt die Forderung, dem Vater endlich zu gefallen, ihm gleich sein zu müssen, um endlich akzeptiert zu werden. So ist Scheitern unumgänglich. Kafka wurde in dieser komplexen Überforderungssituation sprachlos:

> *»Deine Drohung: ›Kein Wort der Widerrede!‹ und die dazu erhobene Hand begleiten mich schon seit jeher. Ich bekam vor Dir ... eine stockende, stotternde Art des Sprechens, auch das war Dir noch zu viel, schließlich schwieg ich, zuerst vielleicht aus Trotz, dann, weil ich vor Dir weder denken noch reden konnte.«*[110]

Sich in Schweigen zurückzuziehen ist eine Möglichkeit, sich in dieser unmöglichen Situation wenigstens vorübergehend zu retten, aber es ist eine Bewältigungshaltung, die in eine noch größere Isolation hineinführt.

Eine andere Möglichkeit bestünde darin, Beziehungen zu anderen Menschen zu suchen. Auch das versuchte Kafka, aber auch das wurde ihm unmöglich gemacht:

> *»Es genügte, dass ich an einem Menschen ein wenig Interesse hatte – es geschah ja infolge meines Wesens nicht*

sehr oft – dass Du schon ohne jede Rücksicht auf mein Gefühl und ohne Achtung vor meinem Urteil mit Beschimpfung, Verleumdung, Entwürdigung dreinfuhrst.«[111]

Es war offenbar nicht erlaubt, einen anderen Menschen auch gut zu finden. Das hätte möglicherweise dazu geführt, dass der Vater als das Maß aller Dinge relativiert worden wäre, es hätte auch die Vorbedingung für eine Ablösung vom Vater geschaffen.

Es gehört zum ursprünglich negativen Vaterkomplex, dass das Kind nicht freigegeben wird ins Leben hinaus, obwohl in der Beziehung von Vater und Sohn so viel Enttäuschung und Qual zu erleben ist. Oder vielleicht gerade deshalb.

In einem anderen Ausweg erweist er sich dann aber durchaus als Sohn seines Vaters, übernimmt sozusagen Schattenseiten:

»Um mich Dir gegenüber nur ein wenig zu behaupten, zum Teil auch aus einer Art Rache, fing ich bald an, kleine Lächerlichkeiten, die ich an Dir bemerkte, zu beobachten, zu sammeln, zu übertreiben. Wie Du zum Beispiel leicht Dich von meist nur scheinbar höherstehenden Personen blenden ließest und davon immerfort erzählen konntest, etwa von irgendeinem kaiserlichen Rat oder dergleichen ... Oder ich beobachtete Deine Vorliebe für unanständige, möglichst laut herausgebrachte Redensarten, über die Du lachtest, als hättest Du etwas besonders Vortreffliches gesagt, während es eben nur eine platte, kleine Unanständigkeit war (gleichzeitig war es allerdings auch wieder eine mich beschämende Äußerung Deiner Lebenskraft). Solcher verschiedener Beobachtungen gab es natürlich eine Menge; ich war glücklich über sie, ...es war nichts anderes für mich als ein übrigens untaugliches Mittel zur

> *Selbsterhaltung, es waren Scherze, wie man sie über Götter und Könige verbreitet, Scherze, die mit dem tiefsten Respekt nicht nur sich verbinden lassen, sondern sogar zu ihm gehören.«*[112]

Ähnlich wie sein Vater, der offenbar deutlich die Schwächen der Mitmenschen sah, sie benannte und an ihnen geißelte – es gibt dafür verschiedene Belegstellen in dem Brief an den Vater –, sah auch der Sohn überdeutlich die Probleme des Vaters, seine narzisstische Bedürftigkeit, die dazu führte, dass er »Höhergestellte« idealisierte, sein Bedürfnis nach »unanständigen« Redensarten, die wohl sexueller Art gewesen sein dürften.

Vaters Schwächen zu sehen und sie zu benennen war eine Möglichkeit, sich vom Vater abzugrenzen, ihm nicht die ganze Macht über das eigene Leben zu überlassen. Allerdings spricht Kafka von einem »untauglichen Mittel zur Selbsterhaltung«, der Vater blieb ja, trotz dieser menschlich-allzumenschlichen Seiten, so etwas wie ein Gott oder ein König. Es war also nicht möglich, dass sich die beiden zumindest in den Schwächen in einem Wir-Erleben finden konnten oder dass der Sohn zumindest für sich selbst dieses »Wir« in der Schwäche hätte herstellen können. So erwiesen sich diese scheinbaren »Auswege« aus der Komplexgebundenheit als Sackgassen.

Es stellt sich die Frage, welche Rolle die Mutter in der Auseinandersetzung mit dem Vater und dem Vaterkomplex spielte. Da es ein Brief an den Vater ist, ist es verständlich, dass die Mutter wenig vorkommt. Sie scheint eine ihrem Manne ergebene, ihn liebende Frau gewesen zu sein. Härten des Vaters schien sie mit Weichheit auszugleichen.[113]

> *»Wollte ich vor Dir fliehn, musste ich auch vor der Familie fliehn, selbst vor der Mutter. Man konnte bei ihr zwar*

immer Schutz finden, doch nur in Beziehung zu Dir. Zu sehr liebte sie Dich und war Dir zu sehr treu ergeben, als dass sie in dem Kampf des Kindes eine selbstständige geistige Macht für die Dauer hätte sein können.«[114]

Da die Mutter keine eigenständige Person war, also mit ihrem Beispiel auch demonstrierte, dass es besser war, ein Teil dieses Mannes zu sein, hatte der Sohn in ihr keine wirkliche Hilfe. Im Gegenteil:

»Die Mutter hatte unbewusst die Rolle eines Treibers in der Jagd. Wenn schon Deine Erziehung in irgend einem unwahrscheinlichen Fall mich durch Erzeugung von Trotz, Abneigung oder gar Hass auf eigene Füße hätte stellen können, so glich das die Mutter durch Gutsein, durch vernünftige Rede (sie war im Wirrwarr der Kindheit das Urbild der Vernunft), durch Fürbitte wieder aus, und ich war wieder in Deinen Kreis zurückgetrieben, aus dem ich sonst vielleicht, Dir und mir zum Vorteil, ausgebrochen wäre.«[115]

Auffallend ist das Bild, das Kafka hier braucht: Die Mutter als die Treiberin in der Jagd, er sozusagen das Wild, das von der Mutter dem Vater zugetrieben wird. Der Sohn als der Gejagte, für den es keine Befreiung zu geben scheint. Die Vorstellung allerdings, er hätte sich ohne diese ausgleichende, sanfte Mutter von dem Vater eher ablösen können über Trotz oder Hass, scheint mir reichlich hypothetisch zu sein. Das ändert aber nichts an der Tatsache, dass sich der Sohn offenbar in der Falle gefühlt hat. Eine Auseinandersetzung mit dem Vater war offenbar nicht möglich.

»Zwischen uns war es kein eigentlicher Kampf; ich war bald erledigt; was übrigblieb war Flucht, Verbitterung, Trauer, innerer Kampf.«[116]

Befangen in der Selbstentwertung
Die Schwierigkeit, sich aus diesem Komplex zu lösen

Eine wichtige Oase innerhalb dieses so sehr das Leben bestimmenden Komplexes war das Schreiben.

»Richtiger trafst Du mit Deiner Abneigung mein Schreiben und was, Dir unbekannt, damit zusammenhing. Hier war ich tatsächlich ein Stück selbstständig von Dir weggekommen, wenn es auch ein wenig an den Wurm erinnerte, der, hinten von einem Fuß niedergetreten, sich mit dem Vorderteil losreißt und zur Seite schleppt. Einigermaßen in Sicherheit war ich, es gab ein Aufatmen, die Abneigung, die Du natürlich auch gleich gegen mein Schreiben hattest, war mir ausnahmsweise willkommen. Meine Eitelkeit, mein Ehrgeiz litten zwar unter Deiner für uns berühmt gewordenen Begrüßung meiner Bücher: ›Legs auf den Nachttisch!‹ (meistens spieltest Du ja Karten, wenn ein Buch kam), aber im Grunde war mir dabei doch wohl, nicht nur aus aufbegehrender Bosheit, nicht nur aus Freude über eine neue Bestätigung meiner Auffassung unseres Verhältnisses, sondern ganz ursprünglich, weil jene Formel mir klang wie etwa: ›Jetzt bist Du frei!‹ Natürlich war es eine Täuschung, ich war nicht oder allergünstigsten Falles noch nicht frei. Mein Schreiben handelte von Dir, ich klagte dort ja nur, was ich an Deiner Brust nicht klagen konnte. Es war ein absichtlich in die Länge gezogener Abschied von Dir, nur dass er zwar von Dir erzwungen war, aber in der von mir bestimmten Richtung verlief.«[117]

Dass Kafka mit seinem Schreiben seiner Ablösung die Richtung gab, gab diesem doch eine wesentlich größere Bedeutung zur Erlangung der Autonomie, als das Bild des Wurmes es zunächst suggeriert. Das Schreiben war ein Bereich, der vom Vater nicht besetzt war, wo also für den Sohn eine relative Freiheit der Eigengestaltung bestand. Dass der Inhalt des Schreibens sich um das vom Vater Geprägte, um die Vaterkomplexwelt und dann auch um das archetypisch Väterliche bewegte, spricht nicht gegen eine Ablösung im Schreiben, die Frage wäre, ob sich ein Prozess der Ablösung im Werk von Kafka nachweisen lässt. Dass er im Bereich dieses sein Leben dominierenden Komplexes schreiben musste, ist psychologisch verständlich und bedeutet keineswegs, dass er, gefiltert durch seine Erfahrung, nicht auch wesentliche allgemeine Erfahrungen mit dem Vaterkomplex beschreiben konnte. Gerade an Kafka erweist es sich, wie sehr eine bestimmte Komplexfärbung, besonders wenn sie einseitig ist, die Sensibilität für Ausdrücke eben dieser Komplexprägung im gesellschaftlichen Alltag schärft. Allerdings wird auch hier wiederum deutlich, wie sehr Kafka den Vaterpart seines ursprünglich negativen Vaterkomplexes internalisiert hatte: Er urteilte einerseits genauso über sein Schreiben, wie es sein Vater getan hätte. Er entwertete es, andererseits schien er durchaus den Wert des Schreibens für sich selbst, auch im Bestehenwollen vor dem Vater, zu kennen. Es wären also – zumindest von außen gesehen – beide Pole des Vaterkomplexes erlebbar gewesen, bewusst war ihm wohl nur der Part des Wurmes, der sich aber dank der Kreativität immerhin in Sicherheit bringen konnte. Dennoch: Er konnte sich nicht wirklich freuen an seinem Erfolg ohne den Segen des Vaters.

»Meine Selbstbewertung war von Dir viel abhängiger als von irgend etwas sonst, etwa von einem äußeren Erfolg.«[118]

Kafka versuchte verzweifelt, »frei« zu werden von diesem ihn dominierenden Vaterkomplex. Das Schreiben allein genügte nicht, er bekam dafür auch nicht den Segen des Vaters. So versuchte er es mit der Ehe:

> »*Die Heirat ist gewiss die Bürgschaft für die schärfste Selbstbefreiung und Unabhängigkeit. Ich hätte eine Familie, das Höchste, was man meiner Meinung nach erreichen kann, also auch das Höchste, das Du erreicht hast, ich wäre Dir ebenbürtig, alle alte und ewig neue Schande und Tyrannei wäre bloß noch Geschichte ... das Heiraten ist zwar das Größte und gibt die ehrenvollste Selbstständigkeit, aber es ist auch gleichzeitig in engster Beziehung zu Dir ... So wie wir aber sind, ist mir gerade das Heiraten dadurch verschlossen, dass es gerade Dein eigenstes Gebiet ist.*«[119]

Diese Heiratsabsichten scheitern, müssen scheitern, denn es kann nicht der Sinn der Ehe sein, sich dem Vater als ebenbürtig zu erweisen und damit eine mögliche Ablösung in die Wege zu leiten. An sich wäre die Faszination durch die Frau durchaus eine Möglichkeit, Seiten an sich zu erleben, die nicht vom Vaterkomplex besetzt sind. Es würde in diesem so sehr vom Patriarchalen geprägten System in der Tat darum gehen, das Weibliche in seinem Wert zu sehen und auch zu integrieren.

Emrich fasst in einem sehr lesenswerten Nachwort zu diesem Brief an den Vater die Hauptproblematik schlüssig zusammen:

»Kafkas absolutes, wahrheitsstiftendes, männliches ›Selbst‹ sieht kein absolutes, wahrheitsstiftendes weibliches ›Selbst‹ in der Geliebten. Daher kann keine Liebe entstehen, die den Teufelskreis von Herrschen und Beherrschtwerden, Unter- und Überlegenheit zu durchbrechen vermöchte ...«[120]

In diesem Vaterkomplexsystem hat die Frau keinen ihr gemäßen Ort. Liebe ist in diesem System nicht möglich. Emrich ist im übrigen der Ansicht, dass Kafka in diesem Brief nicht sein Problem mit dem Vater darstellt, sondern dass es ihm darum geht, eine patriarchale Welt zu zeigen, vielmehr das Ende einer patriarchalen Welt. Der Vatergott wird gezeigt in seiner Funktion des alles Unterdrückens, die Söhne opfern sich in grandiosem Schuldbewusstsein, ohne dass das Opfer etwas bringen würde, die Einheit von Vater und Sohn könnte als eine absolute Einheit verstanden werden, die allerdings nicht zu erreichen ist. Frauen taugen letztlich auch nicht, um diese Einheit herzustellen.

Natürlich kann man diesen Brief auch so verstehen. Der persönliche negative Vaterkomplex, unter dem Kafka mit größter Sicherheit gelitten hat, hat seine Entsprechungen in einer patriarchalischen Welt. Was im Leben des einzelnen so zerstörerisch war, erweist sich auch in Systemen, die auf Dominanz und Unterwerfung hin angelegt sind, als zerstörerisch. Wer so sehr unter einem persönlichen Komplex leidet, andererseits so kreativ ist, wird niemals nur das Persönliche am Komplex beschreiben, sondern diesen auch in seiner Bedeutung für das gesellschaftliche und kulturelle Leben beschreiben.

Es ist natürlich möglich, diesen Brief auf der kollektiven Ebene zu lesen, weniger als das persönliche Drama von Kafka, sondern als ein Drama von Söhnen mit Vätern, die sich als Götter verstehen wollen und darum ihre Söhne zu einem Nichts erklären, weil sie ihren Selbstwert offenbar selber nur mühsam aufrechterhalten können. Dennoch meine ich, dass man diesen Text auch als Innenbeschreibung eines ursprünglich negativen Vaterkomplexes verstehen kann, mit allen Konsequenzen.

Natürlich fragt man sich, warum es Kafka nicht gelungen

ist, sich wenigstens etwas mehr aus diesem Vaterkomplex zu emanzipieren. Der ganze Brief ist geprägt von einem Hunger nach der Anerkennung durch den Vater, vom Hunger nach der Liebe des Vaters. Er wollte sich den Segen des Vaters erringen, konnte nicht akzeptieren, dass er ohne diesen Segen leben musste. Möglicherweise hängt diese Fixierung am Vaterkomplex damit zusammen, dass die beiden sich wirklich lieben wollten, dass es ihnen aber auf Grund ihrer großen Verschiedenheit nicht möglich war. Es wurden durchaus Wege aus der Komplexbefangenheit eingeschlagen; besonders die Kreativität wäre ein hervorragender Weg gewesen, hätte Kafka nicht aus seinem Komplex heraus sein eigenes Tun immer wieder entwerten müssen. Diese Identifikation mit dem Anteil des Richters in sich selbst, der letzten Instanz, bringt es mit sich, dass jeder gangbare Weg von vornherein entwertet wird. Da könnte in der Tat nur ein liebevolles Umgehen mit sich selbst helfen. Dafür wäre die Mutter möglicherweise ein Modell gewesen, sie wurde aber in diesem System als so belanglos eingestuft, dass das, was von ihr kam, auch wieder der Entwertung verfiel.

Die Hauptaspekte des ursprünglich negativen Vaterkomplexes des Mannes

1. Der Vater, die Väter werden als Vertreter eines gültigen Gesetzes gesehen. Trotz allen Bemühens bleiben die Söhne ein Nichts. Es besteht ein Herrschafts-Untertanen-Verhältnis, kein solidarisches Wir-Verhältnis. Die Teilhabe wird verweigert, es besteht das Gefühl, von Mächtigem manipuliert zu werden, selber ein Sklave zu sein. Es ist leicht möglich, Verfolgungsideen zu entwickeln.
2. Die Faszination des je eigenen Weges ist verboten. Der Vater oder die Väter bestimmen den Weg. Phantasien, die sich

mit dem eigenen Weg beschäftigen, sind nicht gefragt, Anpassung, die allerdings nie gut genug ist, wird gefordert.
3. Man müsste dem Vater ebenbürtig sein. Dieser steht in einer nicht ausdrücklich ausgesprochenen Rivalitätssituation zum Sohn. Der Sohn bekommt keine Anstöße, sondern wird gefragt, warum er etwas noch nicht kann. Freude an der Leistung ist nicht möglich, denn der Sohn hinkt immer den Anforderungen nach, die an ihn gestellt werden. Es sieht so aus, als würde auf der Leistungsebene Teilhabe angeboten, die auf der emotionalen Ebene versagt wird. Aber das ist eine Täuschung, ein Betrug. Diese Teilhabe ist nicht zu erringen, weil der Sohn niemals die Anforderungen des Vaters erfüllen kann, er fühlt sich schuldig und beschämt. Würde er allerdings die Anforderungen des Vaters erfüllen oder gar übertreffen, bekäme er die Anerkennung auch nicht, dann würde der Vater die nächste »unlösbare« Aufgabe stellen.
4. Das vorherrschende Gefühl dieser Komplexkonstellation sind die Schuld- und die Schamgefühle, verbunden mit Gefühlen der Nichtigkeit. Diese bewirken oft eine Sprachlosigkeit, verbunden mit dem Wunsch nach Rache und Zerstörung. In einer progressiveren Form wird versucht, dem Vater doch noch ebenbürtig zu werden, um endlich diese Schuld- und Schamgefühle zu überwinden. Damit wird die Situation ausweglos, weil man um die Anerkennung eines Menschen ringt, die man nicht bekommt oder nicht in der Weise, wie man sie haben möchte. Solange man um die Anerkennung von einem Elternteil buhlt, bleibt man in dessen Bannkreis. Geopfert werden müsste nicht die eigene Bedeutung und das eigene Leben, sondern das Bedürfnis nach Akzeptanz durch den Vater. Man müsste sich selber die Daseinsberechtigung geben.

Männer mit einem ursprünglich negativen Vaterkomplex haben ein großes Bedürfnis nach Anerkennung durch andere Männer. Bekommen sie die Anerkennung, dann misstrauen sie ihr, die Anerkennung wird entwertet. Das Rivalisieren um jeden Preis gehört auch zum ursprünglich negativen Vaterkomplex, ist sogar noch ein Indiz dafür, dass der Sohn nicht ganz zerstört worden ist in seinem Selbstwertgefühl, aber eben auch nicht gefördert. Dieses Rivalisieren wird als sehr schmerzhaft erlebt, denn tief in seiner Seele weiß der Rivalisierende, dass er unterliegen muss und dass er unterliegen wird. Das hängt einerseits damit zusammen, dass die kritisierende Vaterinstanz des Komplexes längst internalisiert, unbewusster Teil des Ich-Komplexes geworden ist, zum ändern dürfen diese Menschen nicht gewinnen, denn dann würden sie den Segen des Vaters, auf den sie wider bessere Vernunft hoffen, sicher verspielen. Die fordernde Art, wie sie mit sich selber umgehen, das unerbittliche Sich-selbst-Kritisieren und -Entwerten ist auch ein Verhalten, das sie in Beziehungen hineintragen. So wie sie sich selbst gegenüber hart und fordernd sind, sind sie es auch den Mitmenschen gegenüber. So wie sie selber letztlich nichts anerkennen können, was sie gemacht haben, so können sie auch Leistungen von anderen Menschen nicht anerkennen. Das Lebensgefühl dieser Menschen ist ein extrem angestrengtes, ohne dass sie ihre Erfolge genießen könnten. Irgendwie rennen sie immer mit hängender Zunge einem Phantom nach, einem Phantom, wie sie (in den Augen des Vaters) sein müssten und wie sie nie sein können.

Wie bei jedem anderen dominierenden Komplex geht es darum, die beiden Pole des Komplexes bei sich selbst bewusst wahrzunehmen. Der internalisierte Vaterpart des Vaterkomplexes vor allem muss wahrgenommen werden und auch in seine Schranken gewiesen werden. Sätze wie: »Alle anderen sind toll, ich bin ein Nichts« müssen auf ihre Komplexherkunft bezogen und revidiert, allenfalls vorübergehend sich verboten werden.

Die Suche nach dem eigenen Weg – ohne den Segen des Vaters – ist vorrangig. Diese Suche setzt voraus, dass man den Gedanken opfert, so erfolgreich oder noch erfolgreicher zu werden als der Vater. Steigt man einmal aus der Rivalität aus, dann werden die Lebensgebiete sichtbar und »bewohnbar«, die beim Vater ausgespart waren: Das sind ganz besonders die Räume der Anima.

»Eigentlich tauge ich nichts«

Der ursprünglich negative Vaterkomplex bei der Frau

Je nach Vatertyp, zeigt sich der ursprünglich negative Vaterkomplex in verschiedenen Lebensbereichen der Frau.

»Ich weiß schon, dass du es nie schaffen wirst«
Karin

Eine 23-jährige Frau, Karin, arbeitet in einer höheren Position in einer Bank. Sie hat außerordentlich gute Qualifikationen und bereits einen beachtlichen Aufstieg hinter sich. Sie fühlt sich aber ständig müde, lustlos und leidet an vielen banalen Infekten. Ihr Hausarzt hatte ihr Psychotherapie vorgeschlagen, da er fand, es stimme etwas mit ihrer »Abwehr« nicht, und das könne nicht nur körperlich bedingt sein. Sie wirkt energisch, patent, weiß, was sie will, hat einen forschen Schritt, spricht keinen Satz zu viel, aber auch keinen zu wenig. Sie weint sehr rasch, es ist ein gequältes Weinen. Ihr Gesicht verzieht sich zunächst noch ohne Ton, dann mit leisem gequältem Ton: Es wirkt, als wäre der Impuls zu weinen und das Verbot zu weinen etwa gleich stark und gleichzeitig wirksam. Sie beurteilt sich leicht:

»Eigentlich tauge ich nichts, es ist nur noch niemand dahintergekommen. Ich bringe niemals die notwendige Konsequenz auf, die man für eine Spitzenposition braucht. Ich erreiche alles bloß, weil ich fleißiger bin als andere. Ich ersetze mangelnde Begabung durch Fleiß. Das hat man mir zu Hause schon immer gesagt, und das stimmt auch.«

Karin hat sehr hohe Ansprüche, die sie zu erfüllen hat. Erfüllt sie diese Normen und Werte nicht, dann ist sie ein Nichts, verliert also ihre Identität. Aber auch wenn sie die harten Anforderungen erfüllt, hilft das nichts, denn es ist nach ihrer Wahrnehmung bloß ein Irrtum, wenn andere ihr bestätigen, dass ihre Leistungen gut sind. Anderen Menschen gegenüber ist Karin sehr fordernd und hart. So kritisiert sie ihren Chef auch sehr hart. Erfüllen Menschen ihrer Umgebung die Anforderungen nicht, dann sind sie eben auch »Nichts«, es gibt keine Entschuldigungsgründe und keine Möglichkeit des Verzeihens. Sie hat ein sehr kritisches Auge. »Da bin ich ganz die Tochter meines Vaters.« Sie hat aber nicht nur ein kritisches Auge, ihr Leben steht auch als Ganzes unter dem Blick eines kritischen Auges. Alles, was sie tut, wird kritisch begutachtet. Es gibt so etwas wie einen absolut kritischen Blick, unter dem sie bestehen müsste: das Auge Gottes, aber nicht im Sinne eines wohlwollenden, gütigen Auges. Sie fühlt sich denn auch ständig schuldig, hat den Eindruck, wesentlich mehr Schuld auf sich zu ziehen als andere Menschen. Sie erinnert sich daran, dass ihr Vater immer wieder gesagt hat: »Einige wenige Gesetze müssen einfach respektiert werden, sonst bist du nicht meine Tochter, aber ich weiß schon (und hier pflegte er zu seufzen), dass du es nicht schaffen wirst.«

Sie versucht verzweifelt, diesen Anforderungen gerecht zu werden, mit der tiefsten Überzeugung, dass sie es nie schaffen wird, und der verzweifelten Hoffnung, es vielleicht doch zu schaffen.

Auch in ihrem Leben gibt es Oasen: Sie ist manuell sehr begabt, sie arbeitet in der Freizeit mit Ton, seit sie 18 ist. Immer wieder wird ihr nahegelegt, mit ihren eigenwilligen, formschönen Gegenständen eine Ausstellung zu machen. Beginnt sie, einen Prospekt zusammenzustellen, macht sie alle Abmachungen rückgängig: Ihre Sachen könnten niemals vor den Augen der anderen Menschen bestehen.

Sie bezeichnet sich als »gefühlsmäßig sehr einsam«. »Ich gehöre zu niemandem, und ich habe auch nie zu jemandem gehört.« Auf einer Familienzeichnung von ihrer Kindheit malte sie Eltern und Geschwister auf die Vorderseite, jedes Familienmitglied bekam eine Ecke zugeteilt, sich selber zeichnete sie auf die Rückseite des Blattes. Damit wird sehr deutlich, dass sie nicht wirklich teilhat an der Familie, dass es das Prinzip der Teilhabe für sie nicht gibt. Sie hat keine engeren Beziehungen, natürlich pflegt sie den Kontakt zu einigen Kolleginnen und Kollegen, aber eigentlich hat sie auch keine Zeit für »Beziehungspflege«, und im übrigen findet sie Männer und Frauen ihres Alters uninteressant. Gehe sie einmal zu einer Einladung, dann sei sie bald allein. Auch an ihrem Arbeitsplatz fühlt sie sich »ausgestoßen«, wie auch immer wieder von mir in der therapeutischen Situation. Erst sehr viel später im Verlaufe der Therapie wurde ihr bewusst, wie sehr sie selber die Tendenz hat, Menschen auszustoßen. Im Geschäft galt sie als kritisch-intellektuelle moralische Instanz, ihre Mitarbeiterinnen und Mitarbeiter fühlten sich »schon kritisiert, wenn ich bloß auftauche«.

»Aus dir wird nie eine richtige Frau«
Der Hintergrund dieser Komplexkonstellation

Die Mutter gebrauchte immer wieder den Satz: »Ich mische mich da nicht ein. Vater hat das Sagen.« Karin war das erste Mädchen, die Eltern waren enttäuscht, sie hatten auf einen Stammhalter gehofft. Dennoch stand sie dem Vater sehr nah, auch als er seinen Stammhalter dann doch noch bekam. Der Vater pochte auf Anstand. Als Sechsjährige hatte sie einmal 20 Rappen geklaut. Noch zu der 14-jährigen sagte der Vater immer wieder: »Anstand ist das Wichtigste im Leben, aber du schaffst das wohl nicht.« Karin war überzeugt, dass er immer noch an die 20 Rappen dachte, sie fragte aber nicht nach. Die Schulleistungen waren dem Vater sehr wichtig. Dass sie eine sehr gute Schülerin war, verhalf ihr dazu, »die Sonderposition beim Vater zu behalten«. Der Vater selber hatte es schulisch nicht sehr weit gebracht. Trotz eines ausgezeichneten Zeugnisses beim möglichen Schulübertritt ins Gymnasium bestand der Vater darauf, dass dieses nicht gut genug, sie also auch keine Schülerin fürs Gymnasium sei. Er ließ sich auch nicht durch den Lehrer umstimmen. Sie besuchte nicht das Gymnasium. Damals empfand sie diese Entscheidung als ein Zeichen dafür, wie sehr ihr Vater seine »Vaterpflichten« ernst nahm, erst nach und nach grollte sie ihm im geheimen. Sie erzählt: »Er hat die Schulaufgaben kontrolliert, den Lesestoff, die Freundinnen, die Kleider ... Ich hätte so gerne einmal gehört, dass er stolz auf mich ist, ich würde es immer noch gerne hören, dass er stolz auf mich ist, dass ich ihm gefalle, nicht als Frau, sondern in der Art, wie ich ›meinen Mann im Berufsleben stehe‹.« Es fällt ihr dann aber auch ein, dass es ihrem Vater vielleicht überhaupt nicht möglich ist, sie zu akzeptieren, denn eigentlich habe sie es doch schon weiter gebracht als er. Sie erinnert sich, dass er zwar von ihr immer gefordert habe, die besten Noten nach Hause zu bringen, dass er aber gleichzeitig auch immer gesagt habe, dass es auf die Schulnoten im Leben ja nicht ankomme. Auch sie muss auf den Segen des Vaters verzichten.

Sie ist fähig, ihren Wunsch nach Anerkennung durch den Vater zu revidieren, auf diese Anerkennung könnte sie notfalls verzichten, sie möchte sich aber nicht mehr so gehetzt fühlen, sie möchte nicht ständig in dem Zwang sein, von jemandem anerkannt zu werden. Sie hatte verstanden, dass sie diese Sehnsucht nach Anerkennung besonders in ihrem Arbeitsleben auf viele Menschen, die anstelle des Vaters stehen können, ausgedehnt hatte. Wonach sie sich jetzt sehnte, war ein Lebensgefühl des einfachen Seindürfens. Es ist typisch für eine Frau mit diesem ursprünglich negativen Vaterkomplex, dass sie leichter auf die Anerkennung durch den Vater und durch die Väter verzichten kann, weil es einen Aspekt des weiblichen Selbst gibt, den dieser nicht abdecken kann. Sie verliert, bekommt sie die Anerkennung des Vaters nicht, nicht ihre Identität, sie ist im Gegenteil dann gezwungen, sich auf ihre Identität außerhalb dem vom Vater Geprägten zurückzubesinnen.

Als dieser Prozess einsetzte, entwickelte sie zunächst eine große Wut auf ihre Mutter, die sie »einfach dem Vater überlassen hatte«. Immer mehr kristallisierte sich bei ihr die Idee heraus, die Mutter habe das erste Kind für den Vater bekommen und es ihm übergeben, die beiden anderen Kinder hätte sie dann in Ruhe für sich selbst haben können, die seien beide ganz anders als sie selbst. Sie fühlt sich auch sehr verschieden von ihrer Mutter und vermutet, sie seien vielleicht schon immer sehr verschieden gewesen. Nach und nach kamen – besonders auch in Träumen – Bilder von mütterlichen Frauen, bei denen sie Geborgenheit findet, bei denen sie gerne ist, und sie findet auch Erlebnisse mit der Mutter, die zeigen, dass die Mutter sie nicht nur dem Vater übergeben hat.

Karins Vater war wohl ein vaterkomplexiger Vater, bei dem die Pflichterfüllung im Vordergrund stand. Es ist deshalb auch typisch, dass bei Karin die Arbeitswelt zunächst so sehr im Vordergrund stand: Auf dem Gebiet der Leistung versuchte sie ihrem Vater zu beweisen, dass sie eine würdige Tochter sei, auf dem Gebiet der Leistung zeigte sich dann letztlich auch ihr Überfordertsein.

Helen

Eine 26-jährige Frau erzählt von ihrer Enttäuschung über den Vater: »Etwa als ich elf Jahre alt war, sagte der Vater erstmals, er wisse nicht, ob aus mir einmal eine richtige Frau werde. Das sagte er immer wieder. Ich versuchte herauszufinden, was denn für den Vater eine richtige Frau sei. Er zeigte mir einmal eine gut geschminkte Frau mit einer tollen Figur und weitem Ausschnitt. Als ich dreizehn war, meinte er, jetzt müsste ich dann doch endlich ›Formen‹ bekommen, und wieder fiel der Satz, aus mir werde bestimmt keine rechte Frau. Da versuchte ich, mich toll anzuziehen, um dem Vater zu gefallen. Der war mir nämlich wichtig, ihm wollte ich gefallen, auch wenn ich es nicht konnte. Als ich einen Ansatz von einem Busen hatte, trug ich auch einen weiten Ausschnitt. Da sagte er: ›Aus dir wird eine Nutte.‹ Ich konnte mich auf den Kopf stellen, es war einfach alles nicht recht. Bis etwa zwanzig versuchte ich alles, um ihm zu gefallen. Es gelang mir einfach nicht. Heute würde ich sagen, ich war schuldig, wenn ich ihn verführte, ich war aber auch schuldig, wenn ich ihn nicht verführte. Ich habe es dann auch mit jungen Männern versucht, aber irgendwie hatte ich immer das Gefühl, gar nicht gemeint zu sein. Dann fand ich eine Frau, und an ihr habe ich gelernt herauszufinden, was für eine Frau ich überhaupt bin, welche Facetten als Frau ich habe. Was ich heute noch nicht verstehe ist, wie ich meinen Vater so als Zentrum meines Lebens betrachten konnte. Meine Mutter ist ganz in Ordnung, sie versuchte mir auch verschiedentlich zu sagen, ich sei als Mädchen schon richtig. Aber letztlich spielte sie wohl dasselbe Spiel: Auch sie wollte meinem Vater gefallen, und es gelang ihr nicht. Immer Missfallen auszudrücken, das gibt eine unheimliche Macht.«

Der Vaterkomplex, der durch diesen Vater gesetzt wurde, war auf der Ebene der äußeren Erscheinung als Frau wirksam, das Thema »eine rechte Frau« zu sein, oder eben keine rechte Frau zu sein; aber auch die Angst, sich einem Mann ganz anpassen zu müssen und dabei sich selbst zu verlieren, ohne entscheidend etwas dafür zu gewinnen, waren Themen, die für Helen zentral waren. Auf dem Arbeitsgebiet war dieser Vaterkomplex nicht wirksam, er beeinflusste aber deutlich ihre Beziehung zu männlichen Partnern.

Beide Frauen waren, ohne dass sie konkret vergewaltigt worden wären, dennoch in der Entwicklung zu ihrem weiblichen Selbst vergewaltigt. Die Gesetze des Vaters galten und nicht das eigene Lebensgesetz der Tochter, beiden Frauen wurde ihr Weg vom Vater vorgezeichnet, sie hatten nicht das Recht, ihn selbst zu wählen. Beide gingen den Weg in einer großen Unbedingtheit, immer noch in der Hoffnung auf Akzeptanz, auf den Segen des Vaters. Helen, die eine bessere Mutterbeziehung hatte, konnte auf diesen Segen weit früher verzichten als Karin. Mit beiden Vätern konnten die Töchter kein »Wir-Erleben« herstellen. Die Überforderung besteht auch bei den Töchtern darin, dass sie ein Wir herstellen müssen über die Leistung, wobei gar kein Wir herzustellen ist. Dadurch wird aber nicht ihre wirkliche Identität in Frage gestellt, sondern der unergiebige Kampf um Anerkennung lässt die Frauen früher oder später ahnen, dass es noch eine andere Form des Lebens für sie geben muss. Die Sehnsucht nach einer wirklichen Teilhabe wird wach. Sie spüren, dass sie durch diese Väter, die sehr darauf bedacht sind, ihre Töchter bloß nicht »groß« werden zu lassen, sich von ihnen bloß nicht »überwachsen zu lassen«, die Sehnsucht nach einem ozeanischen Lebensgefühl nicht befriedigen können.

Die Väter, die den Töchtern so eindeutig das »Wir-Erleben« verweigern, bewirken, dass die Töchter sich außerhalb dieses Vaterkomplexes Lebensraum suchen. Problematischer wird es bei Vaterkomplexen, die weniger deutlich sind in der Einschränkung der Selbstverwirklichung der Tochter: Es besteht dann weniger die Notwendigkeit, sich abzulösen von diesen Komplexen, was wiederum bewirkt, dass diese Frauen sehr leicht in Tochterpositionen gehen, dafür auch etwas gelobt, letztlich aber doch nicht ernst genommen werden, und ihr Leben so leben, dass sie sich Mühe geben, die Väter und in der Folge dann die Männer nicht zu überragen. Sie ziehen gleichsam immer etwas ihren Kopf ein, das heißt aber, sie werden immer etwas schuldig an sich selbst, ohne dass dieses Lebensgefühl es absolut erforderlich machen würde, konsequent und entschlossen das eigene Selbst und die damit verbundene Lebensform zu suchen.

Landnahme im unbekannten Land

Schlussfolgerungen

Die wenigsten Menschen sind so einseitig von einem Komplex geprägt, während der jeweils andere Teil des Elternkomplexes so wenig betont ist, wie in diesem Buch beschrieben. Diese Komplexbeschreibungen sind zu verstehen als Bausteine, durch die dann die Komplexlandschaft eines individuellen Menschen besser verstanden werden kann. Es gibt jede erdenkliche Art der Zusammensetzung von Mutter- und von Vaterkomplexen. Und dennoch: Selbst bei Menschen, die eine relativ ausbalancierte Mutter- und Vaterkomplexstruktur haben, gibt es Zeiten im Leben, in denen – in Interaktion mit anderen Menschen und mit den Anforderungen des Lebens und des Berufs – jeweils bestimmte Komplexanteile mehr konstelliert werden, mehr zum Tragen kommen. So ist die Frage weniger die: *Habe* ich einen ursprünglich positiven Mutterkomplex, als: *Wo* habe ich meinen ursprünglich positiven Mutterkomplex, wann konstelliert er sich, und wie wirkt sich diese Erfahrung dann auf mein Selbsterleben und auf meine Beziehungen aus? Oder: Wenn in meinem Leben der Vaterkomplex konstelliert wird: welche Art von Vaterkomplex ist es? Welche Komplexsätze werden reaktiviert? Muss ich komplexhaft reagieren, wie ich schon immer reagiert habe, oder kann ich anders reagieren?

Sind die konkreten Beziehungspersonen ausgefallen, so werden sie auch bei der Bildung der Komplexe in der Regel ersetzt. Die Komplexe werden durch die sozialen Mütter und Väter nur primär gesetzt. Sind Väter nicht vorhanden, werden die Vaterkomplexe einerseits durch andere männliche Beziehungspersonen gesetzt, sie haben dann die Charakteristik, dass sie meistens in der Interaktion mit verschiedenen »Vätern« erworben sind, was im Vaterkomplex einerseits mehr verschiedene Facetten sichtbar macht, andererseits aber auch anfällig macht für die kollektiven Aspekte des Vaterkomplexes, für das, was in einer gewissen Zeit als väterlich gilt und für archetypisch Väterliches. Die Ablösung erscheint mir dann um so schwieriger, weil die Komplexsätze im engeren Sinn, die sich ja meistens als etwas »Sperriges« in unserem Leben zeigen, kaum vorhanden sind, diese Menschen also den Eindruck haben, es sei gar keine Ablösung notwendig. Es ist ja auch in der Tat viel schwieriger, sich von Phantasien, die einem zudem kaum bewusst sind, abzulösen, als von konkreten Beziehungspersonen. Mit unseren Komplexen sind allerdings, auch wenn die Personen anwesend sind, die Anteil an diesen Prägungen haben, immer auch viele Phantasien verbunden – persönliche und archetypische. Beim Nachdenken über unsere eigenen Mutter- und Vaterkomplexe wird auch auffallen, dass etwa im Verhalten der Mutter auch viel »Vaterkomplexiges« war, wobei dann immer noch herauszufinden ist, ob sie die Tochter des Vaters blieb, oder ob sie weitgehend mit dem Vater des Vaterkomplexes identifiziert war; ob eine Komplexfixierung vorherrschte oder mehr nur eine Komplexbetonung. Eine Komplexfixierung bedeutet, dass der Ich-Komplex sich nicht altersgemäß aus dem Vaterkomplex entwickelt hat oder möglicherweise nur in bestimmten Lebensbereichen, so dass ganze Komplexprägungen weitergegeben werden. Mütter mit Komplexfixierungen geben ihre eigenen Komplexerfahrungen praktisch unkorrigiert – etwas korrigiert möglicherweise nur durch den Zeitgeist – weiter.

Es ist in diesem Zusammenhang auch zu bedenken, dass es so etwas wie »kollektive Komplexe« gibt, die uns in unseren Komplexprägungen auch mit beeinflussen. Da in unserer androzentrischen Gesellschaft vieles, was zum Vaterkomplex gehört, als »normal« erfahren oder gar als wertvoll dargestellt wird, damit aber das, was zum Mutterkomplex gehört, als unwichtiger gesehen und auch unterschwellig immer wieder entwertet wird, wird unsere persönliche Komplexstruktur zusätzlich von einem kollektiven Vaterkomplex umlagert, der zumindest für die Frauen ein negativer Vaterkomplex ist, in dem Sinne, dass die Frauen durch diesen kollektiven Komplex nicht in ihrem eigenen Wesen gefördert werden, nicht ermutigt werden, ihre eigene Individualität zu finden. Für den Mann wäre es ein Vaterkomplex, der ihm erlaubt, in der Sohnposition zu bleiben und sich von einer notwendigen Entwicklung auszuschließen. Die vordergründige Idealisierung und die hintergründige Entwertung all der Lebensräume, die mit dem ursprünglich positiven Mutterkomplex zusammenhängen, bewirkt, dass auch ein durchaus positiver Mutterkomplex von einem kollektiven entwerteten Mutterkomplex verschattet wird. Für die Frauen bedeutet das, dass sie leicht das Gefühl haben, zwar im Erleben und im Beurteilen ganz einverstanden zu sein mit sich selbst als Frau, dann aber doch immer wieder konfrontiert zu werden mit einer kollektiven Strömung des Zweifels an der weiblichen Identität, mit einer latenten Entwertung des Frauseins. Heute gibt es als Gegenreaktion darauf eine die Frauen sehr aktivierende Sehnsucht, diese weibliche Identität zu bestimmen und zu behaupten und ihren ursprünglichen Wert einzufordern.

Die Bereitschaft, neu geboren zu werden

Im Zusammenhang mit den persönlichen Mutter- und Vaterkomplexen ist die Notwendigkeit der altersgemäßen Ablösung wesentlich. Viele Probleme, persönliche und solche im privaten Beziehungsbereich, aber auch im politischen Bereich, hängen damit zusammen, dass die notwendigen Ablösungen nicht geleistet sind. Damit ist nicht gemeint, dass wir uns ganz und gar von den Elternkomplexen ablösen könnten, aber es ist möglich, sich jeweils mit den Aspekten auseinanderzusetzen, die uns als »immer gleiche Schwierigkeiten« im Leben begegnen. Besonders zu beachten ist auch, wie sehr wir oft mit dem Mutter- oder Vaterpart unserer Komplexe identifiziert sind, ohne es zu »wissen«. Sind wir zu wenig abgelöst, dann leben wir unser Leben unter den immer gleichen Befürchtungen und mit den immer sich gleichenden Erwartungen, die irgendwie an der Realität vorbeigehen; eventuell bauen wir riesige Kompensationsstrukturen auf, in die wir viel Zeit unseres Lebens investieren und die uns letztlich doch unbefriedigt lassen. Möglicherweise haben wir sogar diffuse Schuldgefühle dabei, zu Recht, weil wir nicht wir selbst sind, weil wir nicht – in einem kontinuierlichen Prozess der Entwicklung – immer mehr wir selbst werden, sondern unter dem »Schutz« unserer Komplexe die bleiben, die wir nicht wirklich sind. Sich selbst zu verpassen im Leben ist wohl eine große Schuld – unser Unbewusstes reagiert in der Regel darauf. So besehen könnte man den ganzen Lebensprozess, wie Fromm das vorschlägt[121], als einen Geburtsprozess verstehen, jede Stufe des Lebens ist also vorläufig zu betrachten, letztlich mit dem Ziel, »geboren zu werden, bevor man stirbt«.

Diese Bereitschaft, immer wieder neu geboren zu werden, wäre die Bereitschaft, immer wieder die Gewohnheiten, die sich aus den vertrauten Komplexprägungen ergeben, in Frage zu stellen; es bedeutet aber auch, Sicherheiten aufzugeben. Es braucht dazu Mut, sich von anderen Menschen zu unterscheiden, Mut, sich immer wieder zu trennen und sich neu wieder einzulassen. Die Ablösungsthematik ist bei Mutter- und Vaterkomplexen gleichermaßen eine Trennungsproblematik, bei der man unterschiedliche Lebensräume hinter sich lässt oder sie zumindest nur in veränderter Form mit sich nimmt. Es geht um Landnahme im »unbekannten Land«, und bei dieser Landnahme kann man sich nur auf die eigenen Gefühle, das eigene Denken, das eigene Träumen verlassen und auf die eigene Fähigkeit, immer wieder neu in Beziehungen zu Mitmenschen einzutreten. Oft ist dazu auch ein Entschluss nötig:

sich einfach auch einmal auf die eigenen Gefühle zu verlassen, auf das eigene Denken, auch wenn nicht ausgemacht ist, dass sie nun wirklich stimmen – stimmiger für uns selbst als das Denken und die Gefühle der anderen Menschen für uns werden sie allemal sein.

Das Ziel des Ablöseprozesses wäre es, dergestalt im Leben zu stehen, dass uns zwar unsere Komplexprägung durchaus anzumerken ist, dass wir aber gelernt haben, unsere eigenen Sätze – anstelle der Mutter- und Vatersätze –, unsere eigenen Gefühle angesichts einer bestimmten Situation zu spüren, anstelle der Gefühle, die aus den Komplexen resultieren. Die können wir daran erkennen, dass sie sich schon immer so fatal geglichen haben und sich immer noch gleichen. Zu lernen ist vor allem, dass wir ernsthaft, zumindest gelegentlich wirklich »ich« sagen und es auch meinen, statt in einem »man« untergehen, das so deutlich Ausdruck des kollektiven Aspekts der Komplexe ist.

Dann wird es uns auch möglich sein, in unserem Gegenüber ein Du zu sehen, zu dem wir uns in Beziehung setzen können, dessen Reichtum wir auf uns wirken lassen können, weil wir nicht einfach Aspekte unserer Komplexe projizieren und sie dort befriedigt sehen oder unsere üblen Erwartungen bestätigt haben wollen.

Auf der politischen Ebene würden Menschen, die sich hinreichend von den Mutter- und Vaterkomplexen abgelöst haben, mehr Eigenverantwortung wahrnehmen, nicht immer darauf warten, dass Mütter oder Väter endlich etwas tun, um sie dann gleich dafür zu kritisieren. Ich könnte mir vorstellen, dass man dann Politikerinnen und Politiker eher in einer geschwisterlichen Position sähe als die, die jetzt gerade daran sind, das Zusammenleben im großen Stil zu planen und zu organisieren, und die auch wieder von anderen abgelöst werden könnten. Und Politiker und Politikerinnen können sich, wären sie nicht identifiziert mit den Elternkomplexen, auch mehr aus einer »geschwisterlichen« Position sehen. Es ist ein mühsamer Prozess, sich abzulösen, das Prinzip Verantwortung, das daraus erfolgt, ist ebenfalls mühsam: Der Gewinn aber ist, dass wir das Gefühl haben, unser eigenes Leben zu leben. Das ergibt eine Erfahrung der Echtheit, des guten Selbstwerts und eine Sinngewissheit. Das wiederum bedeutet, dass wir mit mehr Energie im Leben stehen und interessantere Menschen sind.

Prinzip Leistung – Prinzip Teilhabe

Zum Schluss möchte ich das Thema noch von einer kollektiven Perspektive aus angehen:

Haerlin[122] unterscheidet das Teilhabe-Ich vom Leistungs-Ich, und er sieht die Problematik und das Unglück von uns heutigen Menschen darin, dass wir so sehr auf das Leistungs-Ich setzen und so wenig auf das Teilhabe-Ich. »In der Sackgasse, in der unser Leistungssystem steckt, ist eine Sehnsucht nach teilhabendem Bewusstsein entstanden.«[123] Dem System Leistung gehören die »machbaren Aktivitäten und die gemachte Welt an ... Dem System Teilhabe ... ist alles Selbstgegebene zugeordnet«.[124] Er erwähnt dabei den Atem, den Schlaf, die Träume. Daran hat unser Ich teil, das ist nicht machbar.

Das teilhabende Ich hat ein Grundgefühl der Daseinsberechtigung und dadurch auch das Recht, an allem in der Welt teilzuhaben, aber sich auch als ein Teil von allem zu verstehen. Dabei ist die Welt sehr groß, sie kann für dieses Ich durchaus ins Transpersonale erweitert werden. Das Teilhabe-Ich wäre also ein Ich, das sich in meiner Terminologie vom ursprünglich positiven Mutterkomplex überwiegend getragen weiß und sich deshalb auch dem »Leben« überlassen kann.

Das Ich nun, das sich für schlecht hält, so Haerlin[125], und das ist in meiner Terminologie Ausdruck für einen ursprünglich negativen Mutter- oder Vaterkomplex, empfindet keine Daseinsberechtigung. »Ist das Sein nicht gut, muss die Leistung gut sein.«[126] So entsteht aus dem Gefühl heraus, kein gutes Ich zu sein, kein gutes Selbst zu sein, ein Mensch, der durch das Erbringen einer Leistung immer wieder beweisen muss, dass er oder sie doch eine Daseinsberechtigung hat. Die Leistung erfolgt dann nicht aus Freude an einer Aktivität, sondern sie muss erfolgen aus einem inneren Zwang, und sie muss auch sichtbar sein, messbar, vergleichbar mit den Leistungen von anderen Menschen. Damit im Zusammenhang stehen die vielfältigen Formen des Entwertens der Leistungen der anderen – es geht ja letztlich nicht um die Leistung, sondern um die Daseinsberechtigung, die offenbar besser ist, wenn man die anderen überragt. Damit verbunden sind auch alle die Strategien, wie Menschen versuchen, den Selbstwert anderer zu schmälern, und damit eine Schwächung der Energie von allen herbeiführen. Und der Schluss, den Haerlin zieht: »Die Krise des teilhabenden Bewusstseins ist die Krise des Weiblichen und der weiblich wahrgenommenen Welt. Das Leistungsbewusstsein ist die Geschichte der Mutterlosen, Unweiblichen.«[127]

Haerlin diagnostiziert mit anderen Worten unsere Welt als vaterkomplexige Welt, in der eine grundsätzliche Ungeborgenheit vorherrscht, die aus der Entwertung der mutterkomplexigen Welt erfolgt mit der immer wieder geforderten Ablösung nur aus dieser Welt. Die vaterkomplexige Welt ist es, die zu unseren Leistungs- und Überforderungsstrategien führt, kein volles Menschsein zulässt und auf der Beziehungsebene, aber auch in unserem Verhältnis zu uns selbst und zu unserer Welt zu sehr problematischem Verhalten führt.

Es besteht eine kollektive Sehnsucht nach der Welt des positiven Mutterkomplexes, nach der Welt der Teilhabe, nach »Anima«. Diese Sehnsucht ist besonders unter den Frauen sehr deutlich. Diese Welt wird immer noch entwertet, als »gefährlich, bedrohlich, verschlingend, chaotisch« genannt – und was der Metaphern der Angst mehr sein mögen, die damit in Zusammenhang gebracht werden. Der Vaterkomplexwelt wird dann im Gegenzug etwa Befreiung, Ordnung, Klarheit attestiert. Von diesen Zuschreibungen, die einmal die herrschenden Herrschaftssysteme festschreiben, zum anderen aber auch ganze Lebensbereiche, die für das Wohlergehen der Menschen wichtig sind, verschließen, müssen wir wegkommen.

Ich hoffe gezeigt zu haben, dass jede Komplexprägung ihre Probleme und ihre Lebensmöglichkeiten in sich birgt und dass sich der Ich-Komplex aus jeder Komplexprägung immer wieder ablösen muss, was immer neuen Trennungs- und neuen Bindungsschritten entspricht, die eingegangen werden müssen.

Die kollektive Sehnsucht nach dem positiven Mutterkomplex ist sehr ernst zu nehmen und nicht einfach als eine Sehnsucht nach dem Paradies zu verstehen, die dann sogleich wieder als Illusion abgetan werden muss, sondern als eine Sehnsucht nach vielfältigsten Lebensräumen und Lebensgefühlen, die auch ihre Berechtigung und eine große Bedeutsamkeit haben.

Anmerkungen

1. Jung, GW 9/1, S. 99–114; GW 4, S. 366ff.
2. Kast, 1990, S. 179ff.
3. von Franz, 1970
   Jacoby, 1985
   Dieckmann, 1991, auch S. 128, 146, wobei Dieckmann nicht nur Fallvignetten beisteuert, sondern den Versuch unternimmt, eine allgemeine Theorie der Komplexe als allgemeine Neurosenlehre darzustellen.
4. Rhode-Dachser, 1991, S. 201
5. ebd., S. 193
6. Jung, GW 3, § 82f.
7. Blos, 1987, S. 39–45
8. Rhode-Dachser, 1990, S. 45
9. Blos, 1987, S. 42
10. Freud, Traumdeutung, zit. in Blos, 1987, S. 43
11. vgl. auch Dieckmann, S. 130ff.
12. Rhode-Dachser, 1991, S. 14ff.
13. Rhode-Dachser, 1990, S. 42ff.; Kast, 1191, S. 65ff.
14. Rhode-Dachser, 1990, 42ff.
15. Kast, 1984, S. 157ff.
16. Kast, 1992 [2], S. 94, 65; 1991, S. 65ff.; Flaake/King, 1992
17. Kast, 1991
18. Hancock, 1989
19. Hagemann-White, 1992, in: Flaake-King, S. 64–83
20. Bernardoni/Werder, 1990, in: Ohne Seil und Haken...
21. Kast, 1992 [2], S. 51ff.
22. Stern in: Flaake/King, 1992, S. 254ff.
23. Kast, 1991, S. 53ff.
24. Scarr, 1987, S. 32
25. Jung, GW 9/1, S. 105, § 170
26. Rohde-Dachser, 1990, S. 47
27. Flaake, 1989
28. Kast, 1992 [2]
29. Kast, 1990, S. 44f.
30. Jung, GW 3, da besonders: Der gefühlsbetonte Komplex und seine allgemeinen Wirkungen auf die Psyche, § 77–106
31. Stern, 1992, S. 143ff.
32. Tulving, 1972
33. Stern, 1992, S. 142
34. Jung, GW 10, S. 49ff.
35. Stern, 1992, S. 380
36. ebd., S. 364
37. ebd., S. 363
38. Kast, 1990, S. 196ff.
39. Jung, Allgemeines zur Komplextheorie, in GW 8, § 210
40. ebd., § 200
41. ebd.
42. vgl. Kast, 1990, 45ff.
43. Jung, Experimentelle Untersuchungen über die Assoziationen Gesunder, in GW 2
    Kast, 1980
44. Jung, GW 8, § 582
45. Jung, Das Ich in GW 9/II, § 3 und 4
    Kast, 1990, S. 67–113
46. Ein Ausdruck von Peter Haerlin, 1987
47. von Franz, 1970
48. Kast in Pflüger, 1988, S. 34
49. Hillmann, 1979, S. 81ff.
50. Fromm, 1959, S. 406, § 53
51. Zur Technik der Arbeit an und mit Komplexen, siehe Kast, 1990, S. 179ff.

52 Chodorow, 1985, S. 248ff.
53 Kast, 1982, S. 67ff.
54 Kast, 1993
55 vgl. Kast, 1990, S. 74ff.
56 Enke, 1993, S. 63
57 Papousek, S. 29–49
58 Erikson, 1971, S. 62ff.
59 Haerlin, 1987, S. 12, 41ff.
60 Kast, 1984; vgl. auch Kast, 1993
61 Jung, GW 9/II, S. 21
62 Haerlin, 1987, S. 12f.
63 Jung, GW 5, S. 383
64 ebd., GW 10, S. 49
65 ebd., S. 49 § 64
66 GW 8, § 339 Kast, 1990, S. 114ff.
67 Jung, GW 15, § 130
68 Kast in Rhode-Dachser, 1992 [1], S. 66–88
69 Jung, GW 9/1, § 50
70 Grimal, 1967, S. 29
71 Burkert, 1990, S. 13
72 ebd.
73 ebd., S. 40
74 ebd.
75 Lurker, 1979, S. 114f.
76 Riedel, 1986
77 Walker, 1983, S. 453f.
78 Burkert, 1990, S. 63
79 ebd.
80 ebd., S. 70
81 aus: Irische Volksmärchen, 1969, S. 265ff.
82 Handwörterbuch des dt. Aberglaubens, S. 1506
83 Zur ausführlichen Deutung des Märchens siehe Kast, 1982 [2], S. 37ff.
84 Brüder Grimm, Kinder- und Hausmärchen, S. 321ff.
85 Kast, 1991, S. 74ff.
86 Johannes 10,30: »Ich und der Vater sind eins.«
87 König, 1981, S. 16ff
88 Kast, 1991, S. 171ff.
89 Gilligan, 1984, 83ff.
90 Dieckmann, 1991, S. 11
91 Sheldrake, 1990, S. 373ff.
92 Kast, 1984, S. 90ff.
93 Mahler/Pine/Bergmann, 1978
94 Bovensiepen, 1987, S. 57
95 Rhode-Dachser, 1991, S. 180
96 Jung, GW 10, § 65
97 Bovensiepen, 1987, S. 49–59
98 Kast, 1993
99 ebd.
100 Neumann, 1963, S. 95f., 145
101 Jacoby, 1985, S. 177ff.
102 vgl. auch Kast, 1990, S. 87ff., 196f.
103 Kafka, 1975
104 ebd., S. 9
105 ebd., S. 11
106 ebd., S. 17f.
107 ebd., S. 12
108 ebd., S. 18
109 ebd., S. 20
110 ebd.
111 ebd., S. 15
112 ebd., S. 27
113 ebd., S. 36
114 ebd., S. 35
115 ebd., S. 28
116 ebd., S. 39
117 ebd., S. 50f.
118 ebd., S. 54
119 ebd., S. 66f.
120 Emrich in Kafka, 1975, S. 75f.
121 Fromm, 1959, § 53, 54
122 Haerlin, 1987, S. 12f.
123 ebd., S. 10
124 ebd.
125 ebd., S. 13
126 ebd.
127 ebd., S. 30

Literaturverzeichnis

ALSTON, Toni M.: Mamas kleines Mädchen. In: Psyche 42 (6), 1988, S. 471–501
BACHMANN, Ingeborg: Drei Wege zum See (Simultan), IB Werke, Bd. 12, München 1978
BERNARDONI, Claudia/WERDER, Vera: Erfolg statt Karriere. In: BERNARDONI/ WERDER (Hrsg.): Ohne Seil und Haken. Frauen auf dem Weg nach oben, München 1990 BLOS, Peter: Freud und der Vaterkomplex, Journal des PSA-Seminars, Zürich 5, 1987, S. 39–45
BOVENSIEPEN, Gustav: Väter – Fragen nach der Identität. In: Zeitschrift für Analytische Psychologie 18, (1) 1987, S. 49–59
BRÜDER GRIMM. Kinder- und Hausmärchen, Textkritisch revid. u. m. e. Nachw. hrsg. v. Heinz RÖLLEKE, Köln 1982 (Die Märchen der Weltliteratur)
BURKERT, Walter: Antike Mysterien, München 1990
CHODOROW, Nancy: Das Erbe der Mütter, München 1985
COLMAN, Arthur and Libby: The Father. Mythology and chancing Roles, Chiron, Wilmette Illinois 1988
DIECKMANN, Hans: Komplexe. Diagnostik und Therapie in der analytischen Psychologie, Berlin 1991
ENKE, Helmut: Beziehung im Fokus. Die ozeanische Beziehung. In: Lindauer Texte, Berlin 1993
ERIKSON, Erik. H.: Identität und Lebenszyklus, Frankfurt a. M. 1971
FLAAKE, Karin: Erst der männliche Blick macht attraktiv. In: Psychologie heute, Nr. 11, 1989
FLAAKE, Karin/KING, Vera (Hrsg.): Weibliche Adoleszenz. Zur Sozialisation junger Frauen, Frankfurt a. M. 1992
VON FRANZ, Marie-Louise: The Problem of the Puer Aeternus, New York 1970 dies.: Der ewige Jüngling, München 1987
FREUD, Sigmund: Die Traumdeutung, Studienausgabe Bd. II, Frankfurt a. M. 1972
FROMM, Erich (1959): Der kreative Mensch. In: FROMM, Gesamtausgabe Bd. 9, München 1989
GIDION, Heidi: Und ich soll immer alles verstehen. Auf den Spuren von Müttern und Töchtern, Freiburg i. Br. 1988
GIERA-KRAPP, Margitta: Konstellationen des gut-bösen Mutterarchetyps bei der Behandlung früher Störungen. In: Zeitschrift für Analytische Psychologie, 19 (1), 1988, S. 26–48
GILLIGAN, Carol: Die andere Stimme. Lebenskonflikte und Moral der Frau, München 1984
GRIMAL, Pierre (Hrsg.): Mythen der Völker, Frankfurt a. M. 1967
HAERLIN, Peter: Wie von selbst. Vom Leistungszwang zur Mühelosigkeit, Weinheim, Berlin 1987

HÄRTLING, Peter (Hrsg.): Die Väter. Berichte und Geschichten, Frankfurt a. M. 1975

HAGEMANN-WHITE, Carol: Berufsfindung und Lebensperspektive in der weiblichen Adoleszenz. In: FLAAKE/KING: Weibliche Adoleszenz ... a.a.O., S. 64–83

HANCOCK, Emily: The Girl Within, New York 1989

HANDWÖRTERBUCH DES DT. ABERGLAUBENS, Hanns Bächtold-Stäubli (Hrsg.), Berlin 1930

HILLMANN, James: Verrat, in: Zeitschrift für Analytische Psychologie, 10, 2, 1979

JACOBY, Mario: Autorität und Revolte – der Mythos vom Vatermord. In: Zeitschrift für Analytische Psychologie 6 (4), 1975, S. 524–541

ders.: Individuation und Narzissmus. Psychologie des Selbst bei C. G. Jung und Heinz Kohut, München 1985

JUNG, Carl Gustav: Gesammelte Werke (= GW), 20 Bände, hrsg. von Lilly Jung-Merker, Elisabeth Ruf und Leonie Zander. Walter, Olten. Davon wurden besonders die folgenden Bände benutzt:

GW 2: Experimentelle Untersuchungen, 1979, 2. Aufl. 1987

GW 3: Psychogenese der Geisteskrankheiten, 1968, 3. Aufl. 1985; darin besonders: Über die Psychologie der Dementia Praecox

GW 4: Freud und die Psychoanalyse, 1969, 1. Aufl.

GW 5: Symbole der Wandlung, 1983, 4. Aufl.

GW 8: Die Dynamik des Unbewussten, 1967, 5. Aufl. 1987; darin besonders: Allgemeines zur Komplextheorie

GW 9/I: Die Archetypen und das kollektive Unbewusste, 1976, 5. Aufl. 1989; darin besonders: Die psychologischen Aspekte des Mutterarchetyps

GW 9/II: Aion. Beiträge zur Symbolik des Selbst, darin besonders: Das Ich. 1976, 7. Aufl. 1989

GW 10: Zivilisation im Übergang, 1974

GW 15: Über das Phänomen des Geistes in Kunst und Wissenschaft, 1971, 4. Aufl. 1984

KAFKA, Franz: Brief an den Vater Aus: ders. Hochzeitsvorbereitungen auf dem Lande und andere Prosa aus dem Nachlass. Frankfurt am Main.

KAST, Verena: Das Assoziationsexperiment in der therapeutischen Praxis. Fellbach 1980

dies.: Trauern. Phasen und Chancen des psychischen Prozesses, Stuttgart 1982

dies.: Wege aus Angst und Symbiose. Märchen psychologisch gedeutet, Olten 1982, dtv 1987

dies.: Paare. Beziehungsphantasien oder Wie Götter sich in Menschen spiegeln, Stuttgart 1984

dies.: Die Bedeutung der Symbole im therapeutischen Prozess. In: BARZ, H./KAST, V./NAGER, F.: Heilung und Wandlung: C. G. Jung und die Medizin, Zürich 1986

dies.: Das Paar. Mythos und Wirklichkeit, in: PFLÜGER, M. (Hrsg.): Das Paar. Mythos und Wirklichkeit, Olten 1988

dies.: Die Dynamik der Symbole, Olten 1990

dies.: Loslassen und sich selber finden. Die Ablösung von den Kindern, Freiburg, Basel, Wien 1991

dies.: Das kollektive Unbewusste und seine Relevanz für Gegenwartsfragen. In: RHODE-DACHSER, Christa (Hrsg.): Beschädigungen. Psychoanalytische Zeitdiagnosen, Göttingen 1992

dies.: Die beste Freundin. Was Frauen aneinander haben, Stuttgart 1992

dies.: Animus and Anima: Spiritual growth and Separation from parental complexes. Harvest, 1993, 39

KÖNIG, Karl: Angst und Persönlichkeit. Das Konzept und seine Anwendungen vom steuernden Objekt, Göttingen 1981

LEONARD, Linda: Töchter und Väter. Heilung einer verletzten Beziehung, München 1985

LURKER, Manfred: Wörterbuch der Symbolik, Stuttgart 1979

MÄRCHEN DER WELTLITERATUR. Irische Volksmärchen, München

MAHLER, Margaret/PINE, Fred/BERGMANN, Anni: Die psychische Geburt des Menschen. Symbiose und Individuation, Frankfurt a. M. 1978

NEUMANN, Erich: Das Kind. Struktur und Dynamik der werdenden Persönlichkeit, Zürich 1963 (Fellbach 1980)

NIN, Anaïs: Sanftmut des Zorns. Was es heißt, Frau zu sein, Frankfurt a. M. 1975

PAPOUSEK, Mechthild: Die Rolle des Vaters in der frühen Kindheit. Ergebnisse der entwicklungsbiologischen Forschung. Kind und Umwelt 54

RIEDEL, Ingrid: Demeters Suche. Mütter und Töchter, Zürich 1986

RHODE-DACHSER, Christa: Weiblichkeits-Paradigmen in der Psychoanalyse. In: Psyche 44, 1990

dies.: Expedition in den dunklen Kontinent. Weiblichkeit im Diskurs der Psychoanalyse, Berlin 1991

SAMUELS, Andrews: The plural Psyche. Personality, morality and the father, Routledge, London, New York 1989

SCARR, Sandra: Wenn Mütter arbeiten. Wie Kinder und Beruf sich verbinden lassen, München 1987

SHELDRAKE, Rupert: Das Gedächtnis in der Natur. Bern 1990

STERN, Daniel N: Die Lebenserfahrung des Säuglings, Stuttgart 1992

TELLENBACH, H. (Hrsg.): Das Vaterbild in Mythos und Geschichte, Stuttgart 1976

TULVING, E.: Episodic and semantic memory. In: TULVING, E. und DONALDSON, W. (Hrsg.): Organization of memory, New York 1972

WALKER, Barbara G.: The Womans Encyclopedia of myths and secrets, Row San Francisco 1983

ZEUL, Mechthild: Die Bedeutung des Vaters in der weiblichen Entwicklung. In: Psyche 42 (4), 1988, S. 328–349

Stichwort- und Namensregister

abgeleitete Identität 22, 204
abgespaltener Schatten 80
Abgrenzung des Ich-Komplexes 127
Abhängigkeit 94, 172
Ablösung 13, 15, 16, 19, 21, 22, 24, 27, 28, 30, 31, 44, 56, 92, 135, 144, 145, 148, 159, 161, 183, 186, 218, 227, 231, 232, 251, 252, 256
Ablösephase 18, 32
Ablöseprozess 17, 254
Ablösung aus dem ursprünglich positiven Mutterkomplex 135
Ablösung der adoleszenten Frau 27, 30
Ablösung der Tochter 28
Ablösung des Mannes 22
Ablösung vom Vaterkomplex 24
Ablösung von den Töchtern 31
Ablösung von der Mutter 19, 27
Ablösung von Mutter- und Vaterkomplexen 144
Ablösung von Sohn- und Tochterkomplexen 28
Ablösungsschritt 15, 28
Ablösungsthematik 28, 253
Abwehrmechanismus 209
Abwehrstrategie 43
Abwertung des Weiblichen 11
Adoleszenz 14, 15, 16, 17, 18, 23, 25, 26, 31, 156
Affekt 36, 41
affektiver Knotenpunkt 37
Aggression 55, 80, 91, 92, 93, 94, 105, 128, 145, 194, 212
ägyptische Isis 101
Akzeptanz 55, 93, 212, 235, 246
Alkoholproblem 53, 71
Allvater 182
Altes Testament 183

Alter Ego 130
altersgemäße Ablösung 13, 14, 56, 159
altersgemäße Entwicklung 93, 186
altersgemäße Ich-Identität 92
Altersgruppe 16
Altwerden 162
Analyse des Unbewussten 22
analytische Beziehung 66
analytische Situation 60
androzentrisch 23
androzentrische Gesellschaft 251
androzentrische Welt 26
Androzentrismus 11
Anerkennung 156, 162, 234, 235, 236, 243, 246
Anerkennung des Vaters 243
Anforderungen des Vaters 222, 235
Angst 14, 19, 20, 29, 38, 40, 59, 60, 62, 94, 95, 133, 161, 162, 169, 171, 172, 174, 194, 196, 209, 210, 211, 223, 245, 256
Angst vor dem Leben 171
Angst vor der primären Mutterabhängigkeit 18
Angstabwehr 194
Angstkrankheiten 94, 95
Angstproblematik 170, 213
Anima 18, 19, 32, 33, 80, 81, 82, 90, 127, 186, 188, 209, 237, 257
Animus 23, 33, 81, 90, 148, 149, 178, 186, 187, 188
Anpassung 25, 235
Aphrodite 133, 146
Arbeitsdisziplin 52
Archetypus 96, 97
Archetyp der Großen Mutter 23
Archetypen 17, 97, 98
Archetypen des Unbewussten 98

Archetypisches 96, 181
archetypisch Mütterliches 40, 96
archetypisch Väterliches 40, 187, 251
archetypisch Weibliches 29
archetypische Bilder 28, 38, 97
archetypische Bilder des Weiblichen 28
archetypische Erfahrungen 29
archetypische Frauengestalten 30
archetypische Gestalten 19
archetypische Mutterbilder 97
archetypische Phantasie 96
archetypischer Kern 36
Artemis 133
Aspekte des Mutterkomplexes 19
Assoziation 43, 44, 56
Assoziationsexperiment 43
Atem 51, 52, 118, 120, 122, 123, 124, 132, 133, 255
Atmosphäre des positiven Mutterkomplexes 90
Aufbruchsstimmung 15
ausbalancierter Vater- und Mutterkomplex 71
Auseinandersetzung mit dem ursprünglich positiven Mutterkomplex 134
Auseinandersetzung mit dem Vater 19, 228, 229
Auseinandersetzung mit den Eltern 16
Auseinandersetzung mit der eigenen Mutter 30
Auseinandersetzung mit Eros und Sexualität 149
Ausstoßung 93, 148, 177, 193
Autoaggression 91
Autonomie 27, 92, 194, 195, 199, 231
Autorität 156, 165, 173, 174, 184, 186
Autoritäten 158, 166, 180, 225
Autoritätsgläubigkeit 174

Basis des Ich-Komplexes 14
Bearbeitung des Mutterkomplexes 23
Bedeutungskern (Archetyp) 43
Bereich des Gebärens 99
Bernardoni 25
Bewunderung 157, 166, 170, 171
Bewusstsein 29, 37, 38, 66, 80, 94, 96, 97, 114, 129, 255, 256
Bewusstwerdung 32
Beziehung von Vater und Sohn 46, 68, 227
Beziehung zu Frauen 19, 32, 64, 214
Beziehung zur Mutter 27, 34, 46, 55, 56, 79, 80, 97, 135, 166, 211
Beziehungsarbeit 181, 200
Beziehungsinteraktion 37
Beziehungskrise 53, 164
Beziehungsperson 19, 36, 40, 42, 59, 86, 92, 126, 185, 201, 250, 251
Beziehungsprobleme 73, 134, 162
Beziehungsschwierigkeiten 211
Beziehungsselbst 25, 81
Beziehungsstruktur 33
Bild des Komplexes 40
Bild des positiven Vaterkomplexes 26
Bindung an den Vaterkomplex 24
Bindungslosigkeit 27
Blos, Peter 18–22
Bovensiepen 184
Bruder und Schwester 73
Brust 39, 62, 106, 126, 230
Burkert 100

Chodorow, Nancy 68, 69

das Mütterliche 19, 20, 98, 102
das Schattenhafte 145
das Weibliche 19, 20, 98, 232
Daseinsberechtigung 14, 23, 90, 95, 190, 191, 192, 194, 195, 196, 197, 199, 200, 206, 211, 215, 218, 235, 255, 256

Delegationen 31
Demeter 100, 102
Depression 25, 53, 68, 70, 72, 149, 207
destruktive Tendenzen 213
Dimensionen des Frauseins 33
Dominanz und Unterwerfung 233
Dominanz des Vaters 226
dominierender Vaterkomplex 10, 22, 232
Drachenkampf 18
Dualunion 31

Ebene der Beziehung 177
eigene Identität 24, 25, 30, 37, 72, 172, 180
Eigenständigkeit 56, 210
Eigenverantwortung 94, 254
Einengung 56
Eingeschlossenwerden 62
Einsamkeit 63, 126, 177, 190, 193, 220, 222
Eltern 15, 16, 17, 28, 40, 41, 44, 47, 55, 63, 70, 77, 93, 160, 193, 241, 242
Eltern als Personen 15
Elternkomplexe 44, 81, 82, 250, 252, 255
Elternposition 15
Elternteil 37, 193, 201, 235
Emotion 14, 33, 35, 36, 38, 39, 42, 43, 45, 63, 129, 143, 173, 176, 178, 182, 183
Empathie 45, 147, 199, 213
Empfindung 39, 41, 43, 224
Emrich 232, 233
Energiepotential 42
Enthaltensein 63, 65
Entwerten des Weiblichen 20
Entwicklung 10, 14, 18, 21, 33, 41, 44, 55, 56, 62, 64, 83, 88, 93, 94, 97, 106, 127, 135, 148, 170, 172, 186, 187, 209, 210, 245, 252, 253

Entwicklung aus dem ursprünglich positiven Mutterkomplex 62, 88, 106, 186
Entwicklungsanreiz 63, 90
Entwicklungsaufgaben 10, 172
Entwicklungsnotwendigkeiten 45, 106, 171
Entwicklungspotential 38
entwicklungspsychologisch 94, 193
Episodengedächtnis 35, 38, 39
Erfahrung 39, 40, 41, 51, 78, 89, 103, 158, 181, 187, 204, 211, 219, 221, 231, 250, 255
Erinnerung 38, 39, 55, 58, 95, 98, 149, 176, 191, 207, 220
Ernährung 55, 58, 72, 86
Eros und Sinnlichkeit 16
Erwartung 19, 27, 28, 37, 39, 40, 64, 98
Erwartungshaltung 38, 211

Familienverband 46
fils à papa 9
Flaake 32
Frauenbild 34, 168
Frauenrolle 26, 172
Frauentypen 82, 179
Fremdbestimmung 25, 44
Freud 20, 21
Freud und der Vaterkomplex 18, 20, 23
Freude 14, 96, 102, 103, 132, 137, 167, 198, 230, 235, 256
Freudsche Theorie 22
Freund 23, 24, 33, 73, 76, 114
Freundin 19, 63, 74, 175
Fromm, Erich 66, 253
Fruchtbarkeit 28, 100, 101, 133, 146
Fruchtbarkeitskult 99
frühe Kindheit 36
Frustrationstoleranz 89
Fürsorge 17, 58, 222

Gaia 99, 182
Geborgenheit 14, 16, 56, 86, 148, 149, 156, 158, 190, 208, 244
Geburt 28, 38, 144, 185
Geburtsprozess 253
Gefühl des Gefangenseins 66
Gefühle der Liebe 63, 212
Gefühle der Nichtigkeit 221
Gefühlsbeziehung 21
Gegenübertragung 60
geistige Welt 24
Genährtsein 65
generalisierte Episode 39, 41
generalisierte Erwartung 39, 40
Genese 47, 54, 77
geschlechtstypische Differenzen 87
Geschwister 37, 54, 55, 56, 63, 69, 87, 173, 190, 191, 192, 193, 194, 196, 241
Geschwistergemeinschaft 70
Geschwisterkomplex 11
geschwisterliche Position 254, 255
Gesetze des Vaters 221, 246
Göttermutter Kybele 99
Gottesbild 17
Göttinnen und Götter 98
Grandiosität 95
Große Mutter 76, 89, 99
Großeltern 87
Größenphantasie 94
Großmutter 54, 55, 60, 68
gutes Ich 90, 91, 256
gutes Selbst 193, 256

Haerlin, Peter 193, 255, 256
Hagemann-White, Carol 25
Hancock, Emily 25
Handlung 38
Hass 29, 30, 31, 74, 229
Hassausbrüche 74
Hathor 102
Heilserwartung 17
Heldengestalt 20
Hera 182

Herrschafts-Untertanen-Verhältnis 234
herzneurotische Erkrankung 209
herzphobische Symptome 204
Hexe 102, 118, 119, 124, 125, 132, 133, 135
Hilflosigkeit 205, 206
Hoffnungslosigkeit 192, 212
Homer 182
Horus 101

Ich-Aktivität 14, 44, 93, 95, 127
Ich-Grenzen 89
Ich-Kohärenz 69
Ich-Komplex 10, 11, 14, 15, 37, 43, 44, 64, 88, 89, 92, 94, 95, 106, 126, 127, 144, 161, 172, 174, 183, 186, 236, 251, 257
Ich-Stärke 15, 172
idealisiertes Selbstbild 92
Idealisierung 154, 181, 252
Idealisierung der Elternfiguren 14
Idealisierung der Männer 179, 180
Idealisierung des Vaters 19, 21, 24, 185
Identifikation mit dem Schatten 145
Identifikation mit dem ursprünglich positiven Mutterkomplex 72
identifizieren 19, 30, 68, 92
Identität
Identität der Frau 180
Identitätsbrüche 26
Identitätsentwicklung 44, 68
Identitätserhalt 69
Identitätserleben 39, 69
Identitätsfindung 20, 30
Identitätskrise 17, 21, 24
Identitätsproblem 26, 92, 204
Identitätsproblematik 204
Identitätsstörung 69
Identitätssuche 69
Ideologie der Kontrolle 161
Imagination 41, 77
Individualität 28, 95, 252

Individuation 19, 23, 63, 94, 95
individuelles Selbst 81
Individuum 36, 42
Inhalte des Unbewussten 43
inneres Mädchen 25
Inspiration 24, 61
Integration von Schatten 144
Intellekt 180
Intelligenz 24
Interaktion 36–42, 80, 87, 96, 173, 193, 197, 200, 201, 206, 214, 223, 250
Intimität 14, 89
Isis 101, 102
isoliertes Ich 211

Jokaste 21
Jugendliche 15–17, 70
Jung, C. G. 10, 20, 23, 30, 33, 36, 42, 43, 90, 94, 96–98
Jungsche Psychologie 10, 42, 43, 90

Kafka, Franz 218–221, 223, 224, 226, 228, 229, 231–234
Kern-Selbst 39
Kind 14, 17, 18, 22, 29, 36, 39–41, 46, 56, 58, 65, 74, 75, 86, 89, 92, 95, 96, 99, 106, 126, 136, 175, 177, 181, 184–186, 191–194, 198–200, 206, 207, 213, 218, 220, 223, 227, 244
Kinder 16, 28, 44, 54, 55, 70, 72, 73, 75, 77, 86, 92, 148, 160, 164, 181, 194, 200, 206, 208, 213, 244
Kindheit 18, 30, 37, 41, 45, 58, 59, 179, 191, 196, 198, 199, 205, 211, 214, 229, 241
Kindposition 15, 178
Kleinkind 18, 96, 167, 193
Knabe 21, 68, 92, 101, 106, 148, 207, 208
Kohärenz des Ich-Komplexes 94
kollektive Ebene 16, 177, 233
kollektive Komplexe 251, 252
kollektive Sehnsucht 257
kollektive Vater- und Mutterkomplexe 94
kollektive Aspekte des Vaterkomplexes 250
kollektiver Schatten 16
kollektiver Vaterkomplex 251
kollektiver Weg 17
kollektives Bewusstsein 29, 97
kollektives Phantasiepotential 40
kollektives Vaterbild 180
Kompensation 26, 199, 214, 253
Kompensationshaltung 211
Komplex 9–11, 14, 15, 21, 22, 36, 37, 40, 41, 43–46, 72, 88, 89, 93–95, 106, 144, 161, 170, 172–174, 183, 186, 201, 208, 211, 212, 230, 233, 234, 236, 250–252, 257
Komplexatmosphäre 11, 47, 57, 64, 164, 172, 176, 218
Komplexbereich 42, 47, 56, 59, 134, 168, 199
Komplexbeschreibungen 250
Komplexbetonung 251
Komplexbilder 10
Komplex-Episode 40
Komplexerinnerung 219, 221
Komplexerwartung 76, 149
Komplexfixierung 251
Komplexform 11, 50
Komplexformation 11
Komplexgebiet 21, 42
komplexhafte Reaktion 57
komplexhaftes Erleben und Verhalten 40
Komplexidentität 92
Komplexkonstellation 22, 25, 37, 38, 59, 66, 81, 86, 95, 106, 159, 160, 169, 170, 178, 186, 215, 235, 242
Komplexlandschaft 250
Komplexprägung 15, 22, 46, 54, 77, 81, 86–90, 93, 134, 144, 149, 159, 171, 172, 180, 186, 204, 212–214, 231, 251–254, 257

Komplexraum 133
Komplexreaktion 58
Komplexsätze 15, 28, 47, 92, 156, 161, 191, 250, 251
Komplexsituation 41, 46, 57, 224
Komplexstruktur 68, 87, 250, 251
Komplextheorie 41
Kompromiss 15
konkrete Beziehungspersonen 19, 250, 251
konkrete Eltern 40, 44
konkrete Mütter 19
Konkurrenz 18
konstelliert 18, 39, 43–45, 60, 188, 194, 220, 250
kontraphobisch 194, 196
Kontrolle 161, 162, 178, 196, 208, 209
Konzept der »generalisierten Interaktionsrepräsentationen« 38
Konzept der Archetypen von C. G. Jung 97
Körper 14, 24, 143, 193, 196, 198, 213
Körpererfahrung 14
körperfern 23
körperliche Intimität 14
körperliche Reaktionen 45
körperliche Empfindungen 43
Körperlichkeit 89, 223
Kränkbarkeit 95
Kränkung 51, 212
Kreativität 162, 183, 231, 234
Krise 53, 55, 256
Kritisieren und Entwerten 236
Kronos 182
Kulturgeschichte 181

Laios 21
latentes Schuldgefühl 93
Leben und Tod 95, 135
Lebensangst 192
Lebensentwurf 31, 33, 34
Lebensgefühl 14, 37, 53, 58, 65, 66, 73, 89, 91, 93, 129, 144, 149, 158, 162, 177, 190, 192, 193, 195, 197, 208, 211, 212, 218, 236, 243, 246, 257
Lebensgefühl des Zusammengehörens 62
Lebensgeschichte 37, 43, 187
Lebenskrise 20
Lebensmitte 171
Lebensmöglichkeit 10, 42, 257
Lebensnotwendigkeit 36, 128
Lebensprobleme 42, 213
Lebensraum 81, 87, 132, 133, 246
Lebensstil 9, 16
Lebenstrieb 18, 185
leibliche Bedürfnisse 14
Leistung 26, 178, 200, 204, 212, 235, 244, 246, 255, 256
Leistungs- und Überforderungsstrategien 256
Leistungsdruck 162
Leistungsebene 93, 235
Leistungsebene Teilhabe 235
Leistungs-Ich 91, 255
Leistungsträger 16
Liebe 14, 29, 45, 61, 63, 65, 93, 146, 158, 175, 179, 190, 197, 212, 232, 233, 234
Liebe zur Mutter 18
Liebesfaszination 187
Liebesgöttinnen 99
Liebesverlust 15
Loslassen 86

Macht der Frauen 29
Machtgesten 149
Machtschatten 144
Mädchen 23, 24, 25, 30, 32, 63, 64, 68, 74, 92, 100, 140, 142, 168, 175, 242, 245
Man-Identität 94
männliche Adoleszenz 18
männliche Götter 29
männliche Identität 161

männliche Phantasie 18
männlicher Gott 29
Märchen 106, 126, 134, 135, 142–145, 147
Märchenheld 106
Märchenheldin 106
matriarchales Denken 23
Metaphern 51, 257
Meter-Kult 100
Mutter Erde 99, 100
Mutter- oder Vaterbild 46
Mutter- oder Vaterkomplex 46, 256
Mutterabhängigkeit 18
Mutteraspekt der Göttinnen 29
Mutterbauch 55, 65
Mutterbeziehung 246
Mutterfeld 55, 88, 143, 145, 200
Mutterimago des Mutterkomplexes 12, 210
Mutter-Kind-Symbiose 184
Mutterkomplex 9–11, 14, 18–20, 23–27, 30, 32, 33, 45, 50, 51, 55, 56, 59, 61, 62, 64, 65, 67–69, 71, 72, 83, 86–91, 93–95, 105, 106, 126, 128–130, 132–135, 143–146, 148, 149, 152, 157, 164, 176, 179, 186, 189, 190, 192, 193, 196, 197, 199–201, 203, 210, 211, 213, 214, 250–252, 255, 257
Mutterkomplexatmosphäre 55, 70, 147
mutterkomplexiger Vater 161, 162
mütterliche Frau 32
mütterliche Liebe 45
mütterliche Atmosphäre 56
Mütterliches 18, 40, 46, 52, 71, 82, 87, 96, 97, 196, 214
Mutterparadies 66
Mutterproblem 27
Mutterraum 68, 87
Mutterrolle 79, 82, 92, 97
Muttersöhnchen 9
Mutter-Tochter-Beziehung 31, 34
Mutterwelt 155, 185

Mythos von Attis 99

Nachpubertät 14
narzisstische Bedürftigkeit 228
narzisstische Störungen 213
Natur 71, 87, 99, 100, 129, 164, 219
negativer Mutterkomplex 200, 213
negativer Vaterkomplex 252
negativer Vaterkomplex des Mannes 217, 218
Neid 16, 32
Neues Testament 183

Objektivität 21
Odin oder Wotan 182
Ödipuskomplex 21
Ofen 141, 148
Opfer 221, 225, 233
Opferposition 225
Orakel 21
Oralität 89
Ordnung 70, 88, 148, 155, 175, 180, 182, 183, 185, 188, 209, 245, 257
Orientierung 17, 186
Originalität 25
originäre Identität 22, 25, 29
originäres Selbst 25
Ort der Frau 22, 23
Osiris 101, 102
ozeanisches Lebensgefühl 89, 158

Paarbeziehung 23
Papousek, Mechthild 87
passive Aggression 80, 92, 212
Passivität 26
patriarchal 184, 187, 232
patriarchale Kultur 12
patriarchale Welt 22, 92, 233
patriarchale Wissenschaft 22, 184
patriarchales Denken 78
Patriarchat 11, 154, 181
Persephone 100, 102
persönliche Eltern 17

persönliche Mutter 16, 28, 40, 143, 200
persönliche Mutter- und Vaterkomplexe 252
Pferde 117, 119–121, 123, 133, 138, 142, 143
Phantasie 18, 34, 36–38, 40, 46, 50, 96–98, 158, 200, 214, 222
Phantasiebild 40
platonische Beziehung 179
Plutarch 102
Politik 17, 184, 254
positiver Mutterkomplex 93, 95, 252
positiver Vaterkomplex 20, 26, 148, 151, 152, 156, 157, 163, 164, 167–169, 176, 179, 180, 183, 197
Prägesituation 36, 42
Prägung 10, 45, 47, 50, 68, 145, 154, 166, 175, 193, 251
Prägung des Mutterkomplexes 23, 24, 32, 55, 145, 200
primäres Schuldgefühl 193
Problematik der Adoleszenz 25
progressive Tendenzen 18
Projektion 27, 29, 57, 187, 210
Prozesse der Ablösung 135
Prozesse der Entwicklung 106
psychische Intimität 14
Psychoanalyse 21, 22, 185
psychosomatische Störungen 213
Pubertät 14, 18

Rache 227, 235
Räume der Anima 237
Realbild 40
regressive Tendenzen 128, 129
Rekonstruktion des Früheren 38
Religionspädagogik 16
religiöser Rigorismus 16
Resignation 53
Rivalisieren 168, 212, 236
Rivalität 18, 19, 69, 134, 193, 237
Rivalitätssituation 235
Rolle als Tochter 79

Rolle des Vaters 21, 25, 181, 195
Rollenidentität 26
Rollenverständnis 24
Rollenverunsicherung 31
Rollenvorbild 26

Säugling 36, 39, 87, 106, 185
Säuglingsbeobachtung 10, 185
Säuglingsforschung 87, 96
Scarr, Sandra 28
Scham und Schuld 221
Schatten 11, 16, 30, 76, 80, 83, 144, 145, 149
Schattenaspekte 144, 145, 159
Schattenidentität 130, 145
Schattenkonzept 83
Schattenseiten 128, 134, 144, 149, 227
Schicksal 21, 73, 141, 162, 183
Schicksalsgöttinnen 182
Schlaf 111, 255
schlechtes Selbst 211
schöpferische Produktivität 21
schöpferischer Prozess 97
Schuld 207, 218, 219, 221, 235, 241, 253
Schuldgefühl 93, 94, 134, 193, 294, 253
Schuld- und Schamgefühle 235
Schutz 56, 81, 114, 127, 190, 210, 229, 253
Schweigen 226
Schwester 56, 68, 69, 73, 102, 155, 191, 194, 205–209
Sehnsucht 11, 30, 90, 96, 169, 177, 184, 192, 193, 212, 243, 246, 252, 255, 257
Selbst 24, 25, 39, 62, 72, 81, 179, 193, 199, 211, 214, 232, 243, 246, 247, 256
Selbstanalyse 21
Selbstaspekte 32
Selbstbestimmung 44
Selbstbewusstsein 28

Selbstbild 16, 92, 180
Selbstempfinden 41
Selbstfindungsphase 32
Selbstgefühl 43, 44, 81
Selbstregulierung der Psyche 97
Selbstsein 72, 94, 95
Selbstständigkeit 15, 72, 87, 126, 194, 195, 199, 232
Selbstverwirklichung 44, 225, 246
Selbstwahrnehmung 214
Selbstwert 91, 127, 134, 157, 170, 171, 176, 177, 212, 233, 255, 256
Selbstwertgefühl 15, 17, 57, 63, 171, 236
Selbstwertprobleme 213
Selbstzweifel 53, 174
Seth 101, 102
Sexualität 14, 19, 22, 56, 147, 193
Sexualität der Adoleszenten 19, 22
Sexualphantasien 63
sexuelle Phantasien 63
sichere Identität 81, 153, 201
sinnenhaft 50, 72, 89
Sinngewissheit 255
Sinnkrise 53, 162
Sinnlichkeit 16, 52
Sohnkomplex 27
Sohnposition 252
Sohnrolle 158
Solidarität mit den Eltern 15
soziale Mütter und Väter 250
soziale Rolle 24
Sozialisationsformen 23, 24, 179
spirituelle Erfahrung 24
Sprachlosigkeit 235
starkes Ich 10
stereotyp 36, 42
stereotype Strategie 42, 46
Stern, Daniel 38, 39, 41
Strategien des Überlebens 193
Struktur 39, 52, 53, 71, 73, 76, 93, 95, 182
Strukturelemente des kollektiven Unbewussten 98

Symbiose 78, 94, 184, 185, 209, 210
Symbole 36, 41, 42, 45, 143
symbolische Abbildungen 42
symbolische Interaktionen 41
System Leistung 255
System Teilhabe 255
System von Vater und Mutter 15

Teilhabe 90, 91, 93, 95, 103, 162, 188, 192, 193, 212, 234, 235, 242, 246, 255, 257
Teilhabe-Ich 255
teilhabendes Bewusstsein 255, 256
Theorien von Männern 20
Therapie 41, 50, 51, 53, 66, 68, 73, 80, 194, 196-198, 204, 210, 213, 242
Therapieziel 66
Tiefenpsychologie 20
tiefenpsychologisch 19, 185
Tochter 27, 28, 30, 31, 34, 51, 70, 78-80, 82, 100, 109, 112, 127, 135, 136, 142, 144, 148, 149, 160, 161, 164, 166, 167, 170, 172, 175, 176, 180, 208, 243-246, 253
Tochterkomplex 27, 28
Tochterposition 76, 246
Tochterrolle 79, 82
Tod 21, 28, 29, 56, 66, 77, 78, 91, 95, 101, 102, 109, 128, 133, 135, 142, 182, 218, 235
Tod des Vaters 21, 77
Tod und Leben 103, 182
Todesangst 62, 210
Todesgöttin 101, 102
Todesmutter 102, 185
Trauer 79, 96, 100, 102, 103, 147, 230
Trauerprozess 78, 80
Trauertherapie 80
Traumanalyse 22
traumatische Situation 39
Traumbild 75
Traumdeutung 21

Träume 41, 57, 61, 62, 65, 78, 80, 255
Trennung 25, 27, 30, 55, 62, 64, 66, 71, 78, 79, 81, 86, 91, 95, 103, 142, 148, 210
Trennungsangst 209
Trennungsproblematik 253
Trennungssituation 25, 26
Trockenheit 29
Tulving 38

Überforderung 224–226, 246, 256
Überlebensstrategien 195, 214
überpersönliche Väter und Mütter 16
Überreaktion 46
Übertragung 20, 41, 42, 60, 170
Umbruchphase 15
Umwelt 15, 36
unabgelöste Identifikation 37–38
unabgelöste Mutterkomplexe 99
Unbewusstes 61, 253
unbewusste Mutterbilder 97
unbewusste weibliche Bilder 33
Ungeborgenheit 256
Ungelebtes 16, 30
Unsicherheit von Frauen 32
unteilbare Einheit 38
Unterweltsgöttin Ereshkigal 102
Urbild der Mutter 96
Urmisstrauen 192, 211, 212
Urvertrauen 88, 192, 211
Uterus 65
Utopie 38, 66

Vater Freud 20
Vater und Mutter 15, 18, 28, 166
Vater- und Muttergottheiten 18
Vater- und Mutterkomplexe 23, 31, 94
Vaterarchetyp 185
Vaterbild 46, 180, 181
Vatergötter 180–183
Vaterimago des Vaterkomplexes 12

Vaterkomplex
– Vaterkomplex des Sohnes 9
– Vaterkomplexatmosphäre 172
– vaterkomplexige Welt 256
– vaterkomplexiger Vater 244
– Vaterkomplexsystem 233
– Vaterkomplexwelt 231, 257
Väterliches 40, 46, 187, 220, 251
Väterliches und Mütterliches 18, 46
Vater-Mutter-Kind-Beziehung 185
vaterrechtliche Ordnung 182
Vatersehnsüchte 183
Vater-Sohn-Beziehung 20
Vaterstochter 171
Vater-Tochter-Bindung 166
Vaterwelt 26, 200, 204, 222
Verantwortlichkeit 65
Verbundenheit 33
Verfolgungsideen 234
Vergangenheit 38
Verhalten 9, 21, 32, 37, 40, 42, 45, 47, 58, 59, 65, 165, 178, 194, 210, 236, 251, 256
Verhaltensweisen 46, 63
Verlassenwerden 57, 58
Verlust 15, 21, 56, 81, 82, 210
Verrat 17, 62–64, 183
verschlingende Mütter 20
Vertrauen 77, 207, 226
Vitalität 14, 44, 133, 194, 212
Vitalitätsfaktor 44
Vorbild 30, 63

Wachheit 24
Wahrnehmung 38, 41, 56, 240
Wahrnehmungsstörung 46
Wege aus der Komplexbefangenheit 234
weibliche Fruchtbarkeit 101
weibliche Geschlechtsmerkmale 99
weibliche Göttinnen 28, 29, 98, 99
weibliche Identität 26, 252
weibliche Sozialisation 26
weibliche Vorbilder 30

weibliches Dreieck 99
weibliches Selbst 232, 243, 245, 246
Welt der Leistung 204
Welt des Geistes 23
Werder 25
Wesen der ursprünglich negativen
 Komplexe 223
Wiederannäherung an die Mutter 33
Wiederannäherungskrise 34
Willensfreiheit 42
Wir-Erleben 59, 223, 224, 228, 246
Wir-Gefühl 86, 90, 226
Wissen 24, 44, 174, 179, 198

Wohlbefinden 14, 82
Wolf, Christa 27
Wut 60, 80, 93, 100, 132, 182, 212, 244
Wutgefühle 53

Zärtlichkeit 33, 176, 191
Zerstörung 235
Zeus 100, 182
Ziel der Ablösung 27
Zirkel der Hilflosigkeit 206
Zukunftsperspektive 38
Zwänge 194

Neue Lebenshorizonte

Verena Kast
**Was wirklich zählt,
ist das gelebte Leben**
Die Kraft des Lebensrückblicks
180 Seiten, gebunden
mit Schutzumschlag
ISBN 978-3-7831-3492-6

Zurückblicken und nach vorne schauen: Wir alle haben das Bedürfnis, unserem Leben Sinn und Bedeutung zu geben. Auch in Umwegen oder Abwegen, und auch in Entscheidungen, die Probleme brachten und schmerzvoll waren. Menschen, die sich auf einen Lebensrückblick einlassen, sind aufgeschlossener und dem Leben gegenüber positiver eingestellt. Ein spannendes Thema der psychologischen Forschung.

In jeder Buchhandlung oder unter
www.kreuz-verlag.de
Was Menschen bewegt

Wege der Trauer

Verena Kast
Trauern
Phasen und Chancen des
psychischen Prozesses
200 Seiten, gebunden
ISBN 978-3-7831-2177-3

Trauer ist ein natürlicher Weg der Psyche, den tödlichen Verlust einer Beziehung zu verarbeiten und zu überwinden. Trauernde bezeugen immer wieder, dass eben dieses Buch dazu beigetragen hat, sich im Chaos der Gefühle zurechtzufinden und ihnen eine Perspektive gezeigt hat, wie sie den Verlust des geliebten Menschen schließlich überwinden können.

In jeder Buchhandlung oder unter
www.kreuz-verlag.de
Was Menschen bewegt

Die Chance,
die in der Angst liegt

Verena Kast
Vom Sinn der Angst
Wie Ängste sich
festsetzen und wie sie
sich verwandeln lassen
224 Seiten, kartoniert
ISBN 978-3-451-05839-4

»Würden wir uns der Angst mehr stellen, dann bekämen wir mehr Zugang zu dem, was geändert werden muss, aber auch zu dem, was uns Halt gibt. Damit würden wir echter werden, mehr mit unseren Gefühlen verbunden, damit würden auch unsere mitmenschlichen Beziehungen wieder echter und damit lebendiger.« (Verena Kast)

In jeder Buchhandlung

HERDER
Lesen ist Leben

www.herder.de